KATHRIN LOCKENVITZ

Ich komm' als Blümchen wieder

TAGEBUCH EINES ABSCHIEDS

prignitz-pur Verlag, Meyenburg

Anfragen und Kommentare bitte direkt an den Verlag
E-Mail: info@prignitz-pur.de
Internet: www.prignitz-pur.de

3. Auflage 2010

Herausgeber: ***prignitz-pur*** Verlag
Autorin: Kathrin Lockenvitz
Lektorat: Sabine Mattern, Anke Thiemann
Gestaltung und Satz: Bernd Schumacher, Friedberg
Druck: Druckerei Koch, Pritzwalk

Printed in Germany · ISBN 978-3-00-018752-0

Großer kleiner Entenfänger am Stall

Anmerkung des Verlags:
Der Verlag distanziert sich aus rechtlichen Gründen ausdrücklich von Meinungsäußerungen aller Art und übernimmt keinerlei Verantwortung und Haftung für die Äußerungen seiner Autoren.

Anmerkung der Autorin:
Die Autorin hat in dem Buch ihre Erlebnisse und Empfindungen ausgedrückt. Handelnde Personen wurden so umbenannt, dass sie für den Leser unbekannt bleiben. Das Geschehene hätte sich so überall auf der Welt abspielen können. Es ist keinesfalls gewollt, mit diesem Buch eine bestimmte Berufsgruppe an den Pranger zu stellen oder einzelne Personen bloßzustellen oder zu beleidigen.

Vorwort

Pits eigener kleiner Kosmos könnte schöner nicht sein. Geliebt und behütet lebt der Fünfjährige mit Eltern, Bruder und einer Handvoll Tiere in einer ländlichen Idylle. Er ist ein Wald- und Wiesenkind und dabei den Wundern der Natur in besonderer Weise zugetan. Wie zerbrechlich das Glück ist, muss die Familie im Sommer 2004 erkennen, als sich das anfängliche Unwohlsein ihres Jüngsten als ernste Erkrankung entpuppt.

Die Diagnose ist niederschmetternd und erstickt jede Hoffnung auf eine Zukunft im Keim: ein hoch aggressiver Hirntumor. Unheilbar. Noch bevor Pits „Todesurteil" medizinisch untermauert und damit offiziell ist, weiß Kathrin Lockenvitz instinktiv, dass ihr kleiner Junge sterben muss. Sie spürt die Unabwendbarkeit des Schicksals und will ihr Kind gegen ärztlichen Rat und allen Konventionen zum Trotz aus dem Krankenhaus in sein gewohntes Umfeld zurückbringen. Es soll keine quälenden Behandlungen mehr erdulden müssen. Nicht grundlos: Die notwendig gewordenen Untersuchungen und Operationen haben ihre Spuren hinterlassen. Versehrt an Körper und Seele, wehrt sich Pit mit aller Macht gegen das Unbegreifliche, was ihm da widerfährt. Er will nur eines: nach Hause. Die Eltern hören den Hilferuf ihres traumatisierten Kindes und versuchen alles, ihm diesen Wunsch zu erfüllen.

Endlich daheim, muss Pitchen vieles neu erlernen. Und wie durch ein Wunder gelingt es ihm. Zwischen Hoffen und Bangen greifen die Lockenvitz' nach manchem Strohhalm, der ihnen die Chance einer Heilung in Aussicht stellt. Doch der Krebs ist stärker. Das scheint auch Pit zu verstehen, der seine Bestimmung mit Mut und Tapferkeit annimmt. „Wenn ich sterbe und begraben werde, dann komme ich als Blümchen wieder", vertraut er seiner Mutter an und macht ihr damit ein einzigartiges Geschenk – Trost für die Zeit ohne Pitchen, die unweigerlich kommen wird. Aber auch Pit wird beschenkt: mit Familienzeit, mit schönen Erlebnissen. Und so wie er gelebt hat, geliebt und gehalten, kann Pit auch sterben. Ohne Angst verlässt er das Hier und Jetzt.

Die gemachten Erfahrungen aufzuschreiben, half Kathrin Lockenvitz, das Entsetzen ihres Verlustes zu verarbeiten. Für Menschen in ähnlichen Situationen kann das Buch ein Stück Lebenshilfe sein, ein Weg jenseits des Üblichen, der auf den ersten Metern vielleicht auch befremdet, sich für Pit und seine Familie aber als der richtige erwies.

Unser kleiner Junge Pit

Flachsblonde Haare hatte Pit, große blaue Augen mit langen Wimpern, eine kleine Lücke zwischen den Schneidezähnen, richtige Pausbäckchen, einen winzigen Leberfleck am linken Ohr und einen über der Augenbraue. Ein Blutschwämmchen war auf seinem rechten Oberschenkel zu finden und ein klitzekleines Blutschwämmchen zierte eine Stelle über der linken Hüfte.

Wir nannten ihn Pitchen, Pitti oder Rübchen, denn er war oft eine freche Rübe; aber auch Schnuff, Schnuffelchen, Spätzchen, Kleiner Lockenvitz und Kleinchen riefen wir ihn oft. Und auch Pitchen liebkoste uns mit Worten und Gesten, streichelte so gern, schmuste ausgiebig und herzte uns mit innigen Küsschen und Umarmungen. „Bauchpusten" mit Timmi, seinem Bruder, machte ihm immer einen Riesenspaß. Denn er hatte doch diesen kleinen Schwabbelbauch, weswegen wir ihn als Baby liebevoll Little Buddha nannten.

Pit ging so gerne mit uns zum Stall, liebte es, Enten und Hühner zu jagen und auch mal auf einem breiten Pferderücken zu sitzen. Und er war selig, wenn er ein Ei im Heu fand.

Sein Ein und Alles, vor allem in den letzten Monaten, war Pfötchen, unsere Katze. Sie herumzuschleppen, zu streicheln, zu herzen – welch ein Glück. Aber auch Nelly, unsere Hündin, liebte er, schlang seine Arme gern um ihren Hals und rief nach ihr, wenn sie durch den Wald pirschte.

Und unser Söhnchen war so gerne draußen! Ein Wald- und Wiesenkind eben, wie er es auch jedem Arzt erklärte. Er war verzückt von den wilden Wiesenblumen, die er für Mama immer pflückte, von Krabbelkäfern, Spinnennetzen, vom warmen Sand, den raschelnden Blättern, den dicken Knospen und den wilden Tieren im Wald vor unserem Zuhause. Nach meinen Waldläufen fragte er mich stets: *Was hast du alles gesehen?* Und er war glücklich, wenn er von den Rehen, Füchsen, Kühen mit ihren Kälbchen und den Enten auf der Stepenitz hörte. Zur Stepenitz oder an die Elbe zu fahren und Steine und Stöckchen hineinzuwerfen – ja, das war klasse!

Weißt du was? So begann Pitchen häufig seine Sätze, wenn er etwas erzählen wollte. Und oft sagte er *Aha!*, wenn ihm auf seine Fragen geantwortet wurde. *Mann eh!* oder *Mann oh!* rief er entrüstet aus, wenn etwas nicht nach seinem Willen ging und ihm kleine Hörner wuchsen. Er konnte es auch gar nicht leiden, wenn er beim Sprechen einfach unterbrochen wurde, und betonte: *Jetzt rede ich!*

Wir vergessen nie seinen spitzbübischen Blick, wenn wir auf etwas reinfielen und er sich vor Freude kringelte: *Ich hab' euch ja ausgetrickst!*

Pitchen wurde gerne geknipst: *Mach mal bitte ein Foto!* Und ebenso gern sah er sich die Alben an.

Auch mochte er es, wenn ich ihn etwas schminkte: *Mama, schmückst du mich wieder?*

Richtig niedlich war es immer, wenn er sagte: *Da hab' ich Hrecht.* Oder *Hrasen mähen*. Denn das R sprach er stets mit einem H davor.

Hot Wheels, kleine Autos, sammelte Pit mit Leidenschaft, und er war begeisterter Dinosaurierfan. Littlefoots Abenteuer sah er als Video fast jeden Tag. Keine Gute-Nacht-Geschichte konnte so schön sein wie Papas allabendliches Vorlesen aus dem dicken Dinobuch und Mamas Schlaflieder von den kleinen Pferdchen und den müden Äuglein. Auch den Abenteuern von „Petterson und Findus" lauschte er immer gespannt, obwohl er sie schon alle kannte. Und Pit passte genau auf, dass auch nichts übersprungen oder falsch gelesen wurde.

Mit Ausdauer baute er Kartenhäuser und lieber noch Burgen aus Bauklötzen. Goldig, wenn er uns ein Puzzle anschleppte: *Komm wir fuzzeln!* Und wenn sich Pit über etwas freute, dann riss er jubelnd beide Arme hoch und rief begeistert: *Ja! Ja!*

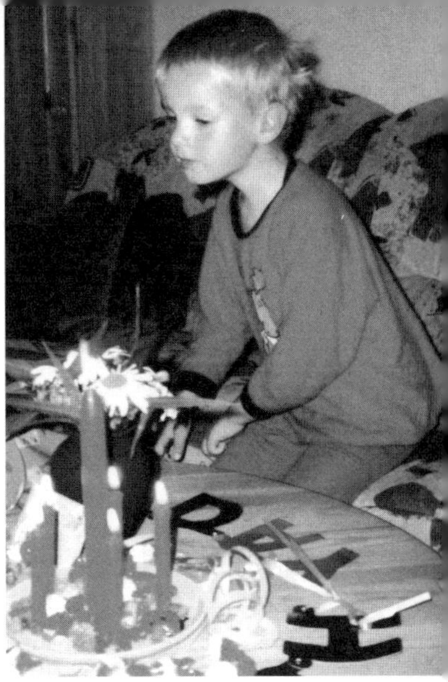

Unser Geburtstagskind – Pitti wird 5!

Bei den Großeltern fragte er immer erwartungsvoll: *Oma, hast du wieder gezaubert?* Meist hatte Oma eine Münze versteckt oder eine andere entzückende Kleinigkeit.

Pure Freude, wenn die Opas oder Timmi mit ihm Fußball spielten. Und eine kleine Wasserratte war er auch, badete und planschte mit Wonne oder lief begeistert unter dem Gartensprenger hindurch.

Pitchen feierte liebend gerne und fragte immer: *Wer kommt denn heute?* Denn er freute sich stets über Besuch. Aber er war nicht gerne weg von zu Hause. Mal für ein paar Tage, ja, aber dann holte ihn schon das Heimweh ein, selbst wenn wir bei ihm waren.

So gerne hatte er Kinder um sich, war immer fröhlich in den Kindergarten gegangen und freute sich darauf, bald ein Schulkind zu sein, denn er bekam ja schon seinen ersten „Schulzahn", der sich bereits hinter einem Milchzähnchen blicken ließ.

Pitchen konnte auch schon gut seinen Namen unter die Bilder schreiben, die er malte. Doch er schrieb die Buchstaben oft von rechts nach links, so dass TIP zu lesen war und wir uns dann immer köstlich amüsierten.

Pitchen liebte Apfelschorle, Apfelkuchen mit Streuseln von den Omas, Senfei, Fischstäbchen mit Kartoffelbrei aus der Tüte, Gummibärchen, Minieis, leckere Eierkuchen von Papa, Würstchen, Chicken McNuggets mit süßsaurer Sauce von McDonald's, Birnen und Äpfel, Schweineohren und noch vieles mehr. Aber keine Schokolade! Da sagte er immer: *Ich bin nicht so ein Süßer!*

Mein liebes Pitchen, du wirst immer unser süßer kleiner Junge bleiben. Nie werden wir dich vergessen. Wir sind glücklich, dass wir dich kennenlernen durften, dass wir ein Stück Weges mit dir gehen konnten und du uns so reich beschenkt hast.

Rückblick

Nichts ist mehr, wie es war. Jedenfalls für uns. Unsere kleine heile Welt hat sich gewandelt. Und doch geht die Sonne jeden Tag auf und unter, auch wenn unser Söhnchen sie nicht mehr sehen darf. Unbegreiflich. Noch eben spielte Pit doch hier, hörten wir ihn rufen und lachen, schmusten mit ihm und kuschelten im Bett, lasen Dino-Geschichten vor oder sangen Gute-Nacht-Lieder.

Wir hatten einen schönen Lebenstraum, den doch eigentlich ganz normalen Traum von einer vierköpfigen glücklichen Familie. Für fünf Jahre durften wir ihn leben. Unser erster Sohn Tim wurde im Januar 1994 geboren. Wir genossen unsere Dreisamkeit – bis wir merkten, dass in unseren Herzen und am Tisch noch ein Platz frei war. Und als zweites Wunschkind erblickte dann Pit das Licht der Welt, im Juli 1999. Nun waren wir als kleine Familie komplett.

Timmi war ein sanftes, leicht zu führendes Kind, während Pitchen einen kleinen Dickkopf besaß und stets versuchte, die ihm gesetzten Grenzen auszuloten. Beide waren echte Schmusekinder und gingen auch miteinander liebevoll und fürsorglich um. Tim liebte seinen kleinen Bruder über alles und Pit sah zu Tim auf. Wie viel Spaß hatten wir miteinander! Wir hielten zusammen und bewältigten unsere kleinen Krisen, wünschten uns Gesundheit, Zufriedenheit, hatten Pläne und gingen zuversichtlich durchs Leben. Bis zum Sommer 2004.

Am 13. Juli feierte Pitchen mit drei kleinen Freunden seinen fünften Geburtstag. Ausgelassen tobten alle durchs Haus, machten sich gierig über den Kuchen her und hatten viel Freude beim Herumtollen im Wald und auch dabei, im Garten mit Decken eine Bude zu bauen.

Der Sommer war bisher kalt gewesen, und wir erhofften uns Wärme und Sonnenschein in unserem heiß ersehnten Ostseeurlaub in Däne-

„Na Papa, was siehst du?"

Dänemark 2004 – Pures Glück

mark. Vier Tage später saßen wir dann erwartungsvoll im Auto und freuten uns auf die vor uns liegenden 14 Tage. Ich erinnere mich, als sei es gestern gewesen.

Unsere Tage waren einfach schön. So vieles gab es zu erkunden: wunderbares klares, kaltes Ostseewasser, einen menschenleeren weiten Strand, Sonne, Muscheln, Steine. Wir ließen Drachen steigen und uns vom Legoland verzaubern, bestaunten alte Hafenstädte und Erlebnisburgen und waren beeindruckt von der dänischen Kinderfreundlichkeit. Hier fahren wir wieder her, waren wir uns einig. Zwei stets gut gelaunte Kinder und zufriedene Eltern – wir blickten stolz auf unser Glück. Allerdings schien unser Pit hin und wieder etwas matt zu sein. Morgens war ihm meist etwas übel, wobei er beim Erbrechen wirklich nur ein wenig Spucke hochwürgte. Er wird doch wohl nichts ausbrüten, fragten wir uns. Und tagsüber ging es ihm doch auch gut, er hatte an allem Spaß und nichts tat ihm weh. Aber wir machten uns Gedanken, weil er manchmal taumelig wirkte. Gleich nach dem Urlaub würden wir mit ihm zu unserer Kinderärztin gehen, nahmen wir uns vor.

Am Tag unserer Heimreise, am Samstag, den 31. Juli, spuckte Pitchen nicht. Und fröhlich fuhren wir durch den Regen in die Sonne nach Hause.

Zwischen Anfang und Ende

Erste Ahnung

Sonntag, 1. August

Wir suchen unsere Kinderärztin in der Bereitschaftssprechstunde auf. Schließlich soll Pit morgen ja wieder in den Kindergarten gehen. Er freut sich schon darauf, aber er hat auch wieder gewürgt. Frau Dr. L. untersucht ihn: weicher Bauch, kein Fieber, Ohren in Ordnung. Sie gibt Pit ein paar Tropfen mit und möchte ihn wieder sehen, wenn nach drei Tagen keine Besserung eintritt.

Montag, 2. August

Die Nacht ist ruhig. Im Kindergarten wirkte unser Schatz jedoch schlapp und er schwankte, wie man uns erzählt. Wir sind in Sorge – was am Nachmittag nur kurzzeitig in Vergessenheit gerät, als Pit mit den Nachbarskindern planscht. Die Sonne strahlt und wir haben endlich unglaublich schöne Sommertage. Dennoch beäugen wir ihn ständig und uns beschleicht zunehmend ein ungutes Gefühl. Irgendetwas stimmt nicht mit unserem Kleinchen. Er hat oft einen Brechreiz, würgt dabei aber wieder nur etwas Speichel hoch.

Dienstag, 3. August

Schon am Nachmittag geht Pit nur noch an der Hand und würgt auch tagsüber. Er möchte von Papa getragen werden. Sven fährt mit ihm auch zur Kinderärztin. Ich warte zu Hause ruhelos, angespannt, ängstlich. Was hat Pitchen nur? Hoffentlich ist es nichts Schlimmes! Ich will positiv denken, aber es gelingt mir nicht. Tief in mir lauert eine unergründliche Angst.

Mit Pit auf dem Arm zeigt mir Sven zitternd die Überweisung! Morgen früh müssen wir ins Kreiskrankenhaus. Ich packe ein paar Sachen, rufe panisch noch einmal bei Frau Dr. L. an, möchte am liebsten gleich los. Sie rät mir, Ruhe zu bewahren. Lieber noch eine Nacht zu Hause verbringen. Wie sehr sie doch recht hatte.

Morgen müsste ich eigentlich wieder in die Schule, denn die Vorbereitungszeit aufs neue Schuljahr fängt an. Ich rufe meine Kollegin und Joggingpartnerin Andrea an. Bin völlig aufgelöst. Sie versucht mich zu beruhigen und wird mich entschuldigen.

Pit und Tim träumen süß. In der Nacht hat Pitchen keine Beschwerden. Doch Sven und ich sorgen uns und finden nicht in den Schlaf.

Ungewissheit

Mittwoch, 4. August

Tim wird morgens von Oma Elvi und Opa Wolfgang abgeholt. Er drückt Pitchen innig und wünscht ihm Glück. Sven bringt Pit und mich ins Krankenhaus nach P. und fährt dann zur Arbeit. Ich werde ihn anrufen, wenn ich weiß, was los ist. Wir müssen uns zunächst aber in einem Patientenzimmer etwas gedulden.

Man braucht eine Blutprobe, ich darf aber nicht mit zu Pitchen in den Behandlungsraum. Die Nadel findet wohl nicht gleich die Vene. Ein spitzer Schrei, und ich habe ein erstes schlechtes Gewissen, weil ich Pit nicht zur Seite stehe. Vitalitätstests schließen sich an: Pit kann nicht mehr auf einem Bein stehen, nicht auf einer Linie gehen, sich nicht sofort mit den Zeigefingern ans Näschen tippen und er scheint unter Flüssigkeitsmangel zu leiden. Es heißt im Bericht, sein Allgemeinzustand sei reduziert und motorische sowie neurologische Defizite seien zu erkennen. Sein Kopf werde die Ursache sein, denn sonst sei organisch alles in Ordnung. Man veranlasst sofort eine Magnetresonanztomographie, ein MRT. Ich kann keinen klaren Gedanken fassen und fühle mich unglaublich allein. Obwohl Pit ja gar nicht weiß, was ihn erwartet, lässt er sich in den Schlund des Gerätes schieben, ist ganz tapfer und liegt still in der Röhre. Ich streichle seine Füße endlose 25 Minuten lang. Er bekommt eine Tapferkeitsurkunde, will sich aber gar nicht freuen, weil er meine Angst spürt. Wieder auf dem Zimmer schläft er ein, und ich weine still vor mich hin und warte.

Die Chefärztin Frau Dr. E. bittet mich zu sich. Sie sieht besorgt aus und erklärt mir, dass etwas in Pits Kopf sei, was da nicht hingehöre. Ein großer Tumor im vierten Ventrikel, im Kleinhirn. Könnte aber auch etwas anderes sein. Vielleicht eine Zyste. Scheine scharf begrenzt zu sein, wohl gut zu entfernen. Hoffnung nicht verlieren. Ich kann nicht fassen, was ich höre! Meine Gedanken wirbeln durcheinander: Tumor. Krebs. Schmerz. Vielleicht Tod.

Pit wird in eine Klinik nach Berlin verlegt. Der Krankenwagen ist bald da. Ich darf mein Kind begleiten und rufe Sven panisch auf der Arbeit an. Er kommt sofort. Wir haben nur ein paar Minuten, umarmen uns stumm, verabschieden uns zitternd und dürfen noch schnell Pits Großeltern informieren. Überall nur ein Aufschrei: Pit war doch immer so gesund!

16 Uhr: Krankenwagen. Was Pitchen wohl empfindet? Er liegt angeschnallt, kann eigentlich nichts sehen, nur die Decke des Wagens. Scharfe Kurven, in denen er hin und her rollt. Wann dürfen wir nach Hause, Mama? – Bestimmt bald, mein Schatz. Ich halte seine Hand, denke, dass das alles hier nicht real ist, und weiß, dass ich ihn eben belogen habe. Wir sind in einem Krankenwagen! Unfassbar! Ich bin in diesem Wagen völlig orientierungslos. Milchglasscheiben lassen keinen Blick auf die Umgebung zu. Das ungute Gefühl des Ausgeliefertseins ist allgegenwärtig.

Eine junge Ärztin begleitet uns und wird die Formalitäten regeln. Blaulicht. Tatütata. 30 Grad im Schatten. Höllisch heiß. Die Fahrt nach Berlin scheint endlos. Gedanken kreisen. Was kommt da auf uns zu? Eine dunkle Ahnung keimt in mir auf: Pit ist ganz schwer krank. Ich kann die Angst nicht verdrängen. Ich will ihn doch nicht verlieren! Pit ist matt. Schläft erschöpft. Zart und zerbrechlich. Er liegt so friedlich, hält seine Kuschelmaus im Arm, die ihn schon fünf Jahre begleitet und ziemlich zerschlissen ist.

Entsetzen

18 Uhr: Ankunft Klinik. Hektische Betriebsamkeit. Mir fehlt jede Orientierung. Pit hat Durst, darf nur wenig trinken. Und er ist so hungrig, hat ja den ganzen Tag noch nichts essen dürfen. Weint angstvoll und

hilflos. Er muss nüchtern bleiben. Ich nehme es widerspruchslos hin und tröste mein Kind. Wechselnde Ärzte begucken und untersuchen Pitchen. Wieder piksen und Blut abnehmen, wieder Schreie. Er wird verkabelt zur Geräteüberwachung. Es heißt, es bestehe akute Lebensgefahr durch den steigenden Hirndruck. Ich halte die Angst kaum noch aus. Kontrastmittel wird gespritzt, neues MRT. Pitchen sage ich, dass er wieder ins Raumschiff dürfe, und tue neidisch. Er lächelt mir matt zu. Wieder liegt mein Schnuffelchen ganz still, lässt das Knattern und Hämmern in der Röhre klaglos über sich ergehen. Danach wird Pit auf die Intensivstation verlegt. Ständig neue Menschen in Weiß. Ich kann mir keinen Namen merken. Es ist 21 Uhr.

Ein Tropf mit Elektrolyten wird gegeben. *Hunger. Mama. Durst. Mama.* Pit darf nichts kriegen. Er weint: *Mama, die lassen mich doch hier nicht verhungern?* Heimlich füttere ich Bananenstückchen. Irgendwann erscheint ein Neurochirurg. Seine Augen sind warm und sorgenvoll. Es sehe für Pit nicht gut aus. Sein Kleinhirn sei voller Metastasen. Ein Wunder, dass er so lange beschwerdefrei gewesen sei. Morgen früh gegen 7.30 Uhr solle der Haupttumor entfernt werden. Ich halte Pitchens Hand und kann gar nichts mehr denken. Wenn er kurz einschläft, weine ich. Ist er wach, singe ich ihm seine Lieblingslieder und lese aus seinem dicken Dinobuch vor. Er fürchtet sich so und möchte immer nur nach Hause. Und ich auch.

23 Uhr: Ein Anästhesist lässt mich Frage- und Aufklärungsbögen ausfüllen. Er sieht müde und übernächtigt aus, muss eine lange Schicht hinter sich haben. Ich nehme kaum noch auf, was er mir sagt. Sein Blick spiegelt Mitleid und Hoffnungslosigkeit.

Donnerstag, 5. August

Weit nach Mitternacht fällt Pit in einen tiefen Schlaf. Träumt leise lächelnd. Hört die piepsenden Geräte nicht. Und ich muss ihn immerzu ansehen. Letzte Woche waren wir doch noch im Urlaub. Wir tobten ausgelassen herum. Hatten eine so schöne Zeit. Ich mag nicht an die Zukunft denken. Unser kleiner Sohn wird geliebt und hat doch eigentlich noch sein ganzes Leben vor sich!

Gegen 6 Uhr wacht Pit auf und hat Hunger und Durst. Ich bettle die Schwester an und darf ihn Tee aus Wattestäbchen lutschen lassen. Gierig verlangt er ein Tröpfchen nach dem anderen. Armer kleiner

Spatz. *Mama, wann fahren wir nach Hause? – Bald,* lüge und hoffe ich.

7.30 Uhr: Mein Herz rast. Der Neurochirurg kommt wieder. Keine OP wie geplant. Das gestrige MRT wurde nochmals ausgewertet und das Ärzteteam entschloss sich zur Implantation eines Rickham-Reservoirs. Damit werde man Hirnwasser punktieren können, um die Zellen des Tumorgewebes, die ausgeschwemmt wurden, zu analysieren und zu bestimmen. Außerdem könne man so gezielt Medikamente in den Kopf geben. Ich verstehe kein Wort. Pit bekommt einen Trichter in den Kopf gesetzt! Kann man damit leben? Es fehlt doch dann oben ein Stück Knochen, nur eine Membran verschließt den Schädel. Ja, damit könne man leben. Und der Eingriff sei unkomplizierter als der zunächst geplante. Wann Pitchen denn dran sei, frage ich. Im Laufe des Vormittags. Wir müssen warten.

Es ist kaum noch möglich, Pit zu beruhigen. *Hunger. Mama. Durst. Mama. Nach Hause.* Uns gegenüber ist durch eine Glaswand ein beatmeter verkabelter nackter Mann zu sehen, nur das Geschlecht mit einem Tuch bedeckt. Schläuche baumeln aus dem Körper. Immer wieder fragt mich Pit, ob der Opa da schon tot sei. Nein, der sei nur krank, antworte ich und überrede die Schwestern, die Glaswand zu verhängen. Sie sind nett und mitfühlend.

Laut heule ich nur auf dem Flur, wo mich eine Schwester abfängt und ich ihr verzweifelt unsere Geschichte erzähle. Dass Pitchen doch gerade erst seinen fünften Geburtstag gefeiert hat und ich irgendwie fühle, dass er nicht sechs wird. Ich habe immer schon so einen verdammten siebten Sinn gehabt. Warum nur glaube ich, dass in seinem Kopf etwas ganz Schlimmes, etwas Unheilbares ist? Ich will doch, dass Pit lebt! Sie nimmt mich in den Arm und meint, er werde es mit Sicherheit nicht schaffen. Sie habe schon zu viel gesehen und auch schon mit Ärzten über Pit sprechen können. Mein Kopf ist völlig leer in diesem Moment, und doch bleibe ich seltsam gefasst. Ich habe es in meinem tiefsten Inneren geahnt. Jetzt ist es raus. Zum ersten Mal ausgesprochen, das Unfassbare. Ich solle meinen Mann anrufen, ich würde ihn hier brauchen. Es tue ihr so leid. So ein schöner kräftiger Junge. Wie grausam das Leben sei. Ihre Ehrlichkeit ist brutal. Ich weiß, als Schwester dürfte sie solche Andeutungen niemals machen. Und doch bin ich ihr fast dankbar dafür.

Drinnen weint Pit. *Ich hab' Hunger und Durst.* Ich streichle sein blondes Haar, versuche ihn erfolglos abzulenken. Stunden vergehen qualvoll. Er würgt fast stündlich, obwohl er nichts in sich hat. Der Tumor drückt auf das Brechzentrum. Wie lange dauert das noch bis zur OP?

Zwei Schwestern schieben plötzlich eine TV-Anlage ins Zimmer und muntern Pit mit einem Trickfilm auf. Bin so dankbar. „Robin Hood", ein tapferes Füchslein, kämpft für das Gute. Pitchen lacht, gluckst vor sich hin. Eine kleine Maus im Film feiert ihren siebten Geburtstag. Mir bricht es das Herz, kann gar nicht hinsehen. Aneinandergekuschelt liegen wir im Bett, um uns summende Apparate, die laut lospiepsen, wenn auch nur eine Elektrode verrutscht. Ich wünsche, es wäre alles nur ein Traum. Schnell aufwachen. Bitte.

Um 12 Uhr wird Pit in den OP gebracht. Ich werd' fast verrückt vor Angst, rufe Sven bei der Arbeit an. Er schreit laut auf, als er hört, wie es um Pitchen steht, und darf sofort losfahren. Fast zweieinhalb Stunden tigere ich ruhelos umher. Kann keinen klaren Gedanken fassen. Dann darf ich zu Pit in den Aufwachraum. Mein Kind ist noch ganz kalt. Ein riesiges Pflaster klebt über der Stirn. Darunter ist jetzt so ein Ding in seinem Kopf. Entsetzlich. Aber er hat es erst einmal geschafft, wacht auf, erkennt mich, ist schlapp. *Hunger, Durst, Papa, nach Hause.* Dann bricht er. Gleich wird er verlegt.

15.30 Uhr: ein stickiges Zimmer auf der Kinderkrebsstation. Keine mögliche Abkühlung. Wie auch, draußen ist es brütend heiß. Wie gerne würden wir jetzt in der Stepenitz baden.

Pit darf etwas Melone essen. Er ist selig, würgt aber gleich wieder. Tut mir so leid. Er jammert immer wieder: *Wann fahren wir nach Hause?* Und er sehnt sich nach Papa und Tim, nach Nelly, unserem Hund, und Pfötchen, unserer Katze. Seine Augen leuchten, als Papa dann wirklich in der Tür steht. Stumm umarmen wir uns und versuchen, Pit aufzumuntern, ihn abzulenken. Er lässt sich aber durch nichts erfreuen. Todtraurig liegt er im Bett, igelt sich ein, als er merkt, dass wir ihm auf seine stets gleiche Frage – *Wann fahren wir nach Hause?* – keine Antwort geben. Was sollen wir ihm auch sagen? Wir wissen selbst überhaupt nichts mehr. Können so ja auch nicht reden. Denn wenn Pit wach ist, dann ist es auch sein Verstand.

Ein junger Arzt informiert uns, dass morgen ein anstrengendes

Programm für Pit läuft: Hirnwasserpunktion, Rückenmarkpunktion, Röntgen, MRT der gesamten Wirbelsäule, Sonographie wichtiger Organe. Wir grübeln: Vermutet man noch mehr Krebs? Bitte nicht!

Als Pit schläft, denken wir zurück an Dänemark. Die Zeit dort war so schön. So unbeschwert. So harmonisch. Noch nie haben wir im Urlaub so viele Filme verknipst. Wir suchten keine Kontakte zu anderen Menschen. Und auch Tim war nicht unterwegs, um Kinder seines Alters zu finden. Innig spielten unsere Söhne miteinander. Wir haben uns selbst genügt, waren glücklich mal nur zu viert. War uns unbewusst klar, dass uns das Schicksal so hart trifft?

Sven bleibt bis zur Nachtruhe und schläft dann in einer günstigen Unterkunft in der Nähe.

Ich betrachte Pit, und wenn ich aus meinen bösen kurzen Träumen hochschrecke, möchte ich ihn an mich drücken, wage aber nicht, seinen Schlaf zu stören.

Verzweiflung

Freitag, 6. August

Pitchen hat bei all den piepsenden Geräuschen gut geschlafen. Bisschen gemurmelt und gelächelt im Traum. Ich konnte mich kaum satt an ihm sehen. Nun möchte er aber nicht hoch. Nur liegen. Keine Kraft. Kein Interesse. Ich finde ein Buch über eine an Krebs erkrankte kleine Prinzessin, der kleine Chemoritter helfen, gesund zu werden. Pit hört geduldig zu, fragt dann aber weinend, ob er auch Chemoritter bekommt. *Vielleicht*, antworte ich, und er schluchzt, dass er die aber nicht haben will. Ich beruhige ihn, so gut ich es vermag. Halte sein Köpfchen, wenn er spuckt und helfe beim Trinken. Denn er wird zusehends schwächer. Armer Schatz.

Als Sven kommt, müssen wir auch schon los zu den Untersuchungen. Tapfer lässt Pit das ganze Prozedere über sich ergehen. Stets geschüttelt vom Brechreiz. Über Mittag schläft er ermattet ein. Wir müssen ihn aus dem Schlaf reißen, weil die Rückenmarkpunktion ansteht.

Als man uns das Wie erklärt, macht mein Kreislauf schlapp, und ich bitte Sven, Pitchen allein zu begleiten. Er werde nicht viel merken, tröstet man mich. So warte ich aus dem Fenster starrend und höre Pit plötzlich durch etliche Wände hindurch entsetzlich schreien. Mein Herz krampft sich schmerzhaft zusammen, ich heule und heule. Noch nie habe ich solch einen Schrei meines Kindes gehört! Warum tut man Pit das an? Erste Zweifel an unserem Tun oder auch Nichttun keimen in mir auf.

Es dauert unendlich lang, bis ich Sven und Pit wieder sehe. Unser Schnuffelchen ist völlig fertig. Wir möchten mit ihm im Rollstuhl etwas draußen herumfahren und ihn ablenken. Die Luft im Zimmer ist unerträglich. Aber der junge Arzt von gestern meint, nach solch einem Eingriff sollten mindestens sechs Stunden Geräteüberwachung sein. Er werde eine Schwester schicken. Gut, dann gehen wir später. Es ist 15 Uhr. Um 16 Uhr liegt Pit noch immer nicht an den Geräten. Bis 17 Uhr warten wir noch, dann holen wir einen Rollstuhl und schieben los. Pit ist nicht mehr Pit. Er blickt leer an allem vorbei. Wenn wir doch nur hier raus könnten! Lange hält er das Sitzen auch nicht durch und wünscht sich in sein Bett. Zum Abendbrot will er nichts essen. Bisschen trinken. Liegen. *Nach Hause. Will Timmi, Pfötchen und Nelly.* So kleine Wünsche nur, und wir dürfen sie ihm nicht erfüllen. Ein Häufchen Elend. Wie ein wundes Tier: Klaglos, mit großen traurigen Augen blickt er tief in unsere Seele.

19 Uhr: Visite. Auswertung der Untersuchungsergebnisse der letzten beiden Tage. Pit scheint zu schlafen. Zwei Onkologen machen uns klar, dass bisher noch niemand wisse, was da in unserem Söhnchen wachse. Das MRT habe ergeben, dass im Spinalkanal in Höhe der Lendenwirbelsäule auch ein „Schatten" sei. Genaues sei noch nicht festzustellen. Vieles deute auf einen bekannten Hirntumor hin, der Verlauf sei aber atypisch, und man habe bei den Tests leider noch keine Zellen isolieren können, die eine Zuordnung ermöglichen würden. Am Montag werde eine Biopsie durchgeführt werden, eine einfache Gewebeprobeentnahme durch ein kleines Bohrloch im Schädel. Dann könne man den Tumor klassifizieren. Wir möchten die genaue Zeit der OP wissen. Das sei noch unklar, denn es sei nur ein kleiner Eingriff, der irgendwo zwischengeschoben werden müsse. Mir pulst das Blut in den Schläfen: zwischengeschoben. Ich spreche von der endlosen Zeit vor der ersten OP gestern und Pits langer Qual, nichts essen und trinken zu dürfen. Da müsse er dann wohl durch. So eine Klinik funktioniere eben leider nicht wie gewünscht. Es klingt arrogant. Und ich denke,

dass die Ärzte unsere Gefühle kaum wahrnehmen und nicht verstehen, dass wir doch jäh aus unserer Welt gerissen wurden und gar nicht zum Luftholen kamen.

Wir fragen nach Chancen einer Behandlung. Dazu möchten die Ärzte uns nichts sagen. Ohne genaue Diagnose gehe das eben nicht. Wir müssten Geduld haben. Geduld! Wie soll ein Kind Geduld haben, das sich nach seinem Zuhause, seiner Katze, seinem Hund, dem Wald und den Wiesen sehnt? Nun sind wir schon drei Tage in der Klinikmühle, ahnen und fühlen irgendwie, dass Pit wohl sterben wird, aber keiner weiß irgendetwas?

Es ist spät. Sven geht zu seiner Unterkunft, ich bewache den Schlaf meines Kindes und grüble, grüble. Irgendwann verkrieche ich mich mit dem Telefon unter die Bettdecke und rufe einige unserer nächsten Freunde an. Mit unseren süddeutschen Freunden spreche ich lange. Vor drei Wochen zu Pitchens Geburtstag waren sie noch bei uns. Wir sind alle mit dem Fahrrad zum Pfannkuchenhaus an die Elbe gefahren. Pit hatte doch so gut durchgehalten und einen Bärenappetit gehabt. Sie können es auch überhaupt nicht fassen. Jutta ist Heilpraktikerin und qualifiziert sich gerade zur Sterbebegleiterin. Ich spreche von unseren Ängsten. So viel Krebs im Kopf. Und ich habe leider so wenig Hoffnung. Woher soll ich sie auch nehmen? Ich bin voller Zweifel, was wir machen sollen. Wie viel Lebenszeit hat mein Kind denn noch? Warum kann hier niemand etwas Genaueres sagen? Wir wollen nach Hause. Noch so viele schöne Tage wie möglich verbringen. Hier im Krankenhaus entgleitet uns Pit immer mehr. Niemand hört auf seine Wünsche! Jutta versteht mich und pflichtet mir bei. Zu Hause mache man es doch einem so kranken Menschlein leichter. Und auf eine gute Schmerzbehandlung habe jeder Mensch ein Recht. Das gehe auch ambulant ...

Ich zerbreche mir den Kopf. Die ganze Nacht. Ja, morgen werden wir abreisen. Keine OP mehr. Das möchte ich Pit ersparen. Am Wochenende passiert hier ja doch nichts. Zu Hause hat Pitchen vielleicht noch ein wenig Freude.

Das ständige Gepiepse der Geräte ... Immer wenn ein Kontakt nicht richtig sitzt, geht der Alarm los. Ich starre auch nur noch auf die Monitore. Entschlossen gehe ich zur Schwester und verlange, dass die Apparate abgeschaltet werden. Ungern, aber sie gibt meinem Drängen nach. Und endlich ist Ruhe. Ich lausche auf das Atmen meines Kindes.

Nachdenken. Wenn doch Sven hier wäre … Wir müssen uns einig sein!

Plötzlich fährt Pitchen aus dem Schlaf hoch, wehrt ab, schreit: *Nein! Nein!* Hat tellergroße Augen. Panik! Ich habe ihn noch nie so in Angst gesehen. Halte ihn fest im Arm, kuschle mich eng an und weinend nickt er wieder ein. Wir müssen hier raus. Ich weiß, ich spüre es einfach. Mein Bauchgefühl sagt, es ist richtig. Wir schaffen das. Um argumentieren zu können, lege ich mir Worte zurecht. Pits Schrei sitzt mir die Nacht über in den Gliedern.

Entscheidungen

Samstag, 7. August

Als Pit aufwacht, weint er: *Wann fahren wir nach Hause?* Ich lächle: *Heute, Pitchen. Wir fahren heute nach Hause.* Ich kann einfach nicht anders! Muss mit Sven reden. Hoffentlich kommt er vor der Visite! Und Pit singt! Singt und summt das Geburtstagslied: *Hoch soll er leben.* Ich wende mich ab, weine vor Rührung.

Eine Schwester will Fieber messen, gleich auch noch mal Blut abnehmen. Einen schmerzenden „Zugang" im Arm hat Pit ja noch. *Nein*, sage ich, *nichts mehr, wir fahren heute heim.* Sie bittet mich vor die Tür. Wir diskutieren. Sie versteht mich nur zu gut, kann mir aber nichts raten. Und Pitchen singt im Bett. Ich freue mich so!

Kurz darauf bittet mich der junge Arzt ins Sprechzimmer. Er redet auf mich ein: Hoffnung behalten. Eine Biopsie müsse sein, sonst gebe es keine Diagnose. Pits Leben hänge am seidenen Faden. Ich spreche über unsere Gefühle, unsere Beobachtungen und über die Meinungen, die ich schon hörte. Ja, er könne mich verstehen. Er gehe mit dem Gedanken an Pit ins Bett und wache mit ihm auf. Aber wir sollten die Chance, die Pit vielleicht noch habe, nicht wegwerfen. Wir sollten darüber nachdenken. Und ja, wir könnten heute abreisen. Er werde alles in die Wege leiten. Ich bin so erleichtert.

Sven kommt. Wir sind uns einig. Gott sei Dank! Rufen meine Eltern an. Sie wollen mit Tim heute kommen und irgendwo im Hotel bleiben. Wir bitten sie, das Gepäck zu Hause zu lassen. Sie möchten bitte mit dem Zug herkommen, und wir alle fahren mit der Bahn auch wieder nach Hause. Ein fast normaler Familienausflug. Verwundert sagen sie zu. Gegen 12 Uhr werden sie hier sein.

Wir packen. Pit ist fröhlich, singt, isst, trinkt und hat auch noch gar nicht gespuckt.

Dann bittet uns der Onkologe Dr. A. in sein Büro. Er versucht uns zu überzeugen, dass unser Denken falsch ist. Noch gebe es ja keine Diagnose, also auch keine Prognose. Wir wüssten wohl seltsamerweise mehr als er. Und wenn man uns gesagt habe, dass Pit nicht sechs werde, sei das schlichtweg verantwortungslos und nicht beweisbar zum jetzigen Zeitpunkt. Eine Biopsie sei unerlässlich! Wir fordern jetzt Klarheit: Welchen Tumor vermutet man? Wie liegen die Chancen? Statistiken? Überlebensraten? Es deute also vieles darauf hin, dass es sich um ein Medulloblastom handeln könnte. Das sei ein Tumor, der sich aus unreifen Zellen des kindlichen Kleinhirns entwickle. Die Ursachen seien nicht erforscht. Von den Stufen des Krankheitsbildes, WHO-Grade 1–4, habe Pits Tumor Grad 3 erreicht, da der Haupttumor bereits Metastasen ausgestreut habe, wahrscheinlich sogar Grad 4 wegen des Schattens im Spinalkanal. Pits gesamtes Kleinhirn sei durchsetzt, der Hirnstamm sehr gefährdet. Mit Bestrahlung und Chemotherapie könnte die Heilungschance bei etwa 30% liegen, was bedeute, dass 30% der Patienten nach vier Jahren noch leben würden. Nach zehn Jahren falle die Kurve dann steil ab durch Rezidive, also Neubildungen.

Wir fragen nach Nebenwirkungen der Behandlungen, haben ja die Kinder auf der Station gesehen und Bilder von Krebskranken aus dem Fernsehen im Kopf.

Natürlich seien Wachstumsschäden und eingeschränktes Denkvermögen fast unausweichlich, denn es werde dabei im Gehirn neben den Krebszellen auch gesundes Gewebe zerstört. Kaum vermeidbar seien weitere motorische und neurologische Defizite. Wir schlucken. Aber Dr. A. schätze uns nicht so ein, dass wir nur blondem, blauäugigem, gesundem Leben Achtung erwiesen. Man könne auch mit einem schwerst mehrfachbehinderten Kind noch vier Jahre ein reiches Leben führen. Wir können seine Worte nicht fassen und haken nach. Heißt es nicht immer, dass die Lebensqualität im Vordergrund steht? Wer entscheidet, was lebenswert ist? Pit scheint unheilbar an irgendeinem Hirntumor erkrankt zu sein. Wenn es schon sein muss: Warum darf er dann nicht daran sterben, sondern muss Therapien über sich ergehen lassen, die ihm wehtun, die ihn schwächen und die ihm letztlich nicht helfen? Man erwartet, dass das Kind hammerharte Wochen oder Monate wegsteckt, um dann noch ein paar Jahre dahinsiechend zu leben. Ich sehe ihn so vor mir. Wir würden Pit behindert machen! Es ist doch ganz anders, wenn ein Kind mit Behinderungen geboren wird und nichts anderes kennt. Der Onkologe meint, wir sollten Pit fragen, ob er leben möchte. Ich entgegne, er solle Pit fragen, ob er Fußball spielen und rumtoben wolle. Wir kommen nicht auf einen gemeinsamen Nenner. Dr. A. meint, er könne uns im Moment nicht von einer Heimreise abhalten, aber wir würden am Montag telefonieren wegen der Biopsie.

Pitchen wird noch mal verbunden. Er lässt sich seine Haare mit Braunol färben, möchte „gestylt“ werden und den Zugang loswerden. Er sieht jetzt schlimm aus. Seit dem Morgen hat er eine linksseitig stark angeschwollene Stirn. Es lässt sich regelrecht eine Delle hineindrücken. Der junge Arzt kümmert sich und beruhigt uns. Das sei eine Folge der letzten OP, nur eine Wasseransammlung, die sich irgendwann verziehe. Wir bekommen Medikamente mit. Vor allem Cortisonpräparate, die hirnabschwellend und entzündungshemmend wirken.

Unser lieber Tim kommt mit den Großeltern. Wir alle schließen uns seit der schlimmen ersten Nachricht zum ersten Mal in die Arme. Ich habe meinen Vati noch nie so weinen sehen. Sven trägt Pitchen. Die Schwester vom Morgen begleitet uns zum Ausgang. Wir sollten immer auf unseren Bauch hören und auf das Herz! Für Pit sei das das Beste. Sie drückt uns und wünscht uns Kraft. Wir sind endlich draußen!

Durch den Bahnhof Zoo grölen Fußballfans. Mir wird schmerzlich bewusst, dass Pit nie dazugehören wird. Nie wird er ein Schulkind sein, sich nie verlieben, kein Moped fahren. Er wird sterben. Jetzt aber ist er wie ausgewechselt. Freut sich, scherzt mit Tim, mampft im Zug Kekse und Banane, fühlt sich wohl.

Zu Hause begrüßt er vergnügt unsere Tiere, möchte auf der Decke unter der Birke liegen, aber nicht schlafen. Katze Pfötchen schmiegt sich an ihn und Tim sorgt rührend für ihn. Ach Timmi, er ist so froh, seinen kleinen Bruder wieder bei sich zu haben. Was wird er wohl empfinden?

Unsere Hündin Nelly kann sich gar nicht freuen. Sie sieht so traurig aus. Sie spürt, dass etwas in unserer Familie nicht mehr stimmt. Armes Tier.

Die Nachbarskinder Leni und Julian sehen nach Pit und ermuntern ihn zum Spielen. Alles ist wie immer, bis auf Pitchens schwankendes Gehen und sein zeitweiliges Würgen. Wir sehen den Kindern zu und können es gar nicht glauben, dass Pit so schwer krank, ja todkrank ist. Noch vor einer Woche schmiedeten wir Pläne für den nächsten Sommerurlaub.

Unsere Familie, viele Freunde, Nachbarn und Bekannte telefonieren mit uns oder kommen zu Besuch. Man bietet uns jede erdenkliche Hilfe an. Es tut so gut! Wir sind wirklich nicht allein mit unserer Angst.

Sonntag, 8. August

Wir haben alle gut geschlafen. Pits Schwellung am Kopf ist zum Auge gezogen. Er sieht aus, als sei er schlimm gestochen worden. Er spuckt, das Frühstück schmeckt aber. Und er möchte so gerne zum Stall. Unsere Pferde streicheln und nach Eiern gucken, die die Hühner unseres Nachbarn immer ins Heu legen. Leni und Julian möchten auch gerne mit. Alle Kinder sitzen im Bollerwagen und los geht's. Und Pit blüht auf.

Erste Gerüchte kommen uns zu Ohren: Man erzählte sich bereits, unser Kind sei vom Pferd gefallen und deshalb schwer krank. Andere wollten es wohl genau wissen, dass wir wegen Pit schon vor einigen Wochen bei Frau Dr. L. gewesen seien und sie die Situation nicht richtig erkannt hätte. Aber irgendwie belastet uns das gar nicht so. In der Klinik meinte ein Arzt jedenfalls, es sei erstaunlich, dass in der Provinz so schnell die richtigen Entscheidungen getroffen worden seien. Und genau so tun wir es hier auch kund.

Wir bereden mit unserer Familie und mit Freunden, dass wir Pit in kein Krankenhaus mehr geben. Er soll hier bei uns sterben dürfen. An seinem Tumor und nicht an den Folgen irgendwelcher Chemotherapien. Wir werden einfach die Bilder von den Kindern auf der Onkologie nicht los: kleine traurige, graue Wesen mit Schläuchen aus dem Körper, aufgedunsen oder abgemagert, voller Schmerzen in den Eingeweiden, ständig kotzend und mit Augen voller Sehnsucht nach einem normalen Kinderleben. Natürlich werden auch Zweifel laut. Vor allem bei der Frage, ob wir das aushalten bis zum bitteren Ende. Wir wüssten doch gar nicht, was noch auf uns zukomme. Und was wäre, wenn Pit zu ersticken drohe? Ich stelle es mir immer wieder bildlich vor: Dann halte ich ihn ganz fest im Arm, bis er es geschafft hat. Es werden furchtbare Minuten sein, aber mehr können wir einfach nicht für ihn tun. Einen Tod im Krankenhaus werden wir ihm nicht zumuten. Er hat doch nur den einen Wunsch, zu Hause zu sein. Ist das denn noch zu viel?

Wir werden es schaffen, sind aber auch voller Angst, wie das Sterben sein wird. Wie lange noch? Was wird Pit noch erdulden müssen? Frau Dr. E. aus dem Kreiskrankenhaus und unsere Kinderärztin Frau Dr. L. ziehen wir ins Vertrauen. Sie sichern uns jede erdenkliche Hilfe bei der Schmerzbehandlung zu.

Nachmittags kommen Svens Eltern zum Kaffee. Bringen den Lieblingsstreuselkuchen von Pit und Tim mit. Oma Hilli hat es schlimm erwischt. Sie hatte während unseres Urlaubs wieder einen Hörsturz und ist eigentlich taub. Und Opa Peter machen seine Rückenprobleme zu schaffen. Beide würden gerne mehr helfen können …

Abends grillen wir alle, die Kinder wünschen sich kleine Bratwürstchen, die mit Riesenappetit verputzt werden. Trotz unserer permanenten Angst sind wir fast ein wenig glücklich.

Und Sven und ich können glücklicherweise stundenlang reden, uns mitteilen. Sven bittet abends Volleyballkumpel Exe mit seiner Frau zu uns. Exe wird nun im Sportverein unsere Situation schildern. Möglichst viele Leute sollen davon wissen, so fällt uns das Aufeinanderzugehen wohl leichter. Diese Einstellung macht meinen Eltern allerdings sehr zu schaffen. Wir sollten ihren Rat befolgen, niemandem zu sagen, dass wir „nichts mehr machen lassen wollen“. Immer wieder reden sie uns ins Gewissen. Verstehen können wir das nicht. Es scheint vielleicht doch generationsabhängig zu sein, wie man manche Dinge sieht. Wir werden jedenfalls offensiv mit unserem Schicksal und unseren Vorstellungen umgehen, sonst werden wir verrückt.

Und endlich habe ich Zeit, etwas im Internet zu recherchieren. Logge mich in Krebsforen ein, hoffe, brauchbare Informationen zu finden. Ein schwieriges Unterfangen. Meist geht es um den Versuch, die entsetzlichen Nebenwirkungen von Chemo und Bestrahlung erträglicher zu machen. Ich finde nicht viel, was uns wirklich hilft. Nichts über den Weg außerhalb des Krankenhauses. Nachts stellen wir uns weinend vor, was die Zukunft bringt. Wir wollen und müssen stark sein für Pit, für Tim und für uns. Alles im Haus bleibt, wie es ist. Nur, dass Sven oder ich nachts neben Pitchen auf einer Matratze schlafen. Wie lange dürfen wir noch zu viert sein?

Fassungslosigkeit

Montag, 9. August

Für Tim ist es der erste Schultag in der fünften Klasse. Wir haben die Klassenlehrerin informiert. Wie übersteht er das heute? Noch konnte er nicht weinen ... Sven geht wieder zur Arbeit.

Als Pitchen neben mir erwacht, ist er schwach. Möchte nur auf dem Schoß sitzen und später zu Oma und Opa. Dort nutze ich die Gelegenheit und fahre zur Schule. Muss es einfach. Man drückt mich und weint mit mir, wünscht uns als Familie Kraft, das durchzustehen. Tiefe Betroffenheit greift um sich und natürlich versteht man, dass ich jetzt nicht unterrichten kann. Bin dankbar. Wie sollte ich auch vor mehr als 50 Kinderaugen stehen und über das Schöngeistige in der Kunst sprechen, wenn ich die Augen meines Kindes brechen seh'? Zunächst bin ich wegen Pitchen krankgeschrieben.

Bis gegen 11 Uhr ist mein kleiner Spatz nur ein Häufchen Unglück. Liegt ganz still, hat keine Energie und würgt oft. Unvermittelt hat er dann aber Lust, im Garten zu buddeln und danach etwas Griesbrei zu löffeln. Unsere Kinderärztin kommt ins Haus meiner Eltern, sieht nach Pit. Uns allen stehen die Tränen in den Augen. Es tut ihr furchtbar leid, dass sie nicht etwas mehr für Pit tun kann.

Am Nachmittag sind wir wieder zu Hause, und Pitchen möchte gerne zu den Kindern von Daniela und Guido aus der Nachbarschaft. Es gibt bei unseren Freunden Kaffee und leckeren Kuchen. Sven und Tim kommen bald dazu. Timmi ist bedrückt. In der Klasse hat ein Junge zu ihm gesagt, er freue sich richtig, dass Pit bald sterbe. Es hat sich im Dorf also schon herumgesprochen. Die anderen Kinder schützten Tim. Und unsere Freundin Katja – ihre Tochter Franka ist auch in Tims Klasse – nahm sich der Sache sofort an, informierte die Schulleitung, forderte Gespräche. Schön, dass wir uns darum nicht kümmern müssen. Auch das ist praktische Hilfe.

Die vier Kinder spielen nun, planschen, werfen Ball. Pit ist zwar schwach, aber er will mitmachen und kann noch immer prima zielen. Es tut gut, ihn so zu sehen.

Sven erzählt, Dr. A., der Onkologe, habe ihn angerufen und nach der Biopsie gefragt. Dass wir Pit das aus genannten Gründen ersparen würden, habe er dann aber akzeptiert. Wir sind erleichtert.

Abends ruft aufgeregt unsere Kinderärztin an. Dr. A. habe mit ihr gesprochen. Es gebe eine Wende in der Betrachtung von Pits Krankheit: Pit hätte eine berechtigte Chance, sein Leben zu behalten, eine OP sei notwendig, genau wie eine sich anschließende Therapie. Wir merken an ihrer Stimme, dass sie unser Vorhaben nicht mehr stützen wird. Wir könnten Pit doch nicht durch den steigenden Hirndruck sterben lassen! Es bestehe die Möglichkeit, eine zweite Meinung einzuholen. Um 20 Uhr habe Frau Dr. E. im Kreiskrankenhaus für uns Zeit. Sie kenne jemanden …

Wir rufen meine Eltern an, die zusagen, die Kinder ins Bett zu bringen. Schnell sind sie bei uns. Wir stehen mit ihnen und unseren Reitmädchen Janet und Franziska, die gerade vom Stall kommen, draußen und bereden die Lage, als Dr. A. auch bei uns noch mal anruft. Alle hören über Lautsprecher mit, als der Onkologe jetzt doch die Biopsie für die genaue Diagnose fordert. Seine Stimme klingt arrogant und wichtig. Pit könnte durchaus Überlebenschancen von 30% haben, trotz aller Risiken, wenn sich der Verdacht auf Medulloblastom bestätige. Er führt Statistiken an und manches, dessen Bedeutung wir nicht verstehen. Die Nebenwirkungen und Spätfolgen interessieren nicht. Als Anwalt des Kindes sei er gezwungen, uns unter Druck zu setzen. Wir dürften nicht leichtfertig die OP verweigern und Pits Leben aufs Spiel setzen. Er werde das Jugendamt einschalten und uns werde das Kind gerichtlich entzogen. Das Gesetz gebe ihm recht, weil eine Diagnose fehle. Wir sollten auch ihn verstehen. Er sei verpflichtet, so zu reagieren, er würde sich sonst selbst strafbar machen. Bis morgen hätten wir Zeit, darüber nachzudenken.

Niedergeschlagen, mutlos und entsetzt blicken wir in die Runde. Meine Eltern haben Hoffnung geschöpft: Ihr Enkelchen wird nicht sterben. Aber Janet arbeitet selbst im Krankenhaus im OP. Sie meint, Dr. A. habe um den heißen Brei geredet, sich umständlich ausgedrückt und nicht das gemeint, was er sagte. Genauso empfand ich das auch. Und wir denken, dass auch unsere Kinderärztin eine ähnliche „Drohung“ erhalten hat. Würde sie denn gegen ihren hippokratischen Eid verstoßen? Was sind das nur für Gesetze in diesem Land?

20 Uhr: Wir sitzen bei Frau Dr. E. im Arztzimmer. Sie empfiehlt auch, eine zweite Meinung einzuholen. Sie kann einen Termin bei einem Neurochirurgen ermöglichen, dem sie Vertrauen entgegenbringt: Dieser Professor praktiziert auch in einem Berliner Krankenhaus. Sie ist sich sicher, wir werden um einen weiteren Eingriff nicht herumkommen.

Wir verstehen das einfach nicht! Was für ein Staat ist das eigentlich? Warum dürfen wir nicht für unser Kind entscheiden? Die angeblichen 30% Überlebenschance sind bei Licht besehen doch Augenwischerei. So wird im Fall der Fälle also jemand gerichtlich eingesetzt, der die Entscheidungen trifft, ohne das Kind und uns zu kennen. Es ist einfach nicht zu glauben. Wir müssen uns fügen.

Auf unsere Bitte hin ruft die Ärztin den Onkologen an. Wir hören mit. Dr. A. ist wenig begeistert und hält es nicht für sinnvoll, ausgerechnet zu diesem Professor zu gehen. Zwar sei er auch ein brillanter Neurochirurg – aber ein Eigenbrötler: Er sei nicht im Krebsnetzwerk tätig, womit sich ihm die Erkenntnisse der neuesten Forschungen entzögen. Uns bestärkt das eigentlich noch mehr, diesen Professor zu konsultieren, wir brauchen dann wenigstens keine Absprachen zu fürchten. Vielleicht tun wir ihm damit auch unrecht, doch wir denken, als Onkologe sei Dr. A. hauptsächlich als Wissenschaftler tätig und sehen darin sein vorrangiges Interesse an Pits atypischem Tumor.

Für Dr. A.s Drohung mit dem Jugendamt entschuldigt sich Frau Dr. E. in aller Form bei uns. Das sei ganz und gar nicht angemessen gewesen. Sie meint aber auch, dass niemand ein Recht auf ein gesundes Kind habe. Und wegen der zu erwartenden Behinderungen sollten wir nicht allzu besorgt sein. Sie würde so viele bezaubernde mongoloide Kindchen kennen … Es ist bei Pit aber keine Trisomie 21, denke ich ernüchtert.

Dienstag, 10. August

Meine Eltern bleiben bei Pit und Tim. Vati fährt Sven und mich in aller Frühe zum Bahnhof. Im Zug machen wir uns Notizen zu allen möglichen Fragen, die sich uns stellen und auf die wir eine Antwort haben möchten. Vor unserem Termin beim Professor holen wir aus der anderen Klinik die Unterlagen zu Pitchens Befunden ab.

Der Professor betrachtet die MRTs und schlägt vor, den zentralen Haupttumor zu entfernen. Er sei gut zu erreichen, eine OP Erfolg versprechend, denn sie werde Pit eine Besserung seiner Lebensqualität verschaffen. Das Spucken und Taumeln werde aufhören, der Hirndruck nachlassen, denn momentan könne das Hirnwasser nicht abfließen – der Haupttumor verstopfe den Kanal wie ein Pfropfen den Abfluss, der Flüssigkeitsdruck und die Geschwüre verursachten zusammen die motorischen Probleme. Die OP sei allerdings sehr risikoreich. Einer Biopsie werde ein solcher Eingriff aber sowieso folgen müssen. Also könne man Pit diese auch ersparen. Das leuchtet uns ein. Alles andere werde man erst hinterher besprechen können, wenn das histologische Gutachten da und klar sei, um was für einen Tumor es sich handele. Mit unseren Fragen bleiben wir also sitzen.

Innerhalb von kaum zehn Minuten stimmen wir der Operation zu. Wir verlangen, dass alle vorliegenden Testergebnisse übernommen werden, lassen nicht zu, dass Pit das gesamte Prozedere nochmals über sich ergehen lassen muss. Und der Professor versichert auch, dass Pit zuerst die Maske bekommt, und die Zugänge gelegt werden, nachdem er auf dem OP-Tisch eingeschlafen ist. Das können wir tragen und fühlen uns wahrgenommen. Wir sehen uns noch die Kinderstation an und werden aufgeklärt, dass es sich hier nicht um eine Kinderklinik handelt, Schwestern und Ärzte aber dahin gehend geschult wurden. Morgen Aufnahme. Donnerstag um 7.30 Uhr die OP.

Wir fragen uns, wie wir das Pitchen nur beibringen sollen. Er vertraut uns doch, und wir haben schließlich gesagt, dass er nicht mehr ins Krankenhaus muss ...

Zu Hause packe ich wieder Sachen. Nehme auch alle Urlaubsfotos mit, Spielzeug, Pits dickes Tierbuch, Geschichten von „Petterson und Findus“, sein Dinobuch.

Wir genießen die abendliche Zeit mit unseren Kindern. Schmusen, kuscheln, lesen Geschichten vor, singen Gute-Nacht-Lieder. Freunde schauen wieder bei uns vorbei. Später bin ich noch mit Andrea zum Joggen verabredet. Seit Pitchens Erkrankung laufen wir zum ersten Mal wieder. Ich könnte rennen, rennen, rennen. Power mich total aus, heule, schreie, bin außer mir. Andrea hilft mir so sehr, weil sie mich dabei aushält.

Hilflosigkeit

Mittwoch, 11. August

Timmi muss gleich zur Schule. Pitchen ist wach, aber unglaublich kraftlos und müde. Ich bitte Tim flüsternd, er möge seinen kleinen Bruder noch einmal ganz lieb drücken, es sei möglich, dass er ihn nicht wiedersieht, denn die OP wird schwer. Tim schaut mich ungläubig an, wischt mir die Tränen vom Gesicht und fragt, ob Pits Krankheit ansteckend sei. Er macht sich eben auch so seine Gedanken, aber ich kann ihn beruhigen. Er ist so ein lieber großer Bruder, lenkt meist ein, wenn es doch mal Zankereien gibt, und oft habe ich das Gefühl, dass Tim sein Pitchen manchmal mehr liebt als umgekehrt. Nun verabschiedet er sich und wird heute in der Schule sicher ein schweres Herz haben.

Und wie vermitteln wir es Pit, dass uns gleich das Taxi abholt? Weil er spuckt und ihm sein Bäuchlein Probleme bereitet, schieben wir es darauf. Pitchen weint, aber er fügt sich. Von der OP sagen wir ihm vorerst nichts. Ich schaffe es gerade noch, unseren Berliner Freunden Catrin und Dirk auf den Anrufbeantworter zu sprechen und um einen Besuch im Krankenhaus zu bitten, dann ist auch schon der Wagen da. Die Krankenkasse bezahlt glücklicherweise die Fahrt. Vor lauter Angst um Pit hätten wir gar nicht selbst am Steuer sitzen können. Pitchen lässt sich Amerikaner und Apfelschorle schmecken, bestaunt die in Staubwolken eingehüllten Mähdrescher, möchte Geschichten hören. Hitze. Stau. Straßensperrungen. Umleitungen. Nach mehr als drei Stunden sind wir endlich da.

Anmeldeprozedur. Erschöpft aufs Zimmer. Gott sei Dank ein Einzelzimmer mit kleinem Balkon und Aufbettung für mich. Wir haben also unsere Ruhe. Sven drückt uns und fährt weinend mit dem Taxi wieder zurück.

Pitchen ist guter Dinge, auch wenn er oft nach daheim fragt. Ein junger Arzt macht eine besonders feinfühlige Eingangsuntersuchung. Er nimmt sich für Pit und meine Fragen sehr viel Zeit. Leider sehe ich ihn nie wieder. Ein anderer Arzt, ein Anästhesist, spielt sich auf und will trotz der Zusage des Professors sofort eine Nadel setzen. Wir diskutieren, aber er fühlt sich eben zu wichtig mit seinen „Kompetenzen“, um uns menschlich wahrzunehmen. Pit hat keine Chance – der Zugang muss rein. Er sieht mich enttäuscht an, weil ich ihm doch wieder etwas versprochen habe, was ich nicht halte, und er weint leise vor sich hin. Bin nur froh, dass er heute erst einmal gespuckt hat.

Dann steht Catrin mit ihrer kleinen Maria in der Tür. Sie hat den Anrufbeantworter abgehört und sich gleich ins Auto gesetzt. Vor Maria und Pit sind wir Muttis so tapfer, spielen, scherzen, und Pit vergisst seine Angst. Spät am Nachmittag verabschieden wir uns zitternd mit glänzenden Augen. Catrin wird mir morgen, wenn Pit operiert wird, zur Seite stehen. Bin so dankbar.

Pitchen ist insgesamt recht ruhig. Wir duschen noch beide, singen und schauen uns auf dem Balkon den glutroten Sonnenuntergang an. Wunderschön. Flugzeuge zerschneiden die Farben. Pitchen staunt. Wir sind wohl dem Himmel näher als unserem Zuhause und sind doch nur im fünften Stock. Und Pit träumt, er würde auch so gerne mal fliegen.

Im Spielzimmer entdecke ich die Geschichte „Vom Küken, das das Meer, den Wald und den Berg sehen wollte". Begeistert hört Pitti Kükens Abenteuern zu. So was liebt er.

Lange noch kuscheln wir im Bett. Ich genieße Pits warme weiche Haut. Den typischen Pitti-Duft! Könnte ihn nur knuddeln und will nicht wahrhaben, dass in seinem hübschen Köpfchen etwas wächst, was ihn uns irgendwann entreißt. Er schläft darüber ein und ich weine meine Angst um ihn verzweifelt ins Kopfkissen. Vielleicht wäre es besser für ihn, wenn er unter der Narkose für immer einschläft und ihm all das andere, was vielleicht noch auf ihn zukommt, erspart bleibt? Welch schlimmer Gedanke, aber ich kriege ihn nicht aus dem Kopf!

Donnerstag, 12. August

Habe ich überhaupt geschlafen? Dauernd muss ich Pit anschauen und kann mich einfach nicht satt an ihm sehen. Im Schlaf ist er Timmi immer noch so ähnlich: weißblondes, feines, dichtes Haar, die kleine Stupsnase, das leicht lächelnde Mündchen, auf das ich immer küssen möchte, zart durchscheinende Lider, darunter funkelnde Augen, die im Traum gewiss Dinos sehen. Als er aufwacht, weint er vor Angst. Denn dass er heute operiert wird, hat er gestern gehört und nicht vergessen. Den Schluck Beruhigungssaft muss er wieder hochwürgen. Aber ich kann Pit in den OP bringen, und seine Kuschelmaus darf er im Arm behalten.

Ruhelos warte ich. Etwa sechs Stunden dauert die OP. Heulend durchwühle ich unsere Urlaubsfotos. So viele glückliche Stunden. Es ist einfach nicht fair! Die Welt ist ungerecht! Warum wird ein kleiner unschuldiger Junge so schwer krank? Warum?

Plötzlich stehen Catrin und Dirk im Zimmer und nehmen mich in den Arm. Wir schütten unser Herz aus und warten. Catrin bleibt auch noch bei mir, als ich auf die Intensivstation gebeten werde. Pit hat die OP überlebt. Eine freundliche Anästhesistin, Frau Dr. I., versucht mir die Situation zu erklären. Pit wird beatmet, ist noch kalt, hat mehrere Schläuche im Leib, seine Augen sind verklebt mit einer Salbe. Dann dürfen wir an sein Bett. Ich fürchte mich sehr und fühle, wie es mir die Beine wegzieht und Catrin nach meiner Hand greift. Mein Kindchen ist so klein, so durchsichtig, leichenblass und eiskalt. Wir flüstern mit Pit, streicheln ihn, starren auf die Monitore. Hin und wieder atmet er selbst. Blinzelt mal, seine Haut wird langsam warm. Zwei Stunden dauert es, bis er ohne Hilfe Luft holt und extubiert wird. Wir sollen uns abwenden, es sei ein schlimmer Anblick und ein noch schlimmeres Geräusch.

Ich empfinde es hier als furchtbar kalt. Pitti liegt nur unter einer ganz dünnen Decke, bekleidet mit einem Nichts von einem Hemdchen. Er wird sich ganz bestimmt erkälten, denke ich ständig und frage die Ärztin danach. Zu viel Wärme sei gefährlicher, erfahre ich und muss ihr glauben. Mir bringt Catrin noch warme Sachen, bevor sie sich bis morgen verabschiedet. Was hätte ich nur ohne sie gemacht?

Pit nimmt langsam seine Umgebung wahr, erkennt mich, flüstert so was wie *Mama,* hat Hunger, hat Durst, was ich an seinem Verhalten ablese, denn er bringt nur unverständliche Laute hervor. Alles tut ihm weh, leise wimmert er vor sich hin. Spät erst darf ich ihm tröpfchenweise Tee einflößen und winzige Stückchen Melone füttern. Hilfloses Vögelchen. Doch in seinem Elend erbricht er alles sofort wieder. Sollte das nicht nach der OP aufhören? Geduld, rät man mir, das Verdauungssystem sei durch den Eingriff träge. Werde sich sicher bald geben.

Stundenlang geht das so. Ich funktioniere einfach. Nette Pfleger und Schwestern rotieren durch die Station. Haben auch Kinder, teilen meine Ängste trotz ihrer stressigen Arbeit, und sie tolerieren meine Anwesenheit, auch wenn ich wohl oft im Wege stehe.

Mit dem Schichtwechsel gegen 22 Uhr soll ich auch gehen. Soll schlafen, mich ausruhen. Auf Pit werde man hier gut achten. Mir bricht es das Herz. Ich will ihn nicht verlassen, habe aber nicht die Kraft, mich aufzulehnen. So lasse ich mit schlechtem Gewissen mein Kind zurück und finde keine Ruhe. Acht Stunden darf ich nicht bei Pitchen sein. Was wird er bloß von mir denken?

Freitag, 13. August

Es war eine stürmische Nacht. Unentwegt heulte es durch die Flure. Um Punkt sechs bitte ich um Einlass auf der Intensivstation und mag meinen Augen nicht trauen: Pitchen liegt in einem völlig zerwühlten, blutbesprenkelten Bett. Seine Arme sind stellenweise dunkelblau, und irgendetwas stimmt mit seinem Hals nicht. Er sieht völlig fertig aus und begrüßt mich nicht einmal mit seiner Hand. Was ist hier nur los gewesen? Man informiert mich knapp, dass Pit in der Nacht Probleme bereitet habe. Er habe sich die Schläuche aus den Armen rausgerissen und sogar den zentralen Venenkatheter, den ZVK. Er schlief kaum und weinte wohl die halbe Nacht. Ich bin bestürzt und schäme mich. Ich war einfach nicht da, als er mich so sehr brauchte. Warum nur hat man mich nicht bei ihm gelassen? Ich versuche, mich in sein Herz zu streicheln, flüstere mit ihm, doch Pit gibt mir nichts zurück.

Dann wird es hektisch. Pits Vitalwerte verschlechtern sich zusehends und er braucht weitere Medikamente! Doch Zugänge hat er ja nicht mehr. Das Gepiepse der Überwachungsgeräte ist unüberhörbar. Schwestern und Ärzte diskutieren. Ein neuer ZVK bedeute neue Narkose, die Atmung könne aussetzen, ob er dann wieder selbst atmen werde, sei ungewiss. Dann also neue Zugänge in die Armvenen? Schwestern meinen, es sei da nichts mehr zu finden, alles schon so sehr zerstochen. Überall blaue Flecken und Schwellungen. Eine Vene sei noch angezapft, aber auch dort tue es Pit schon weh, und es gehe auch kaum noch was durch, der Zugang scheine verrutscht zu sein. Pit windet sich auf seinem Laken. Alles schmerzt. Er ist das blanke Leiden und wimmert vor sich hin.

Neben uns hinterm Vorhang geht der Alarm los: Notfall. Dort kämpft seit letzter Nacht auch ein Kind um sein Leben. Ärzte und Schwestern bemühen sich nach Kräften, den Tod abzuwenden. Und Pit schläft vor Erschöpfung ein. Hinter dem Vorhang höre ich schlimme Geräusche. Hektik. Das alles hier gleicht einem Horrorszenario.

Nach einer Weile piept bei Pit durchdringend ein Gerät. Die letzte

Vene ist nun also auch dicht. Seine Herzfrequenz geht rapide runter. Medikamente müssen rein.

Der kleine Junge nebenan ist stabilisiert, und nun ist wieder Pit an der Reihe. Schwestern suchen für ihn nach Möglichkeiten. Ein Arzt stürzt in den Raum, greift barsch nach Pits Arm. Von sich selbst überzeugt, herrscht er die Schwestern an und prahlt, man solle mal ihn machen lassen, er habe bisher immer was gefunden. Wär' ja wohl gelacht! Er sticht und sticht und findet nichts. Pitchen weint und schreit und wehrt sich mit seinem geschundenen Körper. Dann müssen eben die Venen in den Beinen dran glauben. Pit zappelt, die Nadel trifft den Knochen. Dann scheinbar ein gelungener Stich, doch das Blut schießt heraus, im Nu ein Riesenbluterguss. Jetzt müsse das Kind aber endlich mal stille liegen, brüllt er, sichtlich mit den Nerven runter. Und er verlangt, dass ich gehe. Ich weigere mich hartnäckig und habe den Eindruck, dass ich neben mir stehe und das Geschehen von außen betrachte. Ich kann einfach gar nichts denken, starre nur ungläubig auf die Situation und möchte Pit eigentlich nur greifen und mit ihm wegrennen. Weg aus dem Scheißkrankenhaus in den Wald. Was für ein Anblick vor mir auf dem Bett. Wie auf einem Schlachtfeld. Man entschließt sich, doch einen neuen ZVK zu legen und diskutiert laut über das Wie. Pits Herzfrequenz mahnt zur Eile. Ohne Narkose sei das aber selbst für Erwachsene zu traumatisch, gibt eine Schwester zu bedenken. Unbeeindruckt macht sich der Arzt an Pitchens Hals zu schaffen. Pit schreit und hört gar nicht wieder auf. Es geht mir durch Mark und Bein. Und instinktiv gehe ich dazwischen, brülle dem Arzt heulend ins Gesicht: *Das ist unmenschlich! Kein Mensch muss so was ertragen! Ich bereue diese Operation zutiefst!* Trocken erwidert er, das sei ja wohl nicht seine Entscheidung gewesen, und wer A sagt, der müsse auch B sagen. *Ich habe ja keine Wahl gehabt,* heule ich zurück, *zu A hat man uns gezwungen!*

Kurze Stille. Und dann wandelt sich der Ton. Eine Schwester bringt eine Spritze. Pit bekommt eine Betäubung in den Oberschenkel. Keine zwei Minuten Kampf, dann hat er Ruhe. Welch ein Segen. Das ZVK-Setzen merkt er nun nicht mehr. Den Arm um mich gelegt, bittet mich eine Schwester, draußen zu warten. Man werde mich gleich wieder reinrufen. Pit wird ein Schlauch gelegt, der vom Hals durch die Hauptvene direkt ins Herz geht. Ich kann mir das gar nicht vorstellen. Minuten wie Stunden.

Ich sinke im Flur auf den Boden, brauche Erdung. Schluchze vor mich hin. Ein netter Pfleger hört mir zu, hat und zeigt Verständnis. Meine Gedanken schießen durcheinander.

Das eben war das Schlimmste, was ich Pit antun konnte. Was wird er von mir denken? Von seiner Mama, die ihm versprach, ihn zu beschützen. Ich liebe ihn so sehr, dass es wehtut. Und dies eben war schlimmer als die Vorstellung, dass er stirbt.

Man ruft mich wieder rein. Pit schlafe jetzt, heißt es, aber er sei in einem Zustand, der einem Koma ähnlich sei. Habe die Augen geschlossen, höre alles, jedoch eher etwas überlaut. Der arrogante Arzt erklärt mir einiges, ist jetzt ausgesprochen freundlich. Nimmt mich nun menschlich wahr und wirkt auch selber entspannter, denn es geht Pit den Umständen entsprechend gut. Er meint, Pit habe das Ärgste überstanden. Er sei kräftig, das hier schaffe er auch noch – und er werde vergessen. Er habe auch einen Sohn in Pits Alter und könne mich sehr gut verstehen.

Ich frage mich, wie die Menschen hier das täglich verkraften. Sie sind alle doch auch mit dem Herzen dabei. Man ist offensichtlich heilfroh, dass Pit jetzt auch ernährt werden kann. Er erhält hochkalorische Kost über den ZVK. Der ist nun an Pits Hals mehrfach festgenäht, so dass er ihn wohl nicht noch einmal herausziehen wird.

Pits Bett wird frisch gemacht. Er muss hin- und hergerollt werden, was ihm unglaublich wehtut. Gegen 13 Uhr scheint er dann fest zu schlafen.

Ich würge oben auf der Kinderstation mein Essen hinunter. Die Eltern von dem anderen Jungen, der neben Pit auf der Intensivstation liegt, haben inzwischen „unser“ Zimmer bekommen. Sie sind privat versichert ... Ich hege etwas Hass, schäme mich aber gleich dafür. Ich werde Pit heute Nacht nicht verlassen! Also brauche ich hier oben auch kein Bett. Habe sowieso keinen Anspruch darauf, wenn Pit auf der Intensivstation liegt.

Wieder bei Pitti ziehe ich ihm Söckchen an, weil es hier furchtbar kalt ist. Ich singe leise Lieder und lese die Geschichte vom Küken. Kann er mich hören?

Irgendwann sind meine Eltern da. Stumm sitzen wir an Pitchens Bett. Ich grüble und grüble. Gegenseitig lösen wir uns ab mit Händchenhalten und Köpfchenstreicheln. Wir wissen nicht, woher wir Hoffnung nehmen sollen. Wollen Pit nur weitere Qualen ersparen. Mutti denkt auch so, aber Vati glaubt noch an ein Wunder …

Catrin kommt, bringt Kleinigkeiten für Pit mit und hat auch an Tim gedacht. Timmi wird uns am Sonntag besuchen. Ich habe Sehnsucht nach ihm. Meine Freundin schleppt mich für ein paar Minuten in den nächsten Park. Gedanken ordnen. Mir kommt Holland in den Sinn. Dort soll es Sterbehilfe geben, wenn nichts mehr geht. Das setzt sich in meinem Kopf fest.

Wir kaufen Melone für Pit. Klitzekleine Stücke in den Mund. Und wir bitten Pits Magen, dass er doch endlich die Arbeit aufnehmen möge.

Ständig wird Pit umgelagert, damit er sich nicht wund liegt. Und immer ist das sehr schmerzhaft. Und jedes Mal muss er dabei spucken. Es ist ein Jammer.

Von Holland wollen meine Eltern nichts hören. Entsetzt malen sie sich aus, wie wir womöglich alle noch verhaftet werden. Ich frage mich im Stillen, wie weit wir gehen würden, um Pit zu helfen? Weinend verabschieden sie sich. Am Sonntag kommen sie mit Tim wieder.

Das Bett wird gemacht. Endlich darf ich Pit auf meinem Schoß halten, ihn umarmen. Der Weg dahin tut uns beiden so weh und ist unglaublich beschwerlich wegen der vielen Schläuche und Kabel an seinem ausgezehrten Körper. Kein Bäuchlein mehr. Und die Schlüsselbeine gucken spitz unter der Haut hervor. Blutunterlaufene Stellen überall und ein furchtbar großes Pflaster im Nacken, wo die Narbe von der OP ist. Zusammen, eng aneinander geschmiegt, sitzen wir still eine ganze Weile, sind einfach zufrieden.

Als Pitchen kurz einschläft, sehe ich Frau Dr. I., die Anästhesistin von gestern. Wir sind uns sympathisch, sprechen über meine Ängste und den Wunsch, Pit zu Hause in Ruhe sterben zu lassen, wenn es keine Heilung gibt. Ich habe wirklich Sorge, dass das hier Pits Ende sein wird. Sie hat unendlich viel Verständnis und weiß, dass wir ihn nur aus dem Krankenhaus bekommen, wenn seine Verdauung anspringt und er sich stabilisiert. Sie bewundert unseren Mut und den Zusammenhalt unserer Familie. Ich weiß gar nicht, was sie meint. Wie sonst sollte man denn handeln? Jedenfalls sehe ich plötzlich ganz klar. Pit muss es schaffen. Wir haben ein Ziel: runter von der Intensivstation!

Nachts darf ich bei ihm bleiben, darf mich neben ihn legen. Pit wimmert viel, mag sich nicht rühren. Ruft immer wieder *Mami. Mama.* Und *Ja. Nein.* Wenn ich ihn nach Aua, nach Schmerzen frage, dann weint er und jammert etwas wie: *Ja, der Körper.* Wie gerne würde ich ihm helfen. Warum musste diese Quälerei noch sein? Stündlich wacht mein Spatz auf. Ich lese Geschichten vor, streichle, füttere winzige Melonenstücke. Ein netter Pfleger sorgt selbstlos dafür, dass immer ein kleiner Melonenvorrat im Kühlschrank ist. Aber Pitchen spuckt noch immer.

Samstag, 14. August

Pit hat nicht einmal zwei Stunden am Stück geschlafen. Immer wieder schreckt er weinend hoch. Er kann irgendwie auch noch gar nicht sehen. Seine Augen bleiben meist geschlossen. Alles scheint ihm wehzutun. Hunger und Durst plagen ihn. Melonenstückchen, Geschichte, Tee, Brechen. So geht das bis zur Anästhesie-Visite. Ärzte und Schwestern überlegen, Pit noch eine Blutkonserve zu geben. Er hat leichte Anämie und ist insgesamt viel zu unruhig. *Hause, Hause,* wimmert er leise und greift sich ständig an seinen kleinen, schon entzündeten Penis, in dem ja ein Katheter steckt. Eine Schwester stellt einen CD-Player ans Bett. Musik wird Pitchens Stimmung vielleicht etwas aufhellen. Und sie träufelt ein paar Dufttropfen aufs Kissen. Wir lächeln uns an, und ich darf ihr von unserer Familie erzählen und wie wir hier gelandet sind.

10.30 Uhr: Neurologie-Visite mit dem Professor. Er zeigt sich entsetzt über den Verlauf des gestrigen Tages. Auch sollte Pit doch längst auf der Normalstation sein. Die Anästhesisten kommen dazu, und ich werde Zeugin eines Kompetenzgerangels der übelsten Art. Der Professor ist entrüstet: Über gefällte Entscheidungen wurde er nicht informiert. Seiner Meinung nach lief auf der ITS alles schief. Die Psyche des Kindes sei für den Heilungsprozess überaus wichtig. Und hier beachte man diese überhaupt nicht. Die Anästhesie-Chefin schildert die Probleme aus ihrer Sicht. Pit sei von seinen Vitalwerten her noch längst nicht so weit. Man streitet und streitet, doch seltsamerweise bin ich nicht mal so betroffen. Das hatten wir doch alles schon. Letztlich setzt sich der Professor durch. Pits Blasenkatheter wird gezogen. Jammervoll. Sven kommt gerade hinzu, und gegen 13 Uhr finden wir uns auf der Kinderstation wieder.

Wir kommen in ein Zwei-Bett-Zimmer, was bedeutet, dass zwei kranke Kinder mit momentan vier Elternteilen in einem winzigen Zimmer sind. Pitchen signalisiert Appetit auf Banane und Fruchtzwerge. Er möchte eigentlich immer nur essen, was am Cortison liegt. Hoffentlich bleibt bald was drin. Aber das ständige Würgen quält Pit so. Sven stürzt los, um einzukaufen.

Das kleine Mädchen im Zimmer leidet schon seit Jahren an einer Zyste im Kopf. Ihre Eltern sind ja ganz nett, aber mich nervt das alles hier. Ich will mich auch nicht unterhalten. Und überhaupt gibt es seit Tagen keine Privatsphäre mehr. Ich weiß, ich habe kein Recht darauf, weil ich ausschließlich für mein Kind hier bin.

Pit ist zunehmend unruhig. Und er ist sooo unglücklich. Er weint und ruft nur ständig in wechselnden Lautstärken: *Mama. Mami. Ja. Nein.* Zwei Schmerzzäpfchen werden ihm unter Abwehr gegeben. Ablenken kann Sven ihn dann mit Fruchtzwergen. Und endlich würgt Pit nicht gleich wieder was hoch. Macht seine Verdauung nun mit? Wir hoffen es und wünschen Pit, dass er nun endlich etwas zur Ruhe kommt. Aber nein. Eine mollige Stationsschwester verlangt, dass Pit nun pullert. Und wenn das nicht geht, dann muss der Katheter wieder rein. Pit hat verstanden, weint. Er hat Angst und ich neue Panik. Sven und ich reden auf unser Kind ein: *Du musst pullern, Pitchen. Bitte streng dich an. Du schaffst das. Bist doch so ein toller Junge…* Und Pit gibt sich so viel Mühe. Er schreit vor Schmerzen, vor Wut auf alles hier und vor Enttäuschung, dass ihm sein Körper nicht gehorcht. Bis 19.30 Uhr gibt die Schwester uns Zeit. Pitchen kämpft und kämpft. Drei qualvolle Stunden lang. Punkt 19.22 Uhr dann endlich die Erlösung: Pit pullert und ist danach fix und fertig. Wie wir ihn loben und stolz auf ihn sind! Ermattet liegt er mit seiner Maus im Arm im trotz der Windel durchnässten Bett. Ich renne zur Schwester und verkünde triumphierend, es habe geklappt. Nüchtern erwidert sie: *Mal sehen, ob das denn auch reicht, sonst kommt der Schlauch sowieso wieder rein.* Ich bin fassungslos und so überrumpelt, dass ich nichts sagen kann. Pits Windel wird gewogen: 400 Milliliter Urin sind drin. Das Bett ist ja auch nass. Reicht also. Wir sind so was von erleichtert. Gleich darf Pit sich etwas ausruhen, vielleicht kann er sogar schlafen, hoffen wir.

Schnell noch das Bett frisch bezogen. Und Pit bekommt eine neue Windel. Er schämt sich aber so, will sie gar nicht haben. Doch leider geht das noch nicht anders, versuchen wir ihn zu überzeugen, denn sein kleiner Körper macht noch nicht immer, was er soll. Dann wird noch Fieber gemessen. Ach ja, die Infusion über den ZVK muss noch angeschlossen werden. Oh, da sind ja noch irgendwelche Pflaster dran. Die braucht er eigentlich nicht mehr. Pit weint und weint, ist so erschöpft und wünscht sich nur, in Ruhe gelassen zu werden. Na, wenn er sowieso gerade schreit, dann können die Pflaster ja auch gleich abgerissen werden. Pit windet sich, wir halten ihn fest. *Gleich ist es gut. Warum schreist du denn so? Tut doch gar nicht weh, oder?* Zack und ab! Mein schlechtes Gewissen meldet sich: Warum nur gehen wir nicht dazwischen und gebieten Einhalt? *Schwester,* frage ich, *haben Sie auch Kinder? Nein,* antwortet sie, *aber viel Erfahrung.* Pit werde sich fügen. Bisher habe das hier jedes Kind getan. Ich möchte sie fragen, ob man so viel Härte entwickeln muss, um hier zu arbeiten, traue mich aber nicht.

Sven, Pit und ich sind unglaublich müde. Das waren eben wieder drei Stunden Dauerstress. Und dabei haben wir gar nicht bemerkt, dass Pit nicht erbrochen hat. Der Fruchtzwerg blieb drin. Ganz zart beginnt mein Herz zu jubeln. Seit Tagen schlägt es mir bis zum Hals, und ich flehe es immer wieder an, seine Sache bloß gut zu machen, denn ich werde doch noch gebraucht.

Erschöpft schläft Pitchen nun ein wenig ein. Wenn die Tür sich öffnet oder schließt, weint er, obwohl er noch nichts sieht. Seine Augen bleiben leider noch immer zu, was mich drei Tage nach der OP schon beunruhigt. Aber er spürt, wenn jemand anderes als wir im Zimmer ist. Alle Sinne hellwach. Wie ein wundes Tier. Und wenn er weint oder schreit, dann höre ich ihn mittlerweile viel lauter und durchdringender. Auch meine Wahrnehmung hat sich geändert.

Heute Nacht möchte Sven gerne bei Pit bleiben und ich werde bei unseren Freunden schlafen. Gegen 21 Uhr holt Dirk mich ab.

Da Pit sehr unruhig ist und unentwegt wimmert, weint, schreit und *Mama. Mami. Ja. Nein.* ruft, zieht die andere Familie zum Schlafen ins Spielzimmer.

Wald- und Wiesenkind

Sonntag, 15. August

Zum Frühstück stehe ich wieder in der Tür. Habe geschlafen wie ein Stein und bin etwas ausgeruht. Sven erzählt: Nach Mitternacht bekam

Pit wieder eine Infusion und Zäpfchen. Und gegen 3 Uhr sollte er auch wieder pullern. Er hatte fürchterliche Angst davor, wehrte sich, schrie, konnte nicht. Bis 5.30 Uhr tat Papa, was er konnte, doch es klappte nicht. So kam der Katheter wieder rein. Das Einführen war so schlimm! Tut doch Erwachsenen schon weh, und außerdem war doch noch alles entzündet! Aber als der Urin lief, schien Pit sichtlich erleichtert zu sein. 800 Milliliter! Sofort wurde der Schlauch wieder gezogen, denn es sollte sich alles schnell normalisieren. Und Hunger hatte Pitchen. Auf Fragen nach Banane, Melone und Tee sagte er: *Ja.* Bis dahin war auch alles drin geblieben. War das der erste Schritt, um nach Hause zu können?

Nach dem Waschen blinzelt Pit Sven mit einem Auge an. Wir sind überglücklich. Versuchen, ihn für irgendetwas zu interessieren. Vielleicht Fahrstuhl fahren? *Ja!* Aber nach ganz kurzer Zeit ist er so erschöpft, dass er regelrecht in sich zusammensinkt. So lesen wir Dinogeschichten vor. Grübeln und überlegen in Pits kurzen Schlafpausen, wann denn endlich das histologische Gutachten da ist. Wir wollen wissen, was für ein Ding sich in Pits Kopf eingenistet hat.

Tim kommt mit Oma Elvi und Opa Wolfgang kurz vor Mittag. Bin so froh, dass Timmi keine Scheu vor Pitchen hat, denn er sieht doch sehr verändert aus. Irgendwie hat er ein schiefes Gesicht. Tim küsst und streichelt ihn, ist aber zutiefst erschüttert.

Dieser Nachmittag gehört Tim und er wird schön. Er darf entscheiden und wünscht sich, mit Mama und Papa essen zu gehen und danach im Großkino einen Film zu sehen. Meine Eltern hüten Pitchen so lange. Bei strahlendem Sonnenschein schlendern wir durch Berlin, und Sven und ich versuchen, uns ganz auf Timmi einzulassen. Und tatsächlich lässt Tim meine Hand gar nicht los. Er braucht uns doch auch noch! Ist so lieb und verständnisvoll, dass es mir fast schon wieder Angst macht. Er kann nicht weinen, und ich frage mich, wie er das alles verarbeitet. Er sagt nur immer, wir sollten und müssten uns keine Sorgen um ihn machen, und Pit brauche uns jetzt mehr.

Bis auf das Weinen ging mit Pit alles gut, versichern Oma und Opa, als wir um 18 Uhr zurück sind. Essen und pullern ohne Probleme. Die Verdauung funktioniert endlich. Aber Oma klagt über Magenprobleme. Ist eigentlich kein Wunder. Die ganze Familie leidet.

Alle vier fahren mit der Bahn wieder nach Hause. Der Alltag wartet.

Das kleine Mädchen aus unserem Zimmer und ihr Vater machen sich nachtfertig. Ich hoffe, dass wir sie nicht zu sehr stören.

Ich nehme mein Pitchen in den Arm, setze ihn auf meinen Schoß, und lange kuscheln wir. Was ist er nur hilflos und so unglücklich dabei. Aber für den Moment ist er ruhig. Wie lange wird dieser Zustand andauern? Was bringt uns die Zukunft? In meinem Arm schläft er ein und wacht auch nicht auf, als ich ihn vorsichtig ins Bett lege. Aber um 21 Uhr kommt eine mürrische Nachtschwester. Jetzt muss Pit pullern und endlich auch „kackern".

Zäpfchen rein! Ich könnte heulen! Endlich schläft Pit mal ruhig und länger als nur eine Stunde und dann so was. Wie soll denn da überhaupt die große Wunde verheilen? Immer wieder Stress. Natürlich fällt er jetzt wieder in sein Schema: *Mama. Mami. Ja. Nein.* Weint, schreit, wühlt. Immer wieder schleppe ich ihn zur Toilette. Eine Windel will er nicht mehr, schämt sich, und ich kann ihn verstehen.

Vater und Tochter ziehen entnervt ins Spielzimmer. Wir sind einfach zu laut.

Rauf auf die Toilette, runter. Kleiner Wurm. Hat keine Körperspannung und rutscht mir oft einfach durch die Hände. Und ja, endlich puscht er und kann auch ein wenig kackern. Aber er weigert sich, mich anzusehen, obwohl ich meine, dass das eine Auge schon manchmal möchte. Pit schreit nur: *Nein. Nein.* Immer aus vollem Halse. Wut, Schmerz, Angst. Aber er bricht nicht mehr, nicht einmal nach solch einer Anstrengung. Nun kann er wieder ins Bett, bekommt gegen Mitternacht noch eine Infusion, weil er noch nicht genug trinkt, und ein Zäpfchen. Eine Geschichte darf ich Pit vorlesen und das Gute-Nacht-Lied von den kleinen Pferden singen. *Ja,* wimmert er leise. Und fällt darüber in einen unruhigen Schlaf. Immer wieder muss ich ihn umdrehen, denn das schafft er nicht allein. Der „Butterfly", ein Kunststoff-Kreuz überm Schlüsselbein, der mit dem ZVK verbunden ist und mehrere Infusionsanschlüsse ermöglicht, drückt in jeder Lage. Die Haut darunter ist blutunterlaufen und tut weh. Immer nestelt Pit daran herum. Und weil vor allem seine linke Hand Beschäftigung zu suchen scheint, fummelt sie auch an den Fäden herum, die die Wunde vom Implantat verschließen. Die erste OP liegt zehn Tage zurück. Die Fäden sollen morgen gezogen werden.

Die Nacht bleibt wie die vergangene unruhig.

MONTAG, 16. AUGUST

Um 5.30 Uhr ist Pitchen dann richtig wach. Hunger. Drei Minibananen, zwei Fruchtzwerge und ein Vanillepudding innerhalb von einer halben Stunde. Dieser Riesenappetit macht sich auch langsam bemerkbar: Pit wird wieder runder. Vor allem im Gesicht sieht man es schon. Das Cortison zeigt seine Nebenwirkung: Der Körper wirkt aufgedunsen. Egal. Pit isst. Und das Essen wird zur Ersatzhandlung. Nur daran hat er nun stets Freude. Ich merke aber immer mehr, dass Pit unter Mühe nur das rechte Auge öffnen kann. Nur der rechte Mundwinkel bewegt sich beim Essen. Greifen tut nur die linke Hand. Ich sorge mich.

Aufs Klo. Waschen. Etwas hinsetzen? Vorlesen? *Nein,* schreit er. Und weint und weint. *Tut dir was weh? – Neee. Hause. Hause.* Ich möchte ihm so gerne ein Ziel setzen können. Noch zweimal schlafen? Ich will darüber mit dem Professor sprechen.

9 Uhr: Visite. Der Professor lobt den Erfolg seiner OP. Pits Verhalten sei nicht unnormal. Augen, Mund, rechte Hand? Kein Grund zur Sorge. Nicht auffällig. Das werde sich in den nächsten Tagen geben. Pit werde stimmungsaufhellende Mittel bekommen. Von *nach Hause* will der Professor nichts wissen. Spricht von nötigen Folgetherapien. Ich versuche ihm zu erklären, dass es für Pit hier nur furchtbar ist und ich Angst habe, dass er uns psychisch entgleitet. Pit ist doch ein Wald- und Wiesenkind, ist den lieben langen Tag draußen gewesen, hat im Sand gebuddelt, seine Tiere geherzt, Blumen bestaunt, mit seinen kleinen Freunden gespielt und weiß doch gar nicht, wie ihm geschieht. Es prallt am Professor ab: Es gebe doch auch Bäume und Blumen im Krankenhausgarten. Pit werde sich schon fügen. Wie lange wir denn noch bleiben müssen? Geduld! Was er denn nun genau hat, will ich wissen. Das Gutachten sei noch nicht da. Aber am Nachmittag werde er noch mal mit mir reden. Ich spreche die Fäden der Erstoperation an. Ja, darum werde man sich noch heute kümmern. Insgesamt ist der Professor sehr zufrieden. Ich bin es nicht.

Kurz darauf geht unten der Rasenmäher an. Brütende Hitze schon am Morgen. Stundenlanger Lärm, egal ob das Fenster geschlossen oder offen ist. Ich werde noch irre. Die andere Familie verdrückt sich, wenn es geht. Denn Pit schreit wieder viel, eigentlich immer, wenn er nicht gerade isst oder kurz einnickt.

Hin und wieder setze ich ihn in einen Stationsbuggy und schiebe durch den kleinen Krankenhausgarten. Mit nichts lässt sich Pit ablenken, geschweige denn erfreuen. Meine Nerven liegen blank. Nur unter der kalten Dusche komme ich zu mir.

Dirk ruft mich an. Heute Nachmittag will er uns besuchen. Plötzlich wird Pit noch unruhiger. Er schreit und wimmert unentwegt. Ich nehme ihn auf den Arm, frage nach Essen, Trinken, Pullern. Nichts. Nur schreien. Ich schleppe ihn hin und her durchs Zimmer und bin schon ganz verzweifelt. Dann merke ich, dass er pullert. Die mollige Schwester von gestern guckt rein: *So eine Schweinerei!* Stellt mir einen Eimer hin und verschwindet wieder. Wir beide stehen pitschnass in einer Pfütze, und ich weiß gar nicht, was ich jetzt zuerst machen soll. Kann ihn doch nicht auf den Polsterstuhl setzen und schon gar nicht ins Bett legen. Und Pit weint, weil er sich so furchtbar schämt. So lege ich unbeholfen ein Handtuch auf den Boden, bette mein Kleinchen darauf, tröste und wasche ihn. Mache ihn wieder hübsch und lege ihn hin. Ich wische grob die Pfütze auf, ziehe meine Sachen aus, dusche und stopfe unser nasses Zeug in eine Tüte. Hoffentlich nimmt Dirk die Sachen mit, denn ich kann hier nicht mal was waschen, weil ich nichts aufhängen darf, wegen der Hygiene. Nicht mal die elementarsten Dinge bleiben … Es ist alles so entwürdigend. Als ich mich an Pit kuschle, schluchzen wir uns gegenseitig was vor. Schlafen können wir nicht, der Rasenmäher dröhnt durchs Fenster.

Irgendwann gibt es Mittagessen. Über den leckeren Kartoffelbrei vergisst Pit sein Elend. Ich wage nicht, mit ihm noch mal rauszugehen. Möchte den Professor nicht verpassen. Und irgendwer wird ja noch die Fäden ziehen. Pit pult, wenn er nicht gerade isst, schreit oder weint, ständig daran herum. Aber niemand kommt. Wir warten umsonst.

Dirk verbirgt mit Mühe sein Entsetzen, als er Pitchen sieht. Mir selbst fällt schon kaum noch was ein, womit ich Pit aufmuntern kann. Auch Dirk zieht vergeblich alle Register. Es ist nichts zu machen. Wir schieben noch mal durch den Garten. Und ich bin einfach froh, dass Dirk da ist und ich mich gehalten fühlen kann. Unsere Schmutzwäsche nimmt er selbstverständlich mit. Catrin wird sie morgen wieder mitbringen. Ich weiß nicht, was ich ohne die beiden machen würde. Die Entfernung zwischen hier und zu Hause erschwert alles noch zusätzlich. Sven muss ja die Stellung daheim halten, und unseren Eltern geht es gar nicht gut, wobei auch sie tun, was sie können. Meine Eltern werden Donnerstag wieder nach Berlin kommen. Wir telefonieren jeden Tag. Und überhaupt kümmern sich die Menschen in unserem Leben sehr um uns, bieten jede mögliche Hilfe an. Es ist überwältigend.

Telefonzeit, als Pitchen etwas schläft. Meine Freundin Katja ruft an. Sie wird versuchen, etwas über das Medulloblastom, das ja immer noch als Tumor im Gespräch ist, in Erfahrung zu bringen. Ich komme hier an keine Information ran und will endlich etwas lesen.

Sven erzählt ganz aufgewühlt, dass ein zweiter Schicksalsschlag seine kleine Firma ereilt hat: Sein Chef Frank hat einen Bruder, der auch in der Firma arbeitet. Dessen 22-jähriger Sohn wurde von einem Betrunkenen zusammengeschlagen und verstarb in der letzten Nacht an Hirnbluten. Frank und seine Frau Dorit sind unsere Freunde, haben selbst zwei Söhne, die mit unseren spielen, und leiden bereits mit uns so sehr mit. Und nun ist auch noch in ihrer Familie ein Mensch auf solch eine Weise aus dem Leben gerissen worden. Unfassbar, dass innerhalb kürzester Zeit die Hälfte der Belegschaft so schwer getroffen wurde. Die armen Eltern.

Dass die andere Familie wieder ins Spielzimmer flieht, ist mir nur recht. Aber es ist mir auch peinlich, denn andere Menschen leiden unter uns. Sie könnten sich doch beschweren und ein anderes Zimmer fordern. Soll man uns doch hier endlich rauslassen! So durchdenke ich die halbe Nacht. Pit findet sowieso keine Ruhe. *Mama. Mami. Ja. Nein.* Weint. Schreit. Wühlt. Isst. Trinkt. Zum-Klo-Geschleppe. Fädenpulerei. Die Stelle, wo der ZVK sitzt, tut so weh. Er braucht ihn doch nicht mehr. Wann endlich wird er entfernt? Pit trinkt und isst ja genug. Warum gibt man ihm nur keine Beruhigungsmittel? Wie soll er zu Kräften kommen, und wie kann so die Narbe heilen?

Die Stimmungsaufheller fruchten jedenfalls nicht. Und Pit hat irgendwie sein Vertrauen in mich verloren. Kein Wunder. Ich beschütze ihn doch nicht.

Wir sind jedenfalls beide zutiefst verzweifelt. Ich fühle mich von Ärzten und Schwestern so allein gelassen. Niemanden scheint es wirklich zu interessieren, wie es uns geht und was wir empfinden. Fragen werden nicht wirklich beantwortet. Eine psychologische Unterstützung wird nicht angeboten. Ich merke immer mehr, dass ich als heulende verzweifelte Mutter gar nicht zähle, eben nur hysterisch wirke und mir ein anderes Auftreten aufzwingen muss.

Woher aber nehme ich die Kraft dazu? Mir fehlt der Schlaf. Mein Kopf zerplatzt vor Angst um Pit. Und die Zustände hier sind eigentlich nicht tragbar. Was sollen wir nur tun?

Dienstag, 17. August

5.30 Uhr: Hunger. Banane, Fruchtzwerg. Pullern. Dann weint und schreit Pitchen, und ich kann ihn nicht beruhigen. Ich frage, warum er weint und noch dies und das und komme nicht an ihn ran. Irgendwann schreit er mich an: *Weil ich weinen will!* Das sagt er mir so deutlich. Also kann er doch manches sprechen?! Es bleibt bei diesem einen Satz. Doch immer wieder schreit er: *Nach Hause.* Über zwei Stunden geht das so. Dann werde ich wütend und sage unter Tränen, ich fahre ohne ihn, wenn das so weitergeht. Ich werde dadurch auch noch krank. Kann nicht mehr. Und ich schäme mich dabei, denn er reißt das eine Äuglein auf und hat einen so furchtbar traurigen Blick. Es ist ein einziger Hilferuf! Und ich komme mir ganz schlecht vor. Er will auf meinen Arm und schluchzt lange an meiner Schulter.

Frühstück schmeckt. Aber eine mollige Schwester fordert, Pit müsse mehr trinken, sonst dürfe der ZVK nicht raus. Aber Pit will nicht. Mit Gewalt Schlucke in den Mund. Er hustet und schreit: *Nee, will nicht!* Wir reden auf ihn ein, er werde sonst nicht gesund werden und nicht nach Hause dürfen. Das sei ja wohl ein Erziehungsproblem, klagt sie mich an und geht entnervt. Haben wir „gesund werden" gesagt? Ich schäme mich für diese Lüge. Ich darf doch Pit nicht anlügen! Er wird nicht gesund. Allenfalls wird es ihm besser gehen. Das ist das Ziel. Ich bin wütend und enttäuscht und fühle plötzlich auch Selbstzweifel in mir aufsteigen. Hat sie recht? Dann sehe ich mein Kind an. Nein! Wie kann Pit sich sonst äußern? Es bleibt ihm doch nur diese Möglichkeit sich aufzulehnen. Er fühlt, es ist nicht richtig, wie man mit ihm umgeht, doch niemand achtet auf seine Seele.

Pit schreit und weint und weigert sich zu trinken, bis ich ihn einfach packe und in die Dusche setze. Haare waschen, erfrischendes Wasser überall. Bin hart zu ihm und zu mir, was mir innerlich wehtut. Doch darüber scheint er das Schreien zu vergessen und genießt die Dusche. Dann putze ich seit der OP auch zum ersten Mal Pits Zähne. Wieder im Bett trinkt er auch und schläft ermattet ein.

Nun soll ich Sachen packen. Wir ziehen in ein Einzelzimmer. Endlich. Die mollige Schwester meint spitz, es sei ja nun an der Zeit, dass sich Pit ergebe. Und meine Aufgabe wäre es, dafür zu sorgen. Schließlich dürfe ich unentgeltlich im Krankenhaus wohnen und werde kostenlos versorgt. Natürlich stimmt das. Ich tue ja auch, was ich kann, und fühle mich jetzt total unfähig. Ich wage nicht, ihr in die Augen zu sehen und schon gar nicht, meine Stimme zu erheben.

Im neuen Zimmer wimmert Pitchen nur noch und pult sich die Fäden über dem Implantat nacheinander raus. Lauter braune Krümel liegen auf dem Bett. Vielleicht zieht man ihm die restlichen Fäden ja heute nach der Visite, hoffe ich und warte. Dann sagt er: *Mama. Klo.* Und tatsächlich pullert er in die Toilette. Ich lobe ihn und freue mich riesig. Ein richtiger kleiner Fortschritt! Und ich versuche, ihn ein paar Schrittchen die Füße aufsetzen zu lassen. Es geht, aber er hängt in meinen Armen wie ein Sack, hat keine Körperspannung.

Morgen früh werde das Zimmer gebraucht, erfahre ich. Dann landen wir wieder im Zwei-Bett-Zimmer. Ich mag nicht daran denken und packe meine Tasche gar nicht erst aus.

Noch keine Visite. Und es ist schon 10.30 Uhr. *Kommt jetzt auch nicht mehr,* sagt eine andere freundliche Schwester. Sie wirkt sanfter und vertrauensvoller. So willige ich auch ein, mal für eine Stunde allein rauszugehen. Sie legt es mir ans Herz. Ich solle Kraft tanken. Pit scheine momentan still zu sein, und sie werde sich um ihn kümmern. Gut, aber ich habe ein schlechtes Gewissen. Doch ich will Fruchtzwerge und Obst und vor allem Chicken McNuggets beim nahen McDonald's kaufen. Pit wird sich bestimmt freuen. Nach einer Stunde stehe ich wieder im Fahrstuhl und höre ihn schon von Weitem brüllen. Er sitzt im Rollstuhl im zugigen Flur, gegen eine Wand gedreht und ist bis zur Brust nass gepullert. Keine Schwester weit und breit. Ich schäme mich so und er sich noch viel mehr. Ach, hätte ich ihn doch nicht wieder alleingelassen! Aber ändern kann ich es nicht mehr. So mache ich ihn frisch und bin erleichtert, dass er sich über die Nuggets freut und sich gierig darüber hermacht. Für den Moment ist seine kleine Welt wieder in Ordnung. Und ich versuche, spielerisch seine andere Hand zu animieren. Ich gebe Pit ein Hühnchenstück in die rechte Hand und halte die linke fest. Nun versucht er, die rechte zum Mund zu führen. Essen will er das Stück ja, aber er trifft den Mund nicht. Er mault und ärgert sich immer mehr, und ich lasse ihn dann wieder die linke Hand nehmen, bis er alle neun verputzt hat. Nun trinkt er auch prima und ich bin zufrieden.

Als Pit ein wenig eingeschlafen und es mal still bei uns ist, kommt Catrin. Sie ist einfach da, drückt mich, hört mir zu, weint mit mir, lässt die Wäsche von gestern da, nimmt neue mit. Völlig selbstlos.

Mit einem gellenden Schrei wacht Pitchen auf, hat sichtlich schlecht geträumt. Und er weint vor Schmerzen. Die Stelle unterm Butterfly sieht schlimm aus. Irgendwie reagiert seine Haut auch überall dort, wo Pflaster sind oder waren. Sein kleiner Körper kämpft gegen alles an.

Ich rufe die freundliche Schwester, diese wiederum einen Assistenzarzt. Keine Sorge, meint er, das werde sich geben und sei auch gar nicht besorgniserregend. Er gibt Anweisungen für ein Schmerzmittel. Ich bitte ihn, den ZVK zu entfernen, denn essen, trinken, pullern – alles klappt doch. Aber bei jeder Bewegung tut Pit die Stelle weh. Er zieht ja auch daran. Der sei festgenäht und Pit werde das nicht schaffen. Vielleicht werde er morgen entfernt. Heute war ja auch noch keine Visite, sage ich und spreche über meine Beobachtungen: Pits ständiges Schreien und Weinen, das stereotype Sprechen, seine Augen, seinen rechten Arm. Das sei nach solch einem schweren Eingriff normal. Ich müsse Geduld haben. Das werde schon etwa ein Vierteljahr dauern. Ich bin entsetzt! Habe ich das unterschrieben? So viel Zeit, die Pit vielleicht nicht einmal hat. Ich kann mich nicht erinnern, darüber aufgeklärt worden zu sein. Was ich denn wohl gedacht habe bei einer OP im Gehirn? Es sei doch völlig klar, dass es da zu Ausfällen komme. Wir streiten, Pit schreit und weint. Der Arzt geht.

Da sehe ich mein Kindchen liegen, ohne Freude, völlig traumatisiert. Und es ist ein Pflegefall vielleicht für den Rest seines kurzen Lebens. Pitti ist so unglücklich über seinen Zustand – und das ist wohl auch das Schlimmste an allem. Sein unglückliches Gefühl. Er kann doch gar nichts mehr ohne Hilfe, hat Schmerzen, keiner versteht ihn … Ist das eine bessere Lebensqualität, was doch eigentlich das Ziel der OP war? Spucken tut er nun nicht mehr, aber alles andere belastet ihn umso mehr. Ja, vielleicht wäre er am Hirndruck gestorben. Wäre es für ihn aber nicht besser gewesen, als so etwas zu erdulden? Weder Ärzte noch Schwestern können Pits Elend ermessen. Sie sehen ihn knapp zwei Minuten am Tag und wollen sich ein rechtes Urteil bilden über seinen Zustand. Wir müssen unbedingt hier raus! Schnellstens!

Zum Abendbrot setze ich Pit auf den Lehnstuhl, und zwar im Schneidersitz. Habe gemerkt, dass er so recht guten Halt hat. Außerdem kann ich dabei besser seine Mimik beobachten, als wenn er beim Füttern auf meinem Schoß sitzt. Bisher trank er noch durch einen Strohhalm. Jetzt will er den aber nicht mehr. Möchte aus dem Becher trinken, doch seine linke Hand zittert, die rechte kann er sowieso nicht führen. Er kleckert und kleckert und wird immer wütender über sich. Schließlich überzeuge ich ihn wieder vom Strohhalm. Und Pits Durst siegt über seinen Willen. *Banane* und *Joghurt* sagt er nun auch schon, zumindest kann ich das mittlerweile verstehen. Und dann ist er regelrecht dankbar. Jetzt isst er wieder mit Appetit, und plötzlich sieht er mich mit seinem einen Auge ganz fest an, sagt leise *Mami* und spitzt das Mäulchen zum Kuss. Ich bin so gerührt und genieße den Moment. Hat Pitchen mir verziehen? Ich darf ihm sogar eine Dinogeschichte vorlesen.

Für zwei Stunden schläft er dann recht friedlich ein. Und ich komme mit einer anderen Mutter auf dem Flur ins Gespräch. Sie hat das alles auch mit ihrer Tochter durchgemacht. Medulloblastom. Sechs Jahre ist das Mädchen nun alt, vor zwei Jahren begann ihr Leidensweg. Drei Hirnoperationen, jetzt die vierte. Chemotherapien, Bestrahlungen – nun sind die Tumore wieder da. Sogar gestreut. Die Mutter versteht meine Ängste und Einstellungen sehr gut. Auch ihr Kind hat keine Chance auf Heilung und schon viele Qualen durchlitten, aber es wehrte sich nie und hatte bisher auch überhaupt keine Ausfälle. So etwas wie bei Pit habe sie auch überhaupt noch nicht gesehen und gehört. Unter solchen Umständen würde sie das ihrer Tochter auch nicht zumuten wollen. In mir regt sich wieder das Bauchgefühl, dass unser Vorhaben richtig ist. Wie aber kommen wir hier raus? Ohne Diagnose sowieso nicht, und das Gutachten ist wohl noch nicht da.

Nachbarn und Freunde rufen an und denken ganz fest an uns. Es hilft mir wirklich sehr. Daniela kündigt sich mit ihrer Freundin für morgen zum Besuch an. Ich freue mich auf die beiden und weiß, dass sie ganz große Angst davor haben. Meine Tante Ingrid ringt am Telefon sichtlich um Fassung. Onkel Heinz starb erst vor Kurzem qualvoll an Krebs. Und nun trifft es auch den jüngsten Spross unserer ohnehin kleinen Familie. Worte findet man dafür nicht!

Pit erwacht weinend und ich sehe, dass er große Schmerzen hat. Der

ZVK quält ihn und er beginnt, sich selbst zu verletzen. Zuerst merke ich das nicht so, aber zunehmend boxt er seine linke Faust aufs rechte Auge. Ich kann ihn kaum davon abhalten. Was ist das nur? Und er schreit wieder: *Mama. Ja. Nee. Nee.* Und reißt am ZVK. Ich erbitte erfolgreich ein Schmerzzäpfchen, welches zum Glück schnell wirkt. Mit Fruchtzwergen kann ich ihn auch noch ablenken. Apfelschorle. Banane. Melone. Würstchen. Dann sind meine heimlichen Zimmervorräte aufgebraucht. Eigentlich darf ich nichts Verderbliches im Zimmer haben, wegen der Hygiene. Aber es ist immer eine Bettelei, wenn ich es anders mache. Es gibt einen Kühlschrank auf der Station, der aber nur von den Schwestern bestückt werden darf, und auch nur sie geben heraus, was man dort eingelagert hat. Ich will sie ja nicht ständig belästigen. Nun aber muss ich es wohl, denn in Pits Bäuchlein ist noch Platz. Und ehe er sich wieder haut ...

Die stets mürrische Schwester hat Dienst. Ich weiß, wir nerven sie. Sie ist immer ganz finster und ihre Spitzen sind oft nicht zu überhören. Wortlos holt sie nun, worum ich sie bitte.

Bis gegen 23.30 Uhr futtert Pitchen so vor sich hin, ist dann müde und möchte schlafen. Um 24 Uhr sind aber die Tablette zur Stimmungsaufhellung und die entzündungshemmende, hirnabschwellende Cortisonpille dran. So bitte ich die Schwester, Pit die Medikamente doch schon jetzt zu geben. Vielleicht könnte sie auch die Zeiten generell etwas anpassen? Statt 24/8/16 Uhr – Phasen, in denen Pit in der Regel etwas wegnickt – vielleicht besser 22/6/14 Uhr. Dann ist er immer wach. Herrisch erwidert sie, da werde sich auch Pit dran gewöhnen müssen. Es gebe schließlich noch andere Patienten hier, da komme sie dann durcheinander. Verstehen kann ich das nicht. Sie stellt mir doch die Tabletten nur hin, und ich gebe sie Pitchen. Wo ist denn das Problem? Es sei ihre Entscheidung. Punkt. Ich bin sehr enttäuscht und frage mich, worum es hier eigentlich geht. Um Pit? Darum, dass es ihm besser gehen soll irgendwann? Aber zwecklos zu diskutieren, denn das regt Pit nur zusätzlich auf. Ich nehme mir vor, die Sache mit der freundlicheren Schwester vom Morgen noch mal zu besprechen. Mittlerweile ist es also Mitternacht. Pit hielt sich doch bis jetzt wach, schluckt die Tabletten und schläft ein.

Alle zwei Stunden essen und trinken, sonst tut er sich weh. Wenn ich das vor der Nachtschwester anspreche, zuckt sie mit den Schultern.

Ich bin überaus besorgt und werde deswegen bei der Visite fragen. Den Professor habe ich leider noch nicht wieder gesehen, obwohl er es versprochen hatte. Hoffentlich ist morgen früh das Gutachten da.

Mittwoch, 18. August

Fast zwei Stunden am Stück schläft Pitchen schon mal. Und er hat es sogar geschafft, sich selbst umzudrehen. Er wimmert viel, und oft frage ich ihn, ob er anders liegen möchte. Meist jammert er dann: *Ja.* Hunger noch vor sechs. Vier Fruchtzwerge, zwei Minibananen – wo isst er das nur hin? Danach gucken mich plötzlich beide Äuglein an und ich erschrecke: Pits linkes Auge zittert und zappelt hin und her. Ist total ruhelos, nicht steuerbar. Ob mein Kleinchen damit überhaupt was sieht? Ich mag gar nicht hinschauen und grusel mich. Lange schafft Pit es auch nicht, das Auge aufzuhalten, so bleibt es meist bei einem. Waschen. Zähne putzen. Anziehen. Bisschen kuscheln, was er seit gestern gerne zulässt. Ich merke immer mehr, dass Pit nicht mehr wie Pit duftet. Der ureigene kindliche Geruch ist verschwunden. Er riecht nach Krankenhaus, nach Desinfektion, nach Medikamenten. Ein Stück von meinem Kind scheint sich aufgelöst zu haben…

Zum Frühstück gegen 8 Uhr hat Pit bereits wieder Appetit. Vor einigen Tagen noch war er so abgemagert. Nun sieht er schon richtig feist aus. Typisches „Dexakind" heißt es auf der Station. Kinder, die Dexamethason, also ein Cortisonpräparat, nehmen, haben das alle. Aha. Wird sich hoffentlich wieder normalisieren, wenn Pit diese Pillen nicht mehr braucht. Wird das überhaupt mal sein?

Die freundliche Schwester willigt ein, die Zeiten für Pit umzustellen. Na also. Und wir haben mit dem Umzug noch etwas Zeit bis zum späten Nachmittag. Dann warte ich mit meinem wieder unruhigen Kind auf die Visite. *Ja. Nein. Nee. Ja. Mamiiii.* Fädenpulerei überm Implantat. Auge boxen. Wenn ich ihn festhalte, schreit er wie am Spieß, bis er kurzzeitig immer mal wieder wegnickt.

Noch immer keine Visite und es ist schon nach 10 Uhr. Bin richtig sauer. Warum kümmert man sich nicht um uns? Ich mache Stunk und verlange, dass der ZVK gezogen wird. Die Schwester holt sich das Einverständnis des Assistenzarztes und befreit Pit davon. Ist sehr schmerzhaft wegen der schon stark gereizten Haut, denn das Ding war ja mehrfach daran angenäht. Und der große Bluterguss darunter wird erst jetzt richtig deutlich. Ein Pflaster kommt noch drauf, doch schon zehn Minuten später ist die Stelle so entzündet, dass es wieder entfernt werden muss. Die Schwester meint, Pit habe eine Allergie darauf entwickelt. Und sie staunt, dass sie keine Fäden mehr ziehen muss. *Wer hat das denn gemacht?*, will sie wissen. *Pit*, antworte ich trocken, und sie schüttelt den Kopf. Ich frage nach der Visite. Müsste eigentlich noch kommen. Hätten alle viel zu tun! Und ich denke so bei mir, dass man sich um die OP doch sehr riss, sie überaus gern durchführte und das Danach wohl nicht so sehr zählt. Mir fällt ein: Ein Arzt der anderen Klinik sagte mir vor der ersten Operation wörtlich, dass es manchem Neurochirurgen nur in den Fingern juckt, wenn es was zu operieren gibt. So wird es wohl sein. Jedenfalls passt das alles zusammen.

Viel nachdenken kann ich aber nicht. Pitchens Weinen und Jammern wird immer durchdringender. Er versucht wieder und wieder, beide Augen zu öffnen, was ihn aber sichtlich anstrengt. Zum Glück ist dann Zeit fürs Mittagessen. Bin gerade dabei, Pit in seinem Sessel zu füttern, als Daniela und ihre Freundin in der Tür stehen. Ein Blick auf Pit genügt und sie rennen gleich wieder raus. Ich weiß genau, was sie fühlen. Sie müssen sich erst fassen. Zu groß ist der Schreck. Aber sie schaffen es, sich zusammenzureißen, und kommen wieder rein. Wir umarmen uns und beide versuchen, Pitchen so normal wie möglich zu begegnen. Wir schlucken ständig unsere Tränen hinunter und sind tapfer. Die Freundinnen erleben Pit in all seinen Stimmungen und sind völlig entsetzt. Er ist ja auch wirklich nicht wiederzuerkennen mit seinem aufgedunsenen Körper, seinem schiefen Gesicht und seinem unkontrollierten Verhalten. Er war doch immer fröhlich und zufrieden! Wo ist das hin? Pit ist nicht mehr Pit. Er ist bedrückt, unglaublich unglücklich, wütend, hundemüde, aber er kommt seit Tagen nicht richtig in den Schlaf. Wir alle wissen, dass wir nach Hause müssen.

Erst einmal gehen wir aber in den Krankenhausgarten. Vielleicht bringt das etwas Ablenkung. Schönes Wetter! Doch es will nicht klappen. Pitchen jammert, sobald der Wagen steht. Mal Durst. Mal Hunger. Mal Aua. Mal Wut. Wir gehen wieder hoch und legen Pit etwas hin. Für einen Moment ist er ruhig. Kuschelt sich mit seiner Maus ein und murmelt: *Ja. Neee. Ja. Neee.*

Plötzlich steht die junge Anästhesistin Frau Dr. I. von der Intensivstation im Zimmer. Sie wollte einfach mal nach uns sehen und ist zutiefst erschüttert über Pits Aussehen und Verhalten. Sie entrüstet sich über die ständige Umzieherei und dass wir keine Visiten haben. Sie kann es nicht fassen, dass Pitchens Zustand sich so verschlechtert hat. Pits Psyche sei kaputt, seine kleine Seele sichtlich verletzt. Ihm Lebensmut zurückzugeben, das schafften wir nur, wenn wir ihn nach Hause brächten, ist sie sich sicher. Ich fühle mich so bestärkt und freue mich, dass ihr wirklich etwas an uns liegt. Und Frau Dr. I. will gleich mal ins „Wespennest" stechen. Natürlich sei der histologische Befund bereits da. Man wolle ihn uns wohl vorenthalten, denn meine Einstellung zu den Folgebehandlungen sei bestens bekannt. So werde man also den Trumpf nicht so schnell verspielen wollen. Der Professor werde es uns also nicht leicht machen. Wir drei Frauen staunen sie an und meinen, es sei doch sehr mutig, vor Zeugen solche Aussagen zu treffen und den eigenen Job zu gefährden. Immerhin sei sie damit eine Nestbeschmutzerin! Sie lächelt nur und versichert, dass sie nicht anders könne. Ich greife dankbar nach ihrer Hand. Sie werde sich gleich wieder melden, wenn sie den Professor sprechen konnte. Ich kann es gar nicht erwarten. Und zu dritt fiebern wir ihrer Wiederkehr entgegen. Auch solche Ärzte gibt es. Menschen, die bei aller Arbeit, Hektik und Betriebsblindheit menschlich bleiben. Ein Gefühl der Hoffnung und Versöhnung macht sich in mir breit. Da ist jemand an unserer Seite, der vielleicht helfen kann.

Es dauert nicht lange, dann ist Frau Dr. I. wieder bei uns: Der Professor sei ihren Fragen ausgewichen. Über Pits Zustand wisse er offensichtlich nichts. Doch der Befund sei da. Ich solle auf einen Termin beim Professor drängen, notfalls über das Sekretariat. Er sei verpflichtet, mit mir zu sprechen. Sie gibt mir wertvolle Tipps für meine Argumentation und will morgen wieder nach uns sehen. Ich merke, wie mein Kampfgeist erwacht.

Daniela und ihre Freundin sind wie ich noch immer verblüfft über so viel Courage. Das ist wirklich nicht selbstverständlich. Gegen 17 Uhr verabschieden wir uns weinend und sind eigentlich froh, dass Pit während der letzten Stunde geschlafen hat und wir uns flüsternd gegenseitig stärken konnten. Aufgeregt erzähle ich Sven alles am Telefon. Leider kennt er die Situation hier nur durch meine täglichen Schilderungen. Er gibt mir in allem recht und freie Hand. Zum Glück bleiben wir uns einig.

Gleich darauf spreche ich mit der mürrischen Stationsschwester wegen eines Termins beim Professor. Aus ihren Augen blitzt Gereiztheit. Sie werde es ausrichten. Morgen.

Und nun ziehen wir wieder zu dem kleinen Mädchen und seinem Papa. Wir sind alle nicht glücklich darüber, und schlafen wird die andere Familie erneut im Spielzimmer. Morgen kommen Dirk und meine Eltern wieder. Ich kann es gar nicht erwarten, den Professor zu sprechen. Wenn doch nur die Nacht schon vorbei wäre! Sie ist ohnehin wieder unruhig, weil Pitchen oft weint, sich haut, durstig oder hungrig ist. Nicht immer verstehe ich, was er mir sagen will. Er kann die Worte einfach nicht über die Lippen bringen, weiß aber ganz genau, dass er es mal konnte, und wird darüber meist sehr wütend. Ertragen kann ich all die endlosen Stunden nur in der Hoffnung und nun fast schon Gewissheit, dass wir bald nach Hause fahren.

Schläft Pitti, dann betrachte ich seine kleine Stupsnase, den kleinen Leberfleck über der einen Augenbraue, die kleinen Hände, die die Maus umklammern. Mein süßes Kindlein. Was musst du wohl noch erdulden? Und ich suche in meinen Erinnerungen nach Anzeichen für seine Krankheit. Er hatte doch mit einem halben Jahr eine schlimme Magen-Darm-Virusinfektion. Wäre fast ins Krankenhaus gekommen, um künstlich ernährt zu werden. Danach hatte Pit anhaltende Schlafstörungen. Über ein Jahr weinte er Nacht für Nacht. Wir waren entnervt und hatten keine Ahnung, wo die Ursache lag. War das vielleicht ein erstes Anzeichen? Wie entsteht Krebs? Wie kann es sein, dass in so einem kleinen Kopf schleichend ein so großer Tumor heranwächst? Immerhin war die bei der OP entfernte Hauptgeschwulst fast so groß wie ein Hühnerei. Und viel größer ist das Kleinhirn, wo sie drin steckte, auch nicht bei einem fünfjährigen Kind. Es ist und bleibt ein Rätsel. Dass es aber nun gerade Pitchen treffen musste! Ich habe noch in der anderen Klinik erfahren, dass bis zu seinem 15. Lebensjahr jedes 500. Kind an Krebs erkrankt. Diese Zahl hat mich wirklich erschreckt. Sie ist hoch, Tendenz steigend. Und die Forschung steht fast noch am Anfang. Zwar lassen modernste Geräte eine schon recht genaue Diagnostik zu, aber großartige Erfolge bei der Heilung sind bei Krebs insgesamt noch gar nicht zu verzeichnen. Und die Statistiken sind oft auch nur Augenwischerei. Ein Onkologe sieht nach einiger Zeit, in der es nicht zu Rezidiven kommt, den Patienten als geheilt an. Ein Neurologe

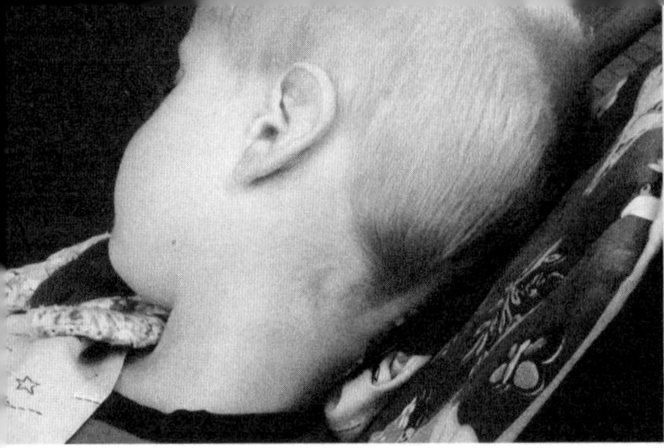

Pittis Operationsnarbe

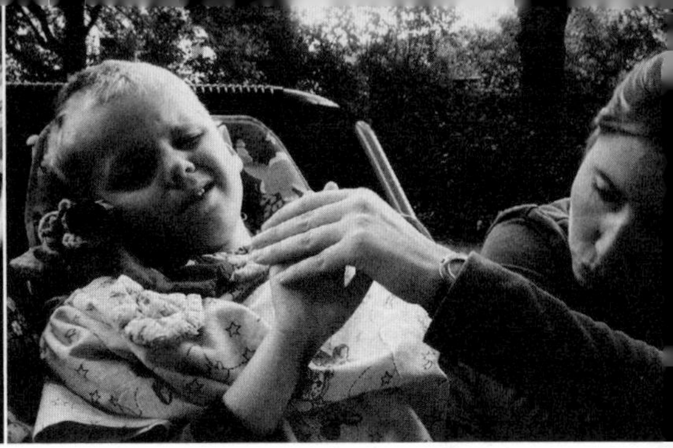

Pit ist so unglücklich

aber tut das noch lange nicht. Er bezieht auch die Nebenschauplätze mit ihren oft schlimmen Folgeerkrankungen durch die aggressiven Therapien in die Betrachtung mit ein.

Nie könnte ich Pit überzeugen, eine Chemotherapie zuzulassen. Ich weiß das. Er hat die Nase voll vom Krankenhaus. Ich kann doch nicht ständig gegen seinen Willen handeln. Schlagen darf man sein Kind nicht, und schon ein Klaps könnte für eine Anzeige reichen. Aber es auf diese Weise zu quälen ist legitim? Ich selbst würde das für mich auch nicht mehr wollen, wenn ich wüsste, dass der Tod dann trotzdem nah und unvermeidlich ist. Dann lieber noch die verbleibende Lebenszeit auskosten. Sven denkt genauso. Wir wollen doch nur das Beste für unser Kindchen. Warum will man das einfach nicht so sehen? Die Mediziner schwören in ihrem hippokratischen Eid, dass sie das Leben bewahren werden. Aber wo liegt da die Grenze? Leben erhalten um jeden Preis? Das kann doch nicht im Sinne einer humanistischen Gesinnung sein! Ich erinnere mich an Berichte über existierende Patientenverfügungen, die nicht akzeptiert wurden. Und immer mehr wird mir bewusst, dass wir ganz und gar nicht selbstbestimmt leben. Irgendwann schlafe ich ein und träume wirr.

Donnerstag, 19. August

Kurz nach dem Aufwachen eröffnet man mir, dass wir noch vor dem Frühstück ins Vier-Bett-Zimmer umziehen. Na großartig! Ich sage nichts mehr dazu, frage aber nach dem Termin beim Professor. Am Nachmittag wird er mich empfangen. Aha.

Heute dusche ich Pitchen wieder. Er sitzt im Schneidersitz sehr sicher auf dem Hocker, so dass ich ihm sogar die Haare waschen kann. Die letzten Krümel der Fäden und der Rest des Braunols spülen sich mit aus. Das Pflaster der großen Nackennarbe von der letzten OP löst sich ab. Und nun sehe ich, wie lang der Schnitt war. Es müssen schon etwa zehn Zentimeter sein. Die Narbe sieht gut aus, aber wulstig und an meinem Kind absolut fremd. Innerhalb von zwei Wochen hat er nun 26 Stiche am Kopf. Pit genießt die Duscherei, hat doch Wasser immer geliebt. Eincremen, kleine Massage. Nun duftet mein Spatz und ich bekomme mit spitzem Mündchen wieder einen Kuss. Man braucht wirklich gar nicht viel, um so richtig glücklich zu sein!

Bevor sich Pitchens Stimmung wandelt, ziehen wir ins andere Zimmer. Die mir schon bekannte Frau mit ihrer kleinen Tochter, eine junge, stark körperbehinderte Frau und ein junges Mädchen sind die weiteren Bewohner. Für uns Mütter werden nachts wie gehabt Notbetten hineingeschoben. Das Zimmer ist geräumig, wirkt aber trotzdem eng, denn immer sind ja zwei oder mehr Erwachsene „Dauergäste“. Der kleine Tisch mit vier Kinderstühlen reicht nicht, damit alle daran essen können. Frühstückstabletts also auf das Bett. Natürlich kleckern und krümeln wir, aber es juckt mich nicht. Dann fängt Pit wieder an zu jammern. *Ja. Nee. Nein. Mamiiii. Nee. Nein. Ja.* Er ruft es monoton in immer wechselnden Lautstärken. Wieder stören wir alle anderen. Wer weg kann, verdrückt sich. Die anderen stöpseln sich die TV-Kopfhörer in die Ohren, schicken zunächst mitleidige, später auch genervte Blicke zu uns. Ich kann sie verstehen und hoffe zugleich, dass sich alle auf einmal und stets und ständig bei den Schwestern beschweren.

Keine Visite. Ich frage die freundliche Schwester nach meinem genauen Termin beim Professor. Um 15 Uhr hat er also Zeit für mich. Warum bin ich nur so nervös? Was kann schon passieren? Heulen werde ich jedenfalls nicht!

Ich muss Pitchen ablenken. Rein in die Karre. Fahrstuhl. Aquarium angucken. Garten. Wieder hoch. Weinen. Schreien. Sich hauen. Die andere Mutter findet das auch ganz und gar nicht normal. Da muss doch was schiefgelaufen sein! Für ihre Tochter war der Professor immer die letzte Rettung. Nur er operierte, wenn es schon kein anderer mehr wagte. Und immer ging es bisher gut. Sie hat sichtlich Mitgefühl mit Pit. Sie gibt mir die Adresse von „Kinderträume e.V.“, einem Verein, der lebensbedrohlich erkrankten Kindern einen letzten Wunsch erfüllt. Vielleicht können wir Pit ein tolles Erlebnis in Aussicht stellen, für das er sich wieder aufrappeln will. Dinosaurier fallen mir ein. Große Dinos angucken in einem Park. So was gibt es. Ja, das wäre was. In Gedanken halte ich es fest.

Das Mittagessen kommt. Sechs Tabletts auf einmal. Es ist nirgends Platz. Und ich weiß beim besten Willen nicht, wie ich Pit füttern soll. Er kann es ja nun mal nicht alleine. Ich hieve ihn in den großen Lehnstuhl. Schneidersitz. Wo aber stelle ich das Trinken hin? Den Teller habe ich in der einen, den Löffel in der anderen Hand. So kniee ich auf dem Boden vor ihm neben der Tür. Durch die Ritzen heult der Wind. Es ist brütend heiß, draußen wie drinnen, sodass jedes Fenster aufgerissen wird. Die Türen haben aber keine Schwellen. Es zieht. Mich umgibt fast ohrenbetäubender Lärm. Zumindest empfinde ich es so. Meine Sinne sind einfach überstrapaziert und manchmal halluziniere ich wohl schon etwas. So hocke ich also vor meinem Kind, schiebe Löffelchen in den Mund, balanciere Teller, Becher und Besteck. Dann guckt Dirk um die Ecke. Sofort hilft er mir, Pitchen zu versorgen. Endlich eine dritte Hand! Er kann dieses Chaos auch gar nicht fassen. Doch allen anderen hier auf der Station scheint das alles kaum was auszumachen. Sind wir anders?

Dann schleppt Dirk uns in den Garten, gibt sich jegliche Mühe, uns aufzuheitern, und bestärkt mich in meinem Vorhaben, um die Entlassung zu kämpfen. Hier kann es einem einfach immer nur schlechter gehen. Wieder im Zimmer verfällt Pit in sein altes Muster und hält auch nicht inne, als meine Eltern kommen. Beide drücken und danken Dirk, der sich auch schon verabschiedet und morgen mit Catrin wiederkommen will. Mutti und Vati sind total schockiert über Pits Aussehen und vor allem über sein unnormales Verhalten. Nicht einmal begrüßt hat er sie. Und überhaupt wahrgenommen? Ich weiß manchmal auch gar nichts mehr.

Sie schieben mit ihm wieder los in den Garten und drücken mir die Daumen, denn in diesem Moment lässt mich der Professor rufen. Ich bin so aufgeregt und muss mich zwingen, ruhig zu bleiben und eine feste Stimme zu haben. Zunächst komme ich aber überhaupt nicht zu Wort. Der Professor redet wortgewandt, blickt mir jedoch nicht in die Augen. Er feiert überschwänglich die gelungene OP und klagt mich meiner Undankbarkeit und Ungeduld wegen an. Schließlich spucke Pit ja nicht mehr. Er untermalt die nötigen Anschlusstherapien und erklärt, dass man den gewonnenen Vorsprung nicht verspielen dürfe. Er würde die onkologische Klinik in Magdeburg vorschlagen. Hier könne er auf eine erfolgreiche Zusammenarbeit zurückblicken.

Ich lasse ihn lange ohne Unterbrechung reden, will dann aber wissen, um welchen Tumor es sich handelt. Er weicht meiner Frage aus und beteuert, dass ich mit dem Befund ohnehin nichts anfangen könne. Ich bestehe aber darauf und habe endlich Klarheit: Pit leidet an einem atypischen teratoid/rhabdoiden Tumor, einem ATRT. Es sei ein sehr aggressiver und außerordentlich seltener Hirntumor, er betreffe bislang nur Kinder im Alter zwischen einem halben und vier Jahren. Pit sei eigentlich schon zu alt, falle aus dem Muster. Ich will unbedingt was darüber lesen, verlange ich! Bislang gebe es keine gesicherte Therapie. Langzeitüberlebende auch nicht. Wohl 43 gelistete Fälle weltweit. Fast alle schon gestorben. Pit müsse also sofort stationär behandelt werden, um noch ein bisschen zu leben.

Ich will wissen, was der Professor zu Pits deutlichen motorischen und neurologischen Ausfällen zu sagen hat. Er blickt zweifelnd an mir vorbei. Vom rechten Arm spreche ich, der rechten Hand, vom linken Auge, Pitchens fortwährender Schreierei, seinem Nicht-Schlafen-Können, seinem ganzen offensichtlichen Unglück eben. Dass er sich nur sehnt nach seiner gewohnten Umgebung, seiner Familie, den Tieren und danach, einfach wieder ein Wald- und Wiesenkind sein zu dürfen. Von all dem wisse er nichts, antwortet der Professor, und ich glaube es ihm sogar und entgegne, dass es mir auch schon aufgefallen sei, dass hier die rechte Hand nicht immer wisse, was die linke tue. Er ist verunsichert, was ich sofort ausnutze und frage, wann wir nach Hause dürfen. 14 Tage nach so einem schweren Eingriff wären angemessen, bekomme ich zur Antwort. Damit bin ich aber nicht einverstanden. Ich fahre morgen mit Pit nach Hause, mache ich mich groß. Es klingt bestimmt. Die Zustände hier gäben mir recht! Er horcht auf. Auch dass wir schon so oft umgezogen sind, wusste er nicht. Und dass wir drei Tage lang keine Visite hatten, hält auch er nicht für tragbar. Ich verlange, dass er sich Pit ansieht. Jetzt!

Zwar ist er nicht erfreut, stimmt aber zu. Er ist ebenso entsetzt wie alle, die Pit seit der OP sahen. Er untersucht mein kleines schreiendes Pitchen und stellt neben all den sichtbaren Problemen wie Halbseitenlähmung und psychischer Traumatisierung auch fest, dass die Pupillen nicht auf Licht reagieren. Und dann geht alles ganz schnell. Der Professor nimmt mich zur Seite: Pit wird „wegen anhaltender Weinerlichkeit in die Häuslichkeit“ entlassen, mit Überweisungspapieren nach Magdeburg. Dort sollen wir hin, wenn sich sein psychischer Zustand gebessert hat. Vorsorglich wollte er uns für Montag bereits dort anmelden. In mir schreit alles ein befreiendes Hurra. Es ist für mich wie ein kleiner Sieg. Morgen nach dem Frühstück fahren wir heim. Gegen 10 Uhr wird der Krankentransport bereit sein.

Ich kann es kaum erwarten, es Pit und meinen Eltern zu erzählen. Und plötzlich ändert sich Pits Verhalten: Deutlich ruhiger schmust er selig auf meinem Arm und murmelt leise: *nach Hause. Nach Hause.* Kein Schreien mehr im Moment. Wir sind alle verblüfft. Auch die Zimmernachbarn. Wie viel hat Pit bisher verstanden?

Frau Dr. I. hat mir zwischenzeitlich gute Wünsche ausrichten lassen. Sie ist jetzt im OP.

Als Mutti und Vati fahren, erhalte ich vom Professor Informationen zu diesem Tumor. Zwei Seiten, allerdings in englischer Sprache. Aber ich verstehe genug, um zu erkennen, was für ein fieses Ding da in meinem Kind wächst. Es lässt sich nicht aufhalten und führt unweigerlich zum Tod. Also waren mein Bauchgefühl, meine schlimme Ahnung, immer richtig. Keine gesicherte Therapie – kein Zwang durch die Behörden! Dessen bin ich mir sicher. Wir fahren heim und werden unsere Ruhe haben! Endlich.

Der Abend verläuft wirklich still, gemessen an all den furchtbaren Stunden und Tagen, die hinter uns liegen. Pitchen murmelt vor sich hin und summt sogar irgendeine Melodie. Ich freue mich für uns und weiß, wir tun das Richtige. Und unsere Zimmernachbarn blicken uns mitleidig zufrieden an. Momentan mache ich mir nicht einmal große Sorgen um unsere kurze gemeinsame Zukunft. Seltsam, wie wichtig mir plötzlich das Jetzt geworden ist. Sonst habe ich ständig irgendetwas für uns und andere geplant, vorausgedacht, langfristige Ziele ins Auge gefasst. Nichts davon scheint mehr wichtig zu sein. Nur der Augenblick zählt für Pit. Wir wissen doch nicht, wie viel Zeit ihm noch bleibt in dieser Welt. Vielleicht können wir ja noch einmal etwas nach vorne blicken, wenn es sein Zustand erlaubt. Ich fühle, Pit wird darum kämpfen.

Die andere Mutter macht mir für den vor uns liegenden Weg Mut und erzählt mir noch allerlei Nützliches über den Umgang mit der Krankenkasse und über Nebenwirkungen bestimmter Medikamente, die Pit garantiert bekommen wird. Sie schreibt mir auch Internetadressen zu Krebshilfegruppen auf, die aus ihrer Sicht gut für uns sind. Meine Eltern brachten heute ja schon einen ganzen Stapel Informationen von Katja mit, allerdings über das Medulloblastom, womit ich nun nichts anfangen kann. Katjas Mühe war leider umsonst.

Vorsorglich bittet mich die freundliche Schwester nach dem Abendbrot, die letzte Nacht mit Pit im Spielzimmer zu schlafen. Es stört mich überhaupt nicht. Natürlich möchte ich auch, dass andere erholsamen Schlaf finden. Und Pit ist sogar schon fast ausgeglichen: Er weint und jammert nur, wenn ihm etwas wehtut. Ansonsten wünscht er sich Geschichten und das Gute-Nacht-Lied von den kleinen Pferdchen. Wir kuscheln, scherzen und schlafen beide frohen Herzens ein. Bis Pitchen um 24 Uhr ausgeschlafen hat und völlig ausgeruht ist. So lange hatte er es ja am Stück noch nicht geschafft, seit er operiert wurde. Dass es mitten in der Nacht ist, versteht er nicht.

Nach Hause

Freitag, 20. August

Pit möchte aufstehen und losfahren. *Nach Hause. Nach Hause, Mama.* Ich kann ihm beim besten Willen nicht klarmachen, dass wir noch ein paar Stunden warten müssen. In all unserer Freude sagte ich ihm doch: *Wenn du ausgeschlafen hast, dann fahren wir heim.* Dass das erst nach dem Frühstück sein würde, hatte ich schlichtweg vergessen. Pitchen glaubt, ich hätte gelogen, und ist nun tief enttäuscht. Keine Spur mehr von Zufriedenheit! Und überhaupt kein Vertrauen mehr. Meine Streicheleien und beschwichtigenden Worte wehrt er ab. Und unweigerlich weint und schreit er wieder: *Ja. Nein. Neee. Jaa. Neee.* Nur mit Mühe kann ich ihn hin und wieder überzeugen, etwas zu essen, zu trinken. Dann ist er kurz still. Er schläft zwischendurch mal für eine halbe Stunde, dann geht es wieder los. Die Nacht nimmt einfach kein Ende.

Frühstück gibt es wieder auf dem Zimmer. Ich packe unsere Sachen. Pit weint und schreit. Ich verabschiede mich noch von Frau Dr. I. Die Ärztin drückt mich ganz fest und wünscht Sven, Tim, Pit und mir innige Familienzeit und die Kraft, immer das zu tun, was uns unser Herz sagt. Wir sind uns sehr nah, dabei kennen wir uns doch überhaupt nicht.

Man gibt uns für zu Hause Medikamente mit, damit wir übers Wochenende kommen. Mit Pitchen gehe ich vorsorglich noch einmal pullern, bevor der Krankenwagen kommt. Das Klo ist auf dem Flur, anders als im Ein-Bett-Zimmer. Die Tür lasse ich auf, weil es sonst ziemlich eng ist. Eine Schwester geht zufällig an uns vorbei und wirft einen Blick auf mich, wie ich vor Pit hocke und ihn stütze, damit er Halt hat. Ich merke an, dass es gut wäre, wenn die Station einen Kindertoilettensitz hätte, denn so sei die Prozedur doch recht schwierig. Schnippisch wirft sie zurück, dass es so etwas hier schon gebe, aber trotzdem keine eigenen Beine habe. Ich will es nicht glauben! Kann denn eine Mutter nicht höflich auf solch eine erleichternde Hilfe aufmerksam gemacht werden? Woher sollte ich das denn nur wissen? Bricht man sich dabei einen Zacken aus der Krone? Wundern tut mich das alles nicht mehr, aber nach und nach keimt ein Bedürfnis in mir auf: Über solche Erfahrungen müsste man eigentlich ein Buch schreiben! Wütend erzähle ich der Mutter des kleinen Mädchens davon. Auch sie staunt. Schon so oft war sie hier mit ihrer Tochter im Krankenhaus, hätte diese Hilfe auch manches Mal brauchen können und wusste bis jetzt nicht, dass in irgendeinem Schrank so ein Teil herumliegt. Unerhört!

Dann ist endlich der Transport da. Die freundlichere Schwester gibt uns ein ehrliches *Sie sind hier jederzeit willkommen* mit auf den Weg. Pit wird auf die Pritsche gelegt. Keine Decke, kein Kissen. Nur diese dünne Zellstofflage wegen der Hygiene. *Ja, das sei eben so …* Ich widerspreche nicht und polstere Pitchens Körper ab mit Kleidung aus unserer Tasche. Er wird natürlich festgeschnallt. Es ist sichtlich hart und unbequem und deshalb auch nicht verwunderlich, dass Pit schon nach ein paar Minuten weint und jammert. Zwei Stunden liegen vor uns. Aber auch das schaffen wir noch. Dass die Herren ständig rauchen, ist mir zwar nicht egal, aber ich ertrage es. Will keinen Ärger. Zwar schieben sie dabei die Scheibe zu, der Qualm findet aber trotzdem stinkend seinen Weg durch die Ritzen. Doch dass sie kurz vor unserem Zuhause noch zur Tankstelle fahren, um Zigaretten für die Rückfahrt zu holen, macht mich pappesatt.

Dann sind wir endlich zu Hause. Nelly, unsere Hündin, liegt am Zaun. Sie kommt mir nicht wie üblich schwanzwedelnd entgegen, sondern hat einen so traurigen Blick, wie ihn nur Tiere haben können.

Teilnahmslos lässt sie zu, dass Pit und ich ihr über das schwarze Fell streicheln. Sie spürt, dass etwas passiert ist, was uns im Innersten sehr bedrückt. Sven erzählt, dass sie so oft von zu Hause weglief und Pit und mich im Dorf und im Wald oder am Stall suchte. Aber nun wollen wir ja alle zusammen sein, so lange es noch geht. Wollen Normalität leben und unsere Familienzeit auskosten. Hoffen, dass wir noch ein Stück gemeinsamen Weges vor uns haben.

Pitchen möchte gerne ins Wohnzimmer und bei Papa sein. Sven sitzt beglückt auf der Couch, Pit auf seinem Schoß, und unsere Katze springt auf Pits ausgestreckte Beine. War das eben ein Lächeln, das über sein Gesicht huschte? Er streichelt mit der linken Hand Pfötchens Fell. Und weil die rechte es nicht alleine schafft, greift er mit der linken Hand danach und legt sie auch aufs Kätzchen. Pfötchen schnurrt und genießt es, ausgiebig getätschelt zu werden. In unserer Familie ist es schon immer Pit gewesen, der sie am meisten herumschleppte und sich stets über unsere Katze freute. Und sie dankt es ihm wohl. Ist wirklich sofort und bedingungslos bei ihm. Pit entspannt sich zusehends. Lange sitzen meine drei so, bis Timmi kommt. Was freut er sich, seinen kleinen Bruder und seine Mami zu sehen! Wir sind wieder zu viert. Eine Familie, die zusammen ist!

Merklich erschöpft möchte Pit liegen und schläft kurz darauf ein. Ich bin ganz versessen darauf, im Internet über den ATRT zu recherchieren. Doch so viel ich auch suche, ich finde nichts. Ich logge mich in Krebsforen ein und bin erschüttert: Es gibt so unglaublich viele Möglichkeiten, an Krebs zu erkranken. Und fast immer lese ich seitenlange Berichte über die schrecklichen Nebenwirkungen von Chemotherapie und Bestrahlung. Und furchtbar viele Todesmeldungen von Menschen, die es leider nicht schafften, weiterzuleben. Aber über Pits ATRT schreibt niemand. Ich setze meine Fragen dazu ins Netz und hoffe auf baldige Antwort. Dann schreibe ich haufenweise E-Mails an namhafte Kliniken und bitte um Informationen über Betroffene, Krankheitsverläufe, Alternativtherapien und so fort. Beim Schreiben heule ich mir die Augen aus. Denn ich sehe es erstmals schwarz auf weiß, wie ich es formuliere: Pit wird sterben. Das tut so furchtbar weh.

Mit meinem Hausarzt kann ich heute noch persönlich sprechen. Er erkennt unsere schlimme Lage und nimmt mich aus der Schule: Psychosyndrom – Reaktion auf schwere emotionale Belastung. So in etwa ist der Wortlaut. Und es stimmt ja auch. Meine Gedanken kreisen fast nur um Pit. Auch für Tim ist in meinem Kopf Platz, aber alles andere tritt dahinter zurück. Unsere Kinderärztin erkundigt sich nach uns. Sie wird am Montag zu uns nach Hause kommen. Im Moment wollen wir Pit in Ruhe lassen.

Nach Pitchens Mittagsschlaf gehen wir alle zum Stall, finden natürlich auch Eier, und Pit scheint sich in seinem alten Kinderbuggy, den wir noch hatten, sogar etwas zu freuen. Wie schon in den letzten Tagen lasse ich nichts unversucht, ihn zum Gehen zu bewegen. Doch mich duldet Pit kaum noch in seiner Nähe: *Mama. Nein. Papa!* Papa soll machen. Ein paar Schrittchen klappen schon, wobei Pit in Svens Armen hängt und die Beine noch kein Gewicht tragen. Doch das Aufsetzen der Füße geht schon etwas besser. Wir sind alle zuversichtlich, merken aber auch, dass Pit gar nicht gelobt werden möchte. Schließlich konnte er doch das alles schon mal und ist eher unzufrieden über seine Unfähigkeit und fühlt sich durch ein Lob eher veralbert.

Daniela und ihre Kinder Vanessa und Moritz besuchen wir noch und kugeln dann später auf der Decke unter unserer großen Birke herum. So schönes Spätsommerwetter haben wir! Die Sonne lacht den lieben langen Tag vom Himmel und überall blüht und grünt es in üppiger Pracht. Und als unsere Nachbarin Anne-Kathrin noch leckeren Begrüßungskuchen bringt, ist der Nachmittag perfekt.

Abends sind meine Eltern zum Grillen da, und obwohl Pitchen heute schon gut gegessen hat, verputzt er trotzdem noch fünf kleine Bratwürste. Hoffentlich können wir das Cortison bald absetzen. Mittlerweile wiegt Pit 26 Kilogramm bei einer Größe von einszwanzig. Vor 14 Tagen war er auf 17 Kilogramm abgemagert. Sein Appetit sollte sich also bald wieder normalisieren. Auch ich befrage die Waage und kann es kaum glauben: Ich habe in den letzten drei Wochen nicht ein Gramm abgenommen. Das wäre doch mal ein netter Stressnebeneffekt gewesen, aber meine körpereigenen Notfallprogramme funktionieren bestens. Ich sehe immer noch aus wie das blühende Leben. Vielleicht ist das aber auch gut so. Es muss mir ja nicht jeder an der Nasenspitze ansehen, dass ich ein Kind verliere. Doch Sven ist stark gezeichnet von den Ängsten und Anspannungen der letzten Wochen. Sein Gesicht ist schmal, die Augen liegen tief. Ich hoffe, dass er sich wieder erholt.

Heute Nacht wünscht sich Pit seinen Papa an die Seite. Bis jetzt hat er zu Hause kaum geweint! Ein erster Hoffnungsschimmer. Pits kleine Seele repariert sich. Und auch in der Nacht schläft unser Kleinchen wesentlich ruhiger als in der Klinik. Was sind wir froh! Stündlich horche ich im Haus nach oben, ob ich etwas höre. Alles bleibt still. Tim schläft neben mir und lächelt im Traum.

Kleine Wunder

Samstag, 21. August

Zum Frühstück sitzen wir vier seit Langem wieder gemeinsam am Tisch. Zwar ist die Stimmung eine andere als noch vor ein paar Wochen, aber wir versuchen heiter zu wirken und nur das Heute zu sehen. Und heute geht es Pit recht gut. Sein linkes Auge blinzelt uns hin und wieder mit an und ist auch nicht mehr ganz so zappelig. Mit der rechten Hand kann Pit aber noch gar nichts. Damit er am Tisch guten Halt findet, haben wir für ihn einen Gartenstuhl mit Armlehnen in die Küche geholt. Wie auf einem Thron sitzt Pitchen am Tisch. Und erste Worte kommen wieder: *Danke. Bitte.* Wir freuen uns so.

Tim gibt sich die größte Mühe, Pit zu erheitern und aufzumuntern. Doch das schafft er nicht. Pit wirkt gleichgültig und auch traurig. Nur essen macht Freude. Und so weiß Tim bald kaum noch, wie er mit seinem Brüderchen umgehen soll.

Tim radelt mit seinen Freunden zum Baden, und Pit möchte mit Papa jetzt zum Stall. *Stall gehen?* So bittet er uns meistens. Ganze Sätze bringt er noch nicht über die Lippen. Und wenn wir ihn etwas fragen, ob er zum Beispiel einen Apfel essen möchte oder eine Banane, dann überfordert es ihn. Nur eine Frage ist möglich, die er dann mit *Ja* oder *Nein* beantworten kann.

Wir versuchen, Pit gegenüber so zu wirken, als sei nichts geschehen. Möchten, dass er noch so viel Schönes wie möglich erleben darf. Und wir wünschen ihm und uns, dass er sich schnell erholt und neu lernen kann, was im Moment verloren ist. Unsere Angst soll er nicht bemerken, und wir bitten all die Menschen um uns, es uns gleich zu tun. Pit sitzt ja meist in seiner alten wackligen Karre, wenn wir draußen sind. Sven hat sie etwas umgebaut, denn Pitchen ist eigentlich schon zu groß dafür. Und natürlich bemerkt er auch die Blicke, die oft mitleidig auf ihm ruhen. Er mag sie nicht, weicht ihnen aus und lässt nichts und niemanden so richtig an sich herankommen.

Nachmittags liegen wir im Garten auf der Decke, Pfötchen zwischen uns. Leni von nebenan kommt und legt sich zu Pit. Sie streichelt ihn und ist einfach da. Wie einfach und problemlos das für Kinder ist! Keine Scheu. Keine Fragen. Keine Bange vor dem Morgen. Man könnte doch neidisch werden!

In uns aber hockt eine tiefe Angst. Sie lauert stets auf ihre Chance auszubrechen. Wir müssen lernen, sie zu beherrschen. Für Pit. Für Tim. Für uns.

In mir bohrt aber noch ein zweiter Stachel: Seit wir zu Hause sind, lehnt Pitchen mich mehr und mehr ab. Er will einfach nur seinen Papa haben. Kaum, dass er mich wahrnehmen möchte, geschweige denn meine Berührungen duldet. Es tut mir weh, und ich weiß, ich habe das nicht verdient. Und doch kann ich meinen kleinen Jungen verstehen. Er fühlte sich von mir im Stich gelassen. Ich brachte ihn von zu Hause weg. Ich sah zu, wie ihm wehgetan wurde. Ich bin in seinen Augen schuld an allem!

Ich stelle mir seine Gedanken vor und quäle mich damit die halbe Nacht. Wieder darf ich nicht bei ihm sein. Er möchte, dass Papa bei ihm schläft. So viele Nächte verbrachte ich an seiner Seite. Er fehlt mir einfach! Eigentlich könnte ich mich doch jetzt erholen, denn mein Körper hat es bitter nötig. Doch es mag mir nicht gelingen, und so lausche ich wieder oft nach oben.

Sonntag, 22. August

In der Nacht ist Pitchen häufig wach. Er findet nicht richtig in den Schlaf und jammert viel. Komme ich ins Zimmer, wird er laut. Sven bemüht sich nach Kräften, Pit zu beruhigen. Schmerzen hat er nicht, zumindest verneint er die Fragen danach. So retten wir uns von Stunde zu Stunde und hoffen, dass das kein Dauerzustand wird.

Zum Frühstück sind wieder alle Probleme vergessen. Und Pitchen überrascht uns mit weiteren Worten: *Milch. Möchte Kakao. Dankeschön. Banane haben.* Wir sind so beglückt, als hätte er noch nie zuvor ein Wort gesprochen.

Unser Tag verläuft heute ruhig. Zwar weint Pitchen hin und wieder, aber wir machen uns nicht allzu viele Gedanken darüber. Er wird schlimme Erinnerungen verarbeiten. Und vor allem ärgert er sich sehr über seinen ihm nicht gehorchenden Körper. Kann keinen Becher alleine halten. Kekse fallen ihm aus der Hand. Und kann er überhaupt richtig gucken?

Dann möchte Pit fernsehen: *Möchte Video.* Wir bieten ihm einen Film nach dem anderen an. Keiner ist der richtige. Aber irgendwann zaubern wir die DVD „Findet Nemo" hervor, und Pits *Ja, das* klingt schon fast begeistert. Wieviel er wirklich sieht, können wir nicht ergründen. Oft schließt er sogar die Augen. Aber den zweiten Teil wünscht er sich auch noch, also muss er doch gucken können!

Nachmittags besuchen uns unsere Freunde Katja und Michael. Sie ängstigen sich, lassen sich aber nichts anmerken. Katja hat gesundheitlich auch unglaublich viel durchgemacht und noch so einiges vor sich. Sie weiß um Pitchens Not. Wir sind so froh, dass wir bei unserem Plan, Pit daheim zu behalten und ihm die unnützen Qualen von Chemotherapie und Bestrahlung zu ersparen, von bisher all unseren Freunden emotional gestützt werden. Würden wir auf Ablehnung stoßen, dann wären wir uns bestimmt nicht mehr so sicher. So fühlen wir uns also gestärkt und auch verstanden.

Zum Grillen sind dann auch meine Eltern mit Tante Ingrid bei uns. Sie legen uns ans Herz, mit niemandem so offen über unser Vorhaben zu sprechen. Es gebe schon Gerüchte, und sie würden die Leute kennen ... Wir können sie einfach nicht davon überzeugen, dass unsere Art für uns die beste ist, mit der Situation umzugehen. Je mehr Menschen in Kenntnis gesetzt werden, desto freier können wir uns bewegen, denken wir. Wissen tun wir es aber auch nicht und hören einfach weiter auf unseren Bauch.

Pitchen hat sich abends insgesamt ganz wohlgefühlt. Und wie früher sitzen Tim und er für einen spannenden Tierfilm vor der Glotze. Pfötchen liegt eingerollt zu Pits Füßen. Sie ist eigentlich meist bei ihm und tut ihm gut. Und Gefühle zeigt Pit schon manchmal: presst die Lippen aufeinander, ballt seine Fäuste oder zieht die Augenbrauen hoch. Ja, er kommt wieder zurück ins Leben!

Für morgen sagen sich Svens Eltern an. Sven darf noch ein paar Tage zu Hause bleiben. Chef Frank hat vollstes Verständnis und weiß, dass Sven mit seinen Gedanken doch nicht bei der Arbeit wäre. Beruflich haben wir so großes Glück! Dass das bei nicht allen Eltern der Fall ist, die schwerstkranke Kinder haben, bekamen wir mehrfach im Krankenhaus zu hören. Wie hält man das nur aus – die ständige Furcht um das Kind und die Angst, die Arbeit zu verlieren und dann vielleicht noch finanziell am Ende zu sein?

Montag, 23. August

Diese Nacht ist wie die letzte. Pit weint viel, ist unruhig. Tim schläft unten bei mir, denn er muss ausgeruht sein für die Schule. Erstaunlicherweise kommt er gut mit. Seine Leistungen lassen die Gefühle in ihm nicht erahnen. Vielleicht gibt es auch dabei so etwas wie einen kindlichen Selbstschutzmechanismus?

Nach dem Frühstück sagt Pit: *Papa. Bäcker fahren.* Also schiebt Sven mit ihm los und kauft Schweineohren. Ich vertiefe mich ins Internet und mache mit meiner Recherche weiter. Noch nichts! Ich komme nicht voran. Sollte es wirklich kaum jemanden geben, der diesem Krebs schon mal begegnet ist? Bereits seit Freitag trage ich mich mit dem Gedanken, den Onkologen Dr. A. aus der ersten Berliner Klinik anzurufen und ihm die Diagnose ATRT mitzuteilen. Irgendwie fühle ich mich verpflichtet. Und vielleicht kann er mir ja mehr sagen ... Seine Stimme am Telefon klingt mitleidig, ja fast entsetzt. Niemals hätte er diesen Tumor in Betracht gezogen. Nur ein einziger Fall sei ihm namentlich bekannt. Es tue ihm unglaublich leid, und seine Klinik stehe immer für uns offen. Artig danke ich ihm. Was hatte ich erwartet? Wünschte ich mir doch ein Fünkchen Hoffnung in seinen Worten? Finde ich mich denn nicht ab mit dem Unausweichlichen? Wie auch! Manchmal erscheint mir alles so klar und einfach zu sein. Und manchmal zweifle ich an dem Weg, den wir mit Pit einschlagen wollen, der doch aber der einzig richtige zu sein scheint.

Frau Dr. L. sieht nachmittags nach Pit und ist auch sichtlich bestürzt über seinen Zustand und sein Aussehen. Sie erlebt ihn weinend, verzweifelt und lethargisch. Da wir ja schon für heute in der Klinik in Magdeburg angemeldet sind, ruft sie dort an und sagt für uns ab.

Den Professor informiert sie ebenfalls darüber, dass Pits psychischer Zustand momentan eine weitere Behandlung nicht zulässt. Er zeigt sich erbost und verständnislos. Unsere Kinderärztin bleibt von nun an in ständigem Kontakt mit uns.

Später sitzen wir mit Oma Hilli und Opa Peter im Garten und genießen mit den Kindern den Spätsommerabend. Svens Mutti kann nur noch von den Lippen ablesen. Ihr Gehör ist nicht wieder besser geworden. Und so ist es nicht einfach, sich zu sechst zu verständigen.

Dann stehen meine Eltern mit Tante Ingrid plötzlich im Garten. Natürlich wird es bei so vielen Menschen nun laut. Und dass man sich gegenseitig tröstet und ermutigt, ist ja auch zu verstehen. Mir wird das jetzt aber zu viel. Muss mich dem entziehen, weil ich merke, dass Unbehagen in mir hochkriecht. Ich schnappe mir Pit und Tim und verkrümel mich mit beiden ins Wohnzimmer: Geschichte vorlesen von „Petterson und Findus“.

Lange bleiben die Eltern nicht. Und eine neue Nacht wartet auf uns.

Dienstag, 24. August

Heute hat Pit sich nicht ständig hin und her geworfen und das Bett zerwühlt, sondern recht gut geschlafen. Das lässt uns hoffen. Doch er ist weinerlich und zeigt häufig Wut, Abwehr und Unzufriedenheit. Aber er schafft es auch schon, sich aus dem Liegen zum Sitzen hochzustützen. Irgendwo muss er mit seiner angefutterten Kraft ja auch hin. Und er sagt: *Kuchen. Zum Bäcker. Kuckuck.* Den Worten fehlt oft der Zusammenhang. Dann bemerke ich, dass sein Kopf warm ist. Tatsächlich, er hat etwas Fieber. Aber eine Erkältung scheint nicht im Anmarsch zu sein. Wir schütteln unsere Furcht ab und werden sehen, was Frau Dr. L. meint. Doch einen Grund findet sie auch nicht, wir wollen abwarten. Pitchens Verhalten gefällt ihr aber überhaupt nicht. Wir werden Physiotherapie organisieren. Vielleicht kommt Pits Motorik dann schneller zurück und er fühlt sich insgesamt besser. Ich spüre, dass Frau Dr. L. sich Sorgen macht.

Meine Kollegin Heike besucht uns und lädt Pit und mich zum Spaziergang durch den Wald ein. Wir stapfen, Pit schiebend, durch den Morgen. Sie fängt heute später an, erzählt mir aus der Schule und lässt mich von vielen, die an uns denken, herzlich grüßen. Und Pit genießt den Wald wohl, denn er weint nicht. Auch sein Mittagsschlaf ist friedlich. Das Fieber aber bleibt.

Am Nachmittag kommt eine Mitarbeiterin von der Krankenkasse. Wir haben viel Papierkrieg vor uns, denn wir werden für Pit eine Pflegestufe beantragen. Das wird einige Zeit brauchen. Ich führe nun ein Pflegetagebuch für mein Kind.

Meine Eltern und Tante Ingrid sehen am Abend wieder nach uns. Pit und Tim gucken gerade eng aneinander gekuschelt „Findet Nemo“. Das sind innige Minuten für beide, und es entsteht wieder etwas Nähe. Pitchen wird nun aber ständig dies und das gefragt, obwohl er lieber den Film anschauen möchte. Er verzieht das ohnehin schon schiefe Gesichtchen und weint. Das ermuntert zu noch mehr Fragen. Was er denn nur hat, ob ihm etwas wehtut, ob er was essen oder trinken möchte. Pit wird immer unruhiger, weil er damit einfach überfordert ist. Auch Tim zeigt sich genervt und zieht sich in sein Zimmer zurück. Ich muss selbst um Fassung ringen, möchte aber niemanden verletzen, weil ich weiß, sie meinen es doch auch nur gut. Irgendwie gelingt es mir aber doch, die Situation zu entschärfen und Pit seine Ruhe zurückzugeben. Übermorgen werden meine Eltern wieder zu uns kommen.

Sven schläft heute wieder bei Pit. Papa liest. Papa singt. Ich bin weiterhin abgeschrieben und bettle meinen Spatz im Stillen an, er möge mir verzeihen und mich wieder lieb haben. Nur gut, dass Timmi mir seine kindliche Zuneigung schenkt und ich mich nicht ganz so schlecht fühle.

Neue Furcht

Mittwoch, 25. August

Schlechte Nacht. Ich höre Pitchen oben häufig weinen. Er wirft sich im Bett hin und her. Sven bringt Apfelschorle, Fruchtzwerg, er liest vor und singt. Alle zwei Stunden ist Pit für etwa 30 Minuten wach. Warum findet er keine Ruhe? Was ist das nur? Jedenfalls ist es nicht normal.

Morgens beim Waschen sehe ich an Pitchens Narbe einen kleinen roten Punkt. Etwas weicher als das benachbarte Gewebe fühlt sich die Stelle an. Seltsam. Die Fäden sollen morgen gezogen werden. Hat sich da was entzündet? Pit hat auch weiterhin Fieber.

Das Frühstück lässt er sich aber schmecken. Dann klingelt die Physiotherapeutin. Pit soll also etwas Sport machen. Mit Engelszungen reden wir auf unser Söhnchen ein. *Das macht doch Spaß! Guck mal, wie einfach das ist. Komm, mach mal mit, mein Schatz.* Es hilft alles nichts. Pit brüllt, mag die Frau nicht, mag die Übungen nicht. Er kämpft und wehrt sich gegen uns alle. Und ich sehe in seinem Nacken etwas glitzern. Wir halten inne und starren auf die Narbe. Ein Tröpfchen hängt daran: klar, fast wie Wasser. Die Therapeutin tippt auf Wundflüssigkeit. Aha. Ich spüre wieder diese Furcht in mir, lasse sie aber nicht zu. Das ist nichts! Ist ganz normal! Ist der Heilungsprozess! Die Frau verabschiedet sich und fragt Pit: *Darf ich morgen wiederkommen?* Pitchen knurrt: *Ja.* Das hätte ich nun gar nicht erwartet. Immer wieder kleine Überraschungen.

Der Tag plätschert so dahin. Ständig wechselnde Stimmungen machen Pit und uns die Stunden schwer. Aber er spricht immer mehr, kann sich schon viel besser verständlich machen.

Silke von nebenan bringt einen tollen riesigen Sitzsack. Sie arbeitet in der Lebenshilfe und weiß, was Pitchen das Leben in seiner Situation erleichtern kann. Und wirklich, er schmiegt sich hinein und ist zufrieden. Ob im Haus oder im Garten – der Kuschelsack wird Pits Lieblingsplatz.

Kathrin und Sohn Dennis besuchen uns und schenken Pit einen Hot Wheel. Diese kleinen Autos sammelt er, weil auch Tim sie sammelt. Er freut sich, kann aber noch keine wirkliche Mimik zeigen.

Daniela guckt jeden Tag nach uns, obwohl sie auch nur wenig Zeit hat.

Mir tun die Besuche gut, das Reden hilft mir ungemein. Es ist offensichtlich was dran an dem Spruch: Geteiltes Leid ist halbes Leid. Miteinander weinen und miteinander lachen – beide Stimmungen halten sich bei uns nun oft die Waage.

Viele unserer Freunde, Verwandten und Bekannten rufen an. Eigentlich klingelt abends immer das Telefon. Aber es stört uns nicht, ist ganz und gar nicht lästig. Im Gegenteil. Wir sind dankbar, dass man so viel an uns denkt, mit uns weint und hofft. Und es ist schön, dass die meisten uns nahestehenden Menschen wenig Berührungsängste haben. Wirklich schwer sind das erste Telefonat, der erste Blick, das erste Gespräch, aber danach weiß man, wie man aufeinander zugehen kann. Wir jedenfalls wollen nicht gemieden werden, wünschen uns einen normalen Umgang wie sonst auch. Bestimmt ist das nicht immer leicht für unser Umfeld, wenn wir bitten: Bleibt bei uns. Macht alles wie sonst auch. Wir sind dabei, wenn es geht. Bitte schließt uns nicht aus. Wir möchten nicht allein sein. Und so werden wir es auch weiterhin halten, haben wir uns vorgenommen.

Es ist wieder Zeit, ins Bett zu gehen. Das Abendritual macht auch Timmi immer mit, wie in all den fünf Jahren zuvor. Er schlüpft zu Pitchen unter die Decke und beide hören andächtig der Vorleserei zu. Beide lieben „Petterson und Findus". Es sind ja auch ganz zauberhafte Geschichten.

Heute nächtige ich bei meinem Kind. Sven muss dringend mal wieder durchschlafen, und wir sind sehr erleichtert, dass Pit unserem Plan zustimmt. Ich darf sogar wieder das Pferdchenlied singen. Und ich lausche mich tief in den Atem meines Kindleins hinein.

Donnerstag, 26. August

Die Nächte wollen nicht besser werden. Unruhe. Weinen. Schlimme Träume. Essen. Trinken. Geschichte. Etwas schlafen. So kann es doch nicht weitergehen! Was können wir nur tun? Lange halten wir das vielleicht nicht mehr durch. Und dann? Ich verdränge es.

Immer noch hat Pit Fieber. Sein Appetit ist aber ungebrochen. Zum Frühstück sagt er: *Tim. Ei haben. Apfel. Joghurt.* Manchmal sagt er aber auch etwas, das wir nicht verstehen oder deuten können. Und dann wird er total wütend und kriegt sich kaum wieder ein. Schlägt mit der Faust auf den Tisch, auf sein Auge oder zerrt an seiner Kleidung.

Als die Physiotherapeutin in der Tür steht, weint Pitchen gleich. Ich kann das heute nicht ertragen. So geht Sven mit Pit und ihr nach oben. Es wird ein klägliches Spiel. Wieder Abwehr. Absoluter Stress für alle Beteiligten. Pit schreit: *Nein. Nein. Will nicht.* Er brüllt seine Wut in die Welt. Er heult oben, ich unten. Pit leidet so sehr und möchte einfach keinen Sport machen. Es geht ihm nicht gut. Und das äußert er klipp und klar.

Ich renne schluchzend nach oben: Bitte hört auf. Das geht so nicht! Und entsetzt erkennen wir, dass Pits ganzer Kragen nass ist. Aus dem roten Pünktchen ist ein kleiner Spalt geworden, aus dem unentwegt Flüssigkeit ausläuft. Die Therapeutin geht und ist auch nicht beleidigt, als ich ihr sage, dass sie nicht wiederkommen soll. Es sei für Pit nicht der richtige Weg.

Vorsorglich rufe ich Frau Dr. L. an und beschreibe ihr die Sache mit der Narbe. Sie sollte heute ja die Fäden ziehen und wird gleich kommen.

Auch wenn es rechtlich nicht zählt: Ich formuliere eine Patientenverfügung für unser Kind. Sven ist damit einverstanden und wir unterschreiben beide, dass wir es nicht wollen, wenn Pit durch intensivmedizinische Geräte künstlich am Leben erhalten wird. Denn er ist durch die Schwere seiner Erkrankung ohnehin dem Tode geweiht. Was wird nun werden? Unser Kleiner guckt im Sitzsack mit Pfötchen auf dem Schoß entspannt einen Tierfilm. Sein zweites Auge macht schon recht ausdauernd mit. Doch seine Mimik ist starr.

Angstvoll beobachten wir unser Söhnchen und warten ungeduldig auf die Kinderärztin. Sie ist aufgeregt, tippt, als sie die kleine Wunde sieht, auf den Austritt von Hirnwasser. Und wenn es Liquor sei, dann bestehe die akute Gefahr einer Hirnhautentzündung. Mir wird schwindelig, und ich weiß, wir kommen nicht drum herum: Pit muss wieder ins Krankenhaus.

Frau Dr. L. ruft den Professor an und schildert ihm die Situation. Der wirkt abweisend: Die Eltern wollten doch sowieso nichts mehr machen. Und deshalb interessiere ihn die Narbe nun auch nicht mehr. Sie habe mit ihm nichts mehr zu tun. Damit ist er fertig mit uns und legt auf. Unerhört finden wir das, denn es ist doch *seine* Narbe!

Wir überlegen, was wir machen können. Dr. A. aus der ersten Berliner Klinik fällt mir ein: Er hatte gesagt, sein Haus stehe uns jederzeit offen. Also rufen wir dort an. Sven und mir sitzt ein Kloß im Hals, und deshalb spricht Frau Dr. L. mit dem Arzt. Er ist freundlich, aber auch bestimmt: Pit soll sofort nach Berlin gebracht werden. Noch heute wird er operiert. Zum dritten Mal. Und immer war es ein Donnerstag. Mir zieht es die Beine weg. Ich habe mich noch nie so schwach gefühlt. Ohne zu denken, packe ich ein paar Sachen ein. Sven wird Pitchen begleiten. Ich kann es nicht! Und Pit will mich ja auch nicht haben. Um 12 Uhr hupt der Krankenwagen. Weinend verabschieden wir uns alle, und dann bin ich allein.

Klare Gedanken kann ich nicht fassen. Tim drückt mich innig, als er von der Schule kommt, geht dann spielen. Anne-Kathrin von nebenan spendet Trost. Sie hat den Krankenwagen gesehen. Auch Birgit, Regina und andere Nachbarn sprechen mir Mut zu. Und Daniela sagt, mich innig umarmend, sie möchte unbedingt mit uns vieren noch mal gemeinsam in den Urlaub fahren. Pit wird sich erholen! Ich bin tief ergriffen, schöpfe Hoffnung und freue mich über dieses lieb gemeinte Angebot. Es ist wirklich nicht selbstverständlich. In der Not erkennt man seine Freunde. Und ich brauche mich nur umzusehen: Sie sind da!

Ich rufe meine Eltern an. Sie sind so traurig. Sie bringen Timmi nachher zum Tischtennistraining, weil ich nicht in der Lage bin, Auto zu fahren. Bei der Arbeit mit den Pferden kann ich mich etwas ablenken und warte dann völlig aufgelöst auf einen Anruf von Sven. Tim ist gegen halb acht zurück. Wir essen Abendbrot und denken an Papa und Pitchen.

Um 20 Uhr bleibt meine Uhr stehen, und ich glaube, dass Pit nun gestorben ist. Mit merkwürdiger Gelassenheit bringe ich Timmi ins Bett, lese ihm eine Geschichte vor und wünsche ihm eine gute Nacht. Er freut sich, dass wir ein paar Tage für uns haben. Ich kann es ihm nicht mal verübeln, denn seinen Bedürfnissen werden wir seit Wochen nicht mehr gerecht. Ich werde mich also bewusst um ihn kümmern.

Dann meldet sich Sven. Pitchen sei aus der Narkose erwacht. Er lebt! Der Transport war für alle sehr quälend, wie ich höre. Doch in der Klinik wurde Pit mit viel Feingefühl wieder aufgenommen. Von den Untersuchungen merkte er nichts. Man respektierte unseren Wunsch, Pit währenddessen schlafen zu legen. Einen einzigen Piks musste er nur ertragen, damit der Zugang gelegt werden konnte. Und Pit war tapfer dabei. Ein Kontroll-MRT wurde gemacht und anschließend war gleich die OP. Sie sei gut verlaufen. Bakterienstämme hatten sich in Pittis Kopf schon eingenistet, die den Heilungsprozess unterbanden. Von der Narbe wurden etwa drei Zentimeter geöffnet und wieder vernäht, nachdem das Innere sorgfältig untersucht und wohl auch gespült worden war. Pitchen schlafe nun. Er habe starke Medikamente bekommen, und ich brauche mir keine Sorgen zu machen. Es werde schon alles gut gehen. Besuchen solle ich beide am Samstag. Morgen werde Pit noch Ruhe brauchen.

Ich bin so erleichtert! Und unendlich dankbar, dass ich einen so lieben Mann habe.

Meine und Svens Eltern rufe ich noch an und erzähle, was ich weiß. Und irgendwann falle ich in einen wirren tiefen Schlaf.

Freitag, 27. August

Tim und ich haben gemeinsam gefrühstückt. Er geht munter in den Tag, radelt zur Schule, und ich überlasse mich meinen Gedanken. Wie mag es Pit und Sven gehen? Konnten sie schlafen? Dürfen sie bald nach Hause? Wann rufen sie endlich an? Vor vier Wochen waren wir noch im Urlaub. Ich kann es kaum glauben. Was ist bisher alles geschehen! Unser gesamtes Leben steht Kopf. Heulend blättere ich in unseren Fotoalben. Ich habe sie ganz sorgfältig und mit viel Liebe geführt, habe immer gesagt: Wenn es bei uns mal brennt, dann schnappen wir Kinder, Tiere und die Alben, denn da steckt unser Leben drin. Die Fotos kriegen wir nie wieder! Wie wichtig sie uns wirklich einmal werden könnten, haben wir nicht geahnt. Ich kann mich kaum losreißen, muss mich regelrecht dazu zwingen.

Dann klicke ich mich ins Internet und finde erste Antworten auf meine E-Mail-Fragen. Nichts, was mir wirklich hilft. Manch ein Arzt hat von einem ATRT noch nicht einmal etwas gehört. Durch ganz Deutschland gingen meine Anfragen, aber man kann Pit nicht einmal im Ansatz helfen. Es gibt noch keine Studie, nur ein Protokoll, nach dem erste an ATRT erkrankte Kinder behandelt werden, deren Tumor noch nicht ausgesät hat. Und Pit hat leider schon so viele Metastasen. So wünscht man uns von Herzen Kraft. Vielleicht könnte ich noch im Ausland etwas erreichen, denke ich. Andererseits sind die Kliniken und Forschungszentren weltweit vernetzt, und mein Verstand meint, das wäre verlorene Mühe. Ich werde das wohl lassen.

Das Telefon klingelt und Svens Stimme klingt fest: Die Nacht war friedlich. Pitchen gehe es gut und er jammere wenig. Beide sind im Einzelzimmer untergebracht. Ich bin etwas beruhigt, auch wenn ich Pit gerade im Hintergrund weinen höre. Sven will mich abends wieder anrufen und freut sich auf morgen, wenn ich zu Besuch komme.

Gleich darauf sind meine Eltern da. Sie möchten gerne etwas für uns tun, für uns da sein. Und so mäht Vati den Rasen, Mutti putzt durch das Haus. Ich mache mich auf den Weg, um einzukaufen, und als ich zurück bin, sitzen zwei Mädchen aus einem meiner Leistungskurse in der Küche. Sie grüßen mich von meinen Schülern. Ich bin ergriffen von ihrem Mut, mich zu besuchen. Eines der Mädchen verlor im Januar ihren Vater an Krebs. Wir sind uns sehr nah.

Meinen Eltern ist das nicht entgangen, und sie sprechen mich später darauf an, dass ich doch so persönlich nicht mit meinen Schülern umgehen könne. Sie empfinden das eher als unpassend. Und langsam beschleicht mich das Gefühl, dass sie vielleicht etwas eifersüchtig auf die anderen uns auch wichtigen Menschen sind. Morgen kommen sie wieder, wenn ich nach Berlin fahre. Tim möchte eigentlich alleine bleiben und mir zeigen, dass ich mich auf ihn verlassen kann. Er ist doch schon zehn! Nach Berlin möchte er nicht mit, und zwingen werde ich ihn nicht. Aber dass Tim allein bleibt, möchten Mutti und Vati nicht. Wir finden jedoch einen guten Kompromiss: Ich bringe Tim auf dem Weg zum Bahnhof zu meinen Eltern. Bis zum Mittag bleibt er dort, wird dann von Opa nach Hause gefahren und darf dort die Stellung halten.

Um mich abzureagieren, renne ich noch mit Andrea und Nelly durch den Wald. Das tut mir wahnsinnig gut. Ich bekomme den Kopf frei, und uns umfängt die ganze herrliche Natur!

Wie versprochen klingelt Sven noch mal durch und erzählt von seinem Tag mit Pitchen. Er scheint sich recht wohlzufühlen. Und es sieht so aus, dass er seine innere Ruhe wieder findet. Sein Unbehagen lag wohl doch an der beginnenden Infektion. Und Pit merkt, dass Krankenhaus nicht immer wehtut und furchtbar ist. Soll Pit untersucht werden, dann fragt man ihn, ob er das zulässt. Wenn er es ablehnt, bietet man ihm an, es nach fünf Minuten wieder zu versuchen. Dem stimmt Pit dann auch immer zu, denn er merkt, seine kleine Persönlichkeit wird geachtet. Unser Kindlein weint nicht mehr so oft, und mit wachsender Begeisterung sieht er mehrmals am Tag ein Video von „Alice im Wunderland". Sven meint, die Verfilmung sei uralt und nach seinem Empfinden grottenschlecht. Aber es geht ja darum, dass Pit sie mag. Eigentlich haben wir immer darauf geachtet, dass es mit dem Fernsehen nicht zu viel wird. Doch was sollen wir tun? Wenn nur das Pit erfreut? Wir wollen keinen Druck mehr ausüben.

Ich freue mich auf morgen. Wir wünschen uns eine gute Nacht. Timmi hat mitgehört und seine guten Wünsche in den Hörer gerufen. Er möchte gerne bei mir schlafen und wir kriechen beide ins Ehebett.

Samstag, 28. August

Nach dem Frühstück bringe ich Tim zu Oma und Opa und fahre zum Bahnhof. Um 10.15 Uhr geht mein Zug. Ich male mir unsere Begrüßung aus. Wird Pitchen sich freuen? Spricht er mehr? Woran zeigt er vielleicht Interesse? Leider habe ich mehr Zeit zum Grübeln als erwartet, denn mein Zug hat über eine Stunde Verspätung, sodass ich erst nach Mittag bei meinen „Männern" bin. Ich kaufe noch Schweineohren und einen Amerikaner. Die mag Pit doch so gerne.

Meine Aufregung legt sich erst, als ich Sven und ihn im Zimmer sehe. Mein Kleinchen sieht „Alice im Wunderland". Beide Augen sind offen! Aber außer einem *Hallo* bekomme ich nichts von ihm. Keinen Blick, keine Hand. Was hatte ich denn erwartet? Sven ist glücklich, mich zu sehen. Die Nacht war ruhig, und Pits Psyche scheint zu genesen. Er zeigt keine Furcht mehr vor den Schwestern und den Ärzten, denn nach wie vor fragen sie Pit, ob sie sich ihn ansehen dürfen. Mehrmals täglich wird sein Zustand überprüft. Am Dienstag soll Pit entlassen werden. Zwar sei die Gefahr einer Entzündung noch nicht ganz gebannt, aber er würde sich zu Hause besser erholen. Jeder Tag, an dem er sich wohlfühlt, zählt. Die Antibiotika müssen wir ihm noch weiter verabreichen. Und weil Pit genau weiß, dass er hier nur noch dreimal schlafen muss, kann er mit der Krankenhaussituation auch gut umgehen.

Dann schieben wir mit Pitchen durch das Klinikgelände, essen Kuchen und lassen uns von der untergehenden Sonne kitzeln. Leider spricht Pit fast kein Wort, aber er guckt neugierig die Springbrunnen an und nimmt zwischen dem Gras die Gänseblümchen wahr. Ich sauge all seine Regungen auf wie ein Schwamm.

Wieder im Zimmer verabschiede ich mich bis Montag, denn morgen werden Catrin und Dirk ins Krankenhaus kommen. Ich bin schon spät dran und muss mich sputen, wenn ich den nächsten Zug noch bekommen will. Als ich gehen will, streckt mir Pit die Arme entgegen: Ich soll mich zu ihm ins Bett legen und eine Geschichte vorlesen. Ich lasse meinen Zug sausen und genieße mein Glück. Aber es währt nicht lange. Nach nicht einmal einer halben Stunde weist Pit mich wieder von sich: *Mama geh! Tschüss.* Doch ich bin froh, dass er sich mir wieder genähert hat. Das war ein kleiner Schritt auf mich zu. Vielleicht kommt Stück für Stück alles zurück? Wenn ich doch nur wüsste, wie viel Zeit Pit noch bleibt. Alles ist so verdammt ungewiss!

Zu Hause freut sich Tim auf mich. Er hat sich überlegt, mich morgen ins Kino einzuladen. Ins „Traumschiff Surprise". Eine Komödie!? Eigentlich ist mir überhaupt nicht danach, aber ich möchte Tim nicht verletzen. Und er hat ja recht. Das Leben geht weiter. Wir müssen eben versuchen, aus allem Kraft und Optimismus zu schöpfen. Und Lachen gehört dazu! Ich werde versuchen, mich dafür nicht zu schämen.

Sonntag, 29. August

Dieser Tag gehört Tim. So lange er noch schläft, mache ich Wäsche und zupfe Unkraut in meinem vernachlässigten Garten. Überall blüht eine Blumenpracht, dass mir das Herz aufgeht. Wir frühstücken auf der Terrasse, denken fest an Pitchen und Papa, spielen Tischtennis und Karten und radeln nach dem Mittagessen in die Stadt zum Kino. Der Film macht Spaß, und wir lachen uns schief und wieder gerade, und ich merke, wie sehr mir das gefehlt hat. Ein Eis gibt's noch auf die Hand, und schwülwarmes Wetter begleitet uns nach Hause. Dort wird Timmi schon von einem Freund zum Spielen erwartet, mich lädt Nachbarin Silke zum Kaffee ein, und wir reden über unsere Kinder und die Zukunft. Mir ist im Moment auch nicht so schwer ums Herz, denn Pit ist auf dem Wege der Besserung. Wir leben jetzt und hier, vor allem aber im Heute. Was die Zukunft bringt? Niemand weiß es wirklich. Warum sich also zermürben? Vielleicht gibt es ja noch Wunder.

Dicke Wolken ziehen heran und drohen mit Gewitter, doch ich möchte noch mit den Pferden arbeiten. Es macht mir so viel Freude. Vor allem Merkur ist richtig dankbar für die Beschäftigung und läuft mir nach wie ein Hund. Dann bricht der Regen los, und unter Blitz und Donner kontrolliere ich den Weidezaun. Nach Wochen bin ich wieder so richtig befreit und glücklich.

Sven erzählt, als er anruft, dass auch Dirk und Catrin meinen, es gehe mit Pit voran. Er weine kaum noch, suche immer mehr körperliche Nähe und interessiere sich ständig mehr für seine Umwelt. Ich werde staunen, wenn ich ihn morgen sehe. Die Ärzte seien sehr zufrieden mit unserem Kindchen. Was ist das für ein schöner Tag! Ich freue mich so.

Grosse Wunder

Montag, 30. August

Tim ist zur Schule geradelt, und ich wandere mit Nelly eine Stunde durch den Wald, denn die Luft ist nach dem reinigenden Gewitter einfach wunderbar an diesem Morgen.

Später, als ich gerade zum Bahnhof fahren will, klingelt eine Kollegin, um nach mir zu sehen. Kurzerhand bringt sie mich Neuigkeiten erzählend zum Zug. So bin ich ohne Sorgen schon gegen Mittag in der Klinik und finde mein Pitchen schick gemacht auf dem Bett sitzend. Er hat ganz sicheren Halt und erzählt mir: *Mama, wir dürfen heute schon nach Hause.* Sven nickt lächelnd und ist so stolz auf Pit. Er hat eben tatsächlich einen ganzen Satz gesprochen. Zwar klingt seine Stimme noch etwas blechern, aber er hat sie ja auch lange nicht normal gebraucht. Sein Gesicht wirkt auch gar nicht mehr so schief, beide Augen sind geöffnet und sehen. Die Halbseitenlähmung scheint zum Glück nachzulassen. Pit ist zwar noch molliger geworden, doch die Essgelüste normalisieren sich, versichert Sven.

Jedenfalls bin ich überglücklich, schließe Pitchen in meine Arme, und er schenkt mir sogar ein Küsschen. Was könnte schöner sein? Sven erklärt, dass Pit noch Temperatur hat, aber das Ärzteteam hat entschieden, ihn nach Hause zu lassen. So muss es sein, denke ich erfreut. Man geht nun auf unsere Situation ein und respektiert unsere Vorstellungen.

Mit Dr. A. haben wir noch ein Gespräch, und Pit hat nichts dagegen, alleine im Zimmer zu bleiben und „Alice im Wunderland“ zu sehen. Jetzt mache ich mir schon Gedanken, ob Pit dieses Video nicht vermissen wird. Ich sage das eigentlich zu Sven, doch Pitchen antwortet mir, dass er zu Hause andere sehen möchte. Wir müssen unwillkürlich schmunzeln: Unser Kindchen ist wieder bei uns!

Der Onkologe möchte, dass wir wöchentlich in der Klinik vorstellig werden. Am nächsten Montag werden wir dann eine geeignete Therapie für Pitchen besprechen, die palliativ ist, das heißt lebensverlängernd. Wir stimmen allem zu, was ihm nicht wehtut und sich zu Hause durchführen lässt. Wir werden nun verstanden und als Partner gesehen. Das Gefühl der Hilflosigkeit und des Ausgeliefertseins weicht einem Gefühl des Geachtetwerdens.

Schon um 14 Uhr steigen wir alle drei in den Krankentransport und fahren „Petterson und Findus“ lesend nach Hause. Pit liegt weich gebettet, hat unterm Kopf ein Kissen und eine leichte Zudecke. Dass mir so etwas mal auffallen würde … Sein Mäuschen hält er innig im Arm und ist völlig entspannt. Wenn ich da noch an vergangenen Donnerstag denke …

Die Strecke zwischen Berlin und unserem Dorf kam mir früher elendig weit vor. Eigentlich bin ich sonst ungern stundenlang mit dem

Auto durch die Gegend gefahren. Und nun ist das schon fast Routine. Wie sich die Dinge ändern! Wir haben unterwegs wieder viel Verkehr. Die Autobahn ist voll, und wir kommen schlecht voran. Gegen 17 Uhr sind wir endlich glücklich daheim. Ohne Weinen. Ohne Schreien. Ich kann es wirklich kaum glauben.

Wir werden von Timmi und unseren Nachbarn liebevoll begrüßt, jemand hat ein Plüschtier vor die Tür gestellt. Miauend schleicht Pfötchen um uns herum, und sogar Nelly freut sich schwanzwedelnd. Es scheint, als würde eine neue Zeit beginnen, und vielleicht ist es auch so. Sven trägt Pit auf dem Arm in den Garten, aber seit Samstag will er immer öfter runter. Vor allem jetzt, wenn die Tiere zum Streicheln locken. An beiden Händen gefasst, kann Pit schon recht gut einen Fuß vor den anderen setzen. Er hält sich schön aufrecht und steht für ein paar Sekunden schon ohne Stütze. Wir sind richtig zuversichtlich, und Pit genießt dabei auch unser Lob. Besonders von Timmi lässt er sich dadurch anspornen. Seltsam, für Angst gibt es in unseren Köpfen momentan keinen Platz mehr. Obwohl wir doch wissen, dass Pit bald … Wir verdrängen es, so gut wir können.

Auch Oma Elvi und Opa Wolfgang haben Freudentränen in den Augen, als Pit sie abends begrüßt. Pitchen spricht fast alles wieder. Er formuliert Sätze, muss zwar manchmal nach Worten suchen, aber er findet sie. So fit haben sie ihr Enkelchen lange nicht gesehen, und sie freuen sich auf ihre täglichen Besuche.

Es spricht sich schnell herum, dass wir zurück sind, und das Telefon steht nicht still, bis wir abends mit unseren Kindern in die Betten fallen. Heute Nacht darf ich bei Pitchen schlafen, und fühle mich regelrecht beschenkt. Auch, weil die Nacht recht ruhig verläuft und ich ein gleichmäßig atmendes, leise murmelndes Kindchen neben mir habe. Pit sieht überhaupt nicht krank aus. War alles andere nicht doch ein böser Traum? Vor einem Monat haben wir noch gar nichts gewusst. Pit kränkelte etwas. Warum konnte es nicht einfach eine Erkältung oder Virusinfektion sein? Bloß nicht danach fragen. Ich mache mich fertig und bekomme sowieso keine Antwort darauf. Niemand kann etwas dafür. Und wir haben auch nichts falsch gemacht, können uns nichts vorwerfen und vorwerfen lassen. Ob uns das irgendwann einmal Trost genug sein wird?

Hin und wieder möchte Pitchen Wasser trinken. Aber er schläft gleich wieder ein, ohne nach Essen zu verlangen. Gelegentlich greift er nach meiner Hand und hält sie fest wie sein Stoffmäuschen. Ich habe meinen kleinen Jungen wieder.

Erste Septemberwoche

Sven geht wieder zur Arbeit. Er kann sich doch schon gut konzentrieren und wird ja auch gebraucht. Nachmittags ist er gegen drei Uhr zurück, und wir haben wie früher unsere Familienzeit. Timmi geht nach wie vor gerne zur Schule, tobt dann mit seinen Freunden durchs Dorf und achtet aber immer darauf, auch mit Pitchen Zeit zu verbringen. Besonders abends sind beide eng beieinander, kuscheln, gucken fern, hören Geschichten, und Tim liest seinem Bruder sogar ab und zu vor.

Meine Tage mit Pit sind reich. Schon das gemeinsame Aufwachen ist wonnig, weil er dann so schön schmust. Ich bin unglaublich froh, dass er mich wieder lieb hat, und denke, er hat mir verziehen. Wir frühstücken ausgiebig, scherzen miteinander, gucken Urlaubsfotos an. Meist möchte er dann gerne einen Film sehen: *Aber du guckst bitte mit, Mami.* Pit liebt ganz besonders Tiervideos, „Findet Nemo", „Meister Dachs und seine Freunde", „In einem Land vor unserer Zeit", Petterson-und-Findus-Filme und „Dick und Doof". Er sucht sich einen Film aus, und dann kuscheln wir auf der Couch.

Danach ruft uns der Wald. Ein langer Spaziergang muss es immer sein. Und das Wetter ist ihm völlig egal. Fieber hat Pit ja kaum noch, und er fühlt sich wohl. Wir suchen auch nach Eiern im Stall, begrüßen die Pferde, freuen uns über die bunten Wiesenblümchen, die er mir sonst immer pflückte, beobachten entzückt die summenden Insekten und die feinen Gespinste des Altweibersommers, die die Wiesen überziehen. Pitchen war schon immer ein richtiges Naturkind, und er genießt das alles jetzt noch viel mehr. Und besonders schön findet er es, dass nicht nur Nelly uns begleitet, sondern auch Pfötchen mitläuft. Pit sitzt nun wie Krösus in der Rehabilitations-Karre, die uns die Lebenshilfe ausborgte. Die ist geländetauglich, und es geht damit leicht rasant über Stock und Stein. Es macht Pitchen unglaublich viel Spaß, und ich muss aufpassen, dass er ans Mittagessen denkt und den Mittagsschlaf nicht versäumt.

Weil Pit in der Regel zwei Stunden schläft, suche ich während dieser Zeit weiter im Internet vor allem nach Erfahrungsberichten von Eltern,

Endlich zu Hause: Ruhe finden

Lachen tut gut: Tim kitzelt Pit

die durch Krankheit ein Kind verloren haben. Ich finde leider kaum etwas, das unseren Weg widerspiegelt. Es sind eigentlich immer kindliche Leidensgeschichten innerhalb von Krankenhäusern, zwischen Kanülen, Sterilität, Hoffnung und Bangen. Franziska, die bei uns reitet, bietet mir am Dienstag ein Buch an: Ein Vater schreibt über seinen kleinen Sohn, der an einem riesigen Neuroblastom stirbt. Ich lese „Im Himmel warten Bäume auf dich" in einer Nacht durch, kann einfach nicht aufhören und mir jede geschilderte Situation ganz genau vorstellen. Ich heule mir die Augen aus und sehe anstelle des kleinen Jungen mein Pitchen an Schläuchen hängen und all die furchtbaren Therapien durchleiden, die außer Qual letztlich nichts bewirken. Und ich fühle mich während jeder Zeile bestärkt, dass unser Weg für Pit der richtige ist. Ich bitte auch Sven und unsere Eltern, das Buch zu lesen, weil es uns in unserem Tun nur vereinen kann. Und bis auf meinen Vati lesen es alle und fühlen genau wie ich.

Pitchen hat seit Mittwoch sogar sein Lachen wieder. Als Nelly und Pfötchen auf der Wiese um die Wette liefen, entschlüpfte es seiner Kehle ein erstes Mal. Zunächst war es zaghaft, fast wie verlernt und irgendwie schüchtern. Aber nun lacht und kichert er herzhaft mit heller klarer Stimme, so wie ich es kenne von meinem fröhlichen Kind. Und die Stimmung zu Hause ist so gut, dass wir vergessen wollen, was in naher Ferne auf uns lauert.

Auch Pits Motorik wird immer flüssiger. Er setzt seine Füße sicherer und geht gerne an beiden Händen gehalten, weil ich ihn doch nicht mehr so viel tragen kann. Seine Freude an der Bewegung ist nicht zu übersehen, und er ist stolz auf sich und darf es wohl auch sein. Lange Strecken lässt er sich aber lieber schieben, so sind wir im Dorf stets flott unterwegs.

Täglich bekommen wir Besuch, und ich fühle mich fast, als hätte ich Urlaub. Kinder aus der Nachbarschaft sind manchmal bei uns. Und auch wenn Pit oft so nachdenklich wirkt, noch nicht so viel plappert und schnell ermüdet, wird er doch nicht ausgeschlossen.

Freundin Dorit kommt am Mittwoch mit Sohn Konrad zu Besuch. Doch heute ist Pit nicht bei Laune. Dies nicht, das nicht, jenes nicht. Es tut mir leid, dass Konrad ihn so missmutig erlebt, denn eigentlich sind sie ein Herz und eine Seele. Doch es ist eben nicht jeder Tag gleich. Und sicher leidet Pit auch sehr darunter, dass er nur noch so wenig kann. Wir schieben zur Stepenitz und werfen Steine ins Wasser. Wenigstens dabei hat mein Kind etwas Spaß. Doch als es auf dem Weg zurück nicht nach seinem Willen geht, erregt sich Pit so, dass er mir sagt, ich sei blöd. Ich bin furchtbar erschrocken und traurig, mache ihm das auch unmissverständlich klar und lasse ihn stehen, bis er sich entschuldigt. Abends mache ich mir Vorwürfe: Habe ich ihn vielleicht überfordert? Aber trotzdem muss er wissen, dass er so etwas nicht sagen darf und es verletzend ist.

Am Donnerstag haben meine Eltern den Nachmittag mit Pit verbracht. Sie sind im Wald und an der Eisdiele gewesen, und Sven und ich durften etwas für uns tun und ausreiten. Das Leben scheint sich zu normalisieren.

Ich plane wieder stückchenweise voraus: habe bei „Kinderträume e.V.“ einen Wunsch für Pit angemeldet und hoffe bald auf Antwort. Ein Besuch im großen Dinosaurierpark Münchehagen bei Hannover soll es sein. Ich kann es gar nicht erwarten, Pitchens Augen leuchten zu sehen, wenn ich es ihm erzählen darf.

Und für die Oktoberferien haben Daniela und ich für unsere Familien fünf Tage im Center Park gebucht. Da fahren wir also zu acht hin, und ich bin überglücklich. Wir machen noch mal Urlaub! Leider war in den deutschen Parks alles restlos ausgebucht, in Hollands Norden aber noch ein schöner Bungalow frei. Unsere Kinder freuen sich. Schon seit fünf Jahren fahren wir einmal im Jahr in die „riesengroßen kleinen Ferien“, meistens im Februar. Aber es ist ungewiss, wie es Pit dann gehen wird. Vielleicht hat er auch so eine lange Lebenszeit gar nicht mehr … Deshalb fahren wir in den nächsten Ferien. Bei solchen Gedanken heule und heule ich und kann mich kaum wieder beruhigen. Es ist zu furchtbar. Nach Pits Heimkehr konnte ich es drei Tage lang erfolgreich verdrängen, nun ist die Angst immer da. Manchmal wünsche ich mir jemanden, dem ich die Schuld in die Schuhe schieben kann, dass mein Kind sterben wird. Dann dürfte ich wenigstens wütend sein! Aber so habe ich nichts. Muss es einfach nur akzeptieren, und das fällt mir so schwer.

Treffe ich bekannte Menschen in der Stadt oder im Dorf, ist es immer dasselbe: Schluchzend und mit einem dicken Kloß im Hals fallen wir uns meist in den Arm. Selten, dass noch jemand nicht von Pit weiß. Immer und überall ist tiefe Betroffenheit, Hilflosigkeit und Mitgefühl: *Wie schafft ihr das nur? Wie haltet ihr das aus? Ich könnte das nicht!* Was aber bleibt uns denn übrig? Es gibt für uns nur diesen einen Weg! Pit bleibt zu Hause, wo er sein möchte. Wir hören auf ihn, und er zeigt uns ganz genau, wo es langgeht. Die Seele eines todkranken Menschen weiß längst, was geschieht, habe ich irgendwo gelesen. Und das glaube ich mittlerweile auch.

Aber es tut mir weh, wenn jemand es gut meint und sagt, es werde schon wieder werden. Ich will ja auch daran glauben, aber ich würde mich belügen, weil es keine Hoffnung gibt.

All meine Recherchen zum ATRT laufen darauf hinaus, dass am Ende der unausweichliche Tod steht. Wenn uns nur jemand sagen könnte, wie das Sterben ist! Ich würde so gerne etwas darüber wissen und meine Furcht überwinden. Was, wenn Pitchen mich irgendwann danach fragt? Bisher hat er seine Krankheit nicht einmal angesprochen. Es geht ihm zusehends besser, er fühlt sich immer wohler, das Leben ist wieder schön. Doch der Tag wird kommen, da bin ich mir sehr sicher …

Noch haben wir herrliches Sommerwetter, und am Freitag fahren wir zum Baggerloch. Timmi tobt dort mit Freunden, Leni ist auch mitgekommen, und Pitti hat nach langem Zögern sitzend etwas Ball mitgespielt. Da hockt er auf seinem dicken Po auf der Decke, blinzelt uns durch die Sonnenbrille hindurch an und fängt den Ball mit beiden Armen. Manchmal klappt das schon prima. Werfen geht aber nur mit links. Macht ja nichts. Wir haben Geduld! Er möchte zuerst auch nicht ins Wasser gehen, aber dann ist es toll: prustend und kichernd bis zur Brust ins kalte Nass auf Papas Arm. Schnell wieder raus und den kleinen Schwabbelbauch abrubbeln. Später stakst er dann an beiden Händen gehalten selbst ins Nass. Auf die Narbe haben wir mit Argusaugen geachtet. Zwar werden am Montag die Fäden gezogen, doch wir möchten nichts riskieren. Seit zwei Tagen ist auch das Fieber endlich weg.

Überhaupt macht Pitchen täglich Fortschritte: Seit Donnerstag isst er sein Brötchen morgens wieder alleine. Er nimmt eben die linke Hand und sieht danach immer völlig beschmiert aus im Gesicht, denn es ist schwer, als Rechtshänder so genau den Mund zu treffen. Samstagabend haben meine Lauffreundin Andrea und ihre Familie uns alle vier zum Grillen am Gartenfeuer eingeladen. Auch die Würstchen brauchen unsere Hilfe nicht mehr, um bei Pit den Mund zu finden. Seine Selbstständigkeit nimmt stetig zu. Es ist ein Segen!

Und langsam erwacht sein Interesse für Kleinigkeiten wieder: Pit entdeckt seine Glasmurmeln in der Kiste. Er sortiert sie in Körbchen und Schälchen nach Größen und Farben und hat erstaunliche Ausdauer dabei. Seine kleine Dinosaurierherde lockt zum Spielen: Littlefoot, Cera und Pitri hüpfen über den Teppich und erleben Abenteuer im Kinderzimmer. Auch sein dickes Tierbuch findet er wieder spannend, blättert alleine zwischen den Seiten hin und her, staunt, verweilt, guckt genau, blättert weiter, schlägt zurück, vergleicht. Ob Pit merkt, wie sehr ich ihn beobachte? Ich kann mich gar nicht satt an ihm sehen.

Oma Elvi und Opa Wolfgang schauen jeden Tag nach uns. Es ist gut, dass wir nur so wenige Kilometer voneinander entfernt wohnen. Das ist für Svens Eltern, die eine Stunde fahren müssen, schon schwieriger.

Am Sonntag sind wir mit Pit, Tim und meinen Eltern im Tierpark. Fröhlich erzählen Sven und ich von unserem Hollandurlaub. Wir hatten erwartet, dass sie sich wie alle ringsherum mit uns freuen. Doch sie sind entsetzt, dass wir mit einem sterbenskranken Kind ins Ausland fahren. Wir streiten leider. Es ist so schade ... Vor den Kindern zeigen wir unsere Spannungen nicht. Tim schiebt Pit in seiner Karre. Beide lachen, wenn die kitzelnden Zungen der Rehe und Ziegen das Futter von ihren Händen lecken. Sie sind ganz die vertrauten Brüder, scherzen, kleckern mit Eis, naschen Kuchen und bestaunen die Tiere so schnell, dass wir anderen nicht hinterherkommen.

Pits Durchhaltephasen dehnen sich aus. Er findet sein inneres Gleichgewicht wieder, was sich auch darin zeigt, dass seine Nächte meist friedlich sind. Nur selten schreckt Pitchen weinend aus dem Schlaf hoch, als hätte er schlecht geträumt, aber erinnern kann er sich nie. Er lässt sich mit dem Pferdchenlied stets schnell wieder trösten und schläft nach einem Schluck Wasser gleich weiter. Ich aber schluchze dann still in mein Kissen und kann einfach nicht begreifen, wie ungerecht das Leben ist. Wann wird Pit uns entrissen? Es wird so furchtbar still in unserem Hause sein. Für den Augenblick aber ist das Lachen zurückgekehrt.

Montag, 6. September

Schon gestern habe ich Pitchen gesagt, dass wir nach dem Nachtschlaf wieder mit dem Auto nach Berlin fahren würden. Wir müssen ja zum Doktor, der sich die Narbe ansehen möchte. Dafür braucht er auch keinen Mittagsschlaf zu halten! Aber Pit hat große Angst und fragt weinerlich, ob er danach gleich wieder nach Hause darf: *Nur angucken und dann fahren wir sofort wieder weg, ja Mama?* Ich kann mein Kind guten Gewissens beruhigen. Sven kommt auch mit, denn wir besprechen mit Dr. A. heute unser weiteres Vorgehen. Um 14 Uhr ist der Termin in Berlin, schon um elf steht das Taxi vor der Tür. Die Krankenkasse übernimmt die Kosten. Lediglich zehn Euro zahlen wir pro Fahrt dazu. Wir sind froh, dass Pit wieder gut sitzen kann und die Strecke nicht im Liegen zurücklegen muss. Ein glänzend schwarzer Mercedes der S-Klasse parkt vor dem Haus, der sonst nur für Hochzeiten und andere Anlässe gefahren wird. Dieser Wagen samt „Chauffeur“ kutschiert uns also immer am Montag zum Doktor. Es gelingt uns, Pit die Fahrerei etwas schmackhaft zu machen, und er ist nicht ganz so traurig. Sein Mäuschen muss mit, auch ein paar kleine Autos und das über alles geliebte Buch von „Petterson und Findus“: „Eine Geburtstagstorte für die Katze“.

Tim ist nachmittags bei einem Freund. Um ihn brauchen wir uns also keine Sorgen zu machen, und gegen Abend sind wir ja zurück.

Unser Fahrer weiß nicht, wie schwer krank Pitchen ist. Natürlich erkundigt er sich nach dem Grund unseres Termins. Dass Pit Krebs hat, erschüttert ihn sehr. Es ist ja auch so selten bei einem Kind. Krebspatienten fahre er öfter, aber einen kleinen Jungen! Mir laufen die

Tränen übers Gesicht, doch ich schluchze nicht. Immerhin sitzt mein Schnuffelchen hinter mir, und ich will ihn keinesfalls beunruhigen. Reiße mich zusammen.

Die ersten Bäume werden schon bunt. Für Pit gibt es viel zu sehen: Mähdrescher, Erntemaschinen, Trecker mit riesigen Anhängern. Er träumt: *Ich will mal Treckerfahrer werden, wenn ich groß bin.* Und Sven wünscht sich, dann mal bei Pit mitfahren zu dürfen.

Heute ist die Straße relativ frei, und schon um 13 Uhr sind wir in der Klinik angekommen. Unser Taxifahrer wartet nun so lange auf uns, bis wir fertig sind, und fährt uns dann wieder nach Hause. Wir tragen uns in die Warteliste ein. Sven erledigt nötige Anmeldeformalitäten. Es sitzen schon viele Eltern mit Krebskindern im Warteraum. Aufgedunsene kahlköpfige Kinder. Dreijährige Mädchen, die ihren Puppen Zugänge legen, Spritzen setzen und über Leukos und Thrombos sprechen. Sie spielen ihren ungewöhnlichen kindlichen Alltag. Andere Kinder haben die gleiche Wölbung über der Stirn wie Pit sie hat: Rickham-Reservoirs. Da ich das erkenne, fühle ich mich eingeweiht in die absonderliche Welt von Krebs und Co. Pitchens Wölbung überm Implantat ist recht flach, wie eine kleine Beule. Das blonde Haar ist wieder nachgewachsen, die Narbe nicht zu sehen. Er scheint bis auf die vergleichbaren linkischen Bewegungen und das füllige Gesicht nicht hierher zu gehören. Und er will mit den anderen Kindern auch nichts zu tun haben. Pit guckt sein Buch an und lässt sich von uns vorlesen. Mit verschiedenen Laufrädern schießen ein paar Jungs durch die Gänge. Es interessiert ihn nicht.

Fast zwei Stunden warten wir, erleben gestresste, aber freundliche Schwestern und Ärzte, die überall gleichzeitig sein müssen, vertrösten unseren Fahrer und sind dann endlich an der Reihe. Dr. A. freut sich sichtlich, Pitchen so aufgeweckt wiederzusehen. Pit wird gewogen, Körper, Ohren und Augen werden genau untersucht. Seine Gehversuche an beiden Händen werden bestaunt, und lustige Grimassen darf Pit schneiden, damit die noch leicht erkennbare Halbseitenlähmung im Gesicht begutachtet werden kann.

Der Onkologe ist zufrieden. Er hat mit seinem Team einen Plan für Pitchen ausgearbeitet: Auf seine Größe und sein Gewicht abgestimmt, wird Pit von nun an wechselnde Tabletten einnehmen, was einer abgeschwächten Chemotherapie gleichkommt und das Wachstum des Tumors verlangsamen soll. Hoffentlich verträgt Pitchen das! Ich werde genau Buch führen müssen über Pits Verhalten und sein tägliches Befinden.

Die Narbe sieht gut aus. Problemlos werden die Fäden gezogen. Nur ein wenig zappelt und jammert Pitchen, wenn es ziept. Insgesamt ist er aber ganz tapfer, und wir sind wieder richtig stolz auf unseren kleinen Jungen.

Unter vier Augen frage ich den Arzt, wie lange er Pit noch an Lebenszeit gibt. Ein ATRT habe eine unglaublich schnelle Progression. Doch genau könne er es nicht sagen. Pit habe leider durch die starke Metastasierung eine sehr schlechte Ausgangsposition. Würden die Tabletten nicht anschlagen, dann sei Weihnachten nicht sicher. Er wisse jedoch jetzt, wie er uns gegenüber mit der Wahrheit umgehen müsse. Ein Drumherumreden würden wir ja nicht akzeptieren. Für seine schonungslose Ehrlichkeit bin ich ihm sogar dankbar, doch gleichzeitig durchfährt es mich wie ein Blitz: Vielleicht nicht mal mehr ein halbes Jahr! Ach Pitchen...

Ich frage nach dem einen Fall, den er kennt, und wünsche mir, dass ich mit den Eltern sprechen kann. Bis nächsten Montag wisse er, ob die Familie dem zustimmt. Nächste Woche muss bei Pit auch Blut abgenommen werden. Mir tut er jetzt schon leid, und ich weiß nicht, wie ich ihm das nur beibringen soll.

Das Cortison können wir nun absetzen. Endlich! Am Donnerstag beginnen wir aber mit den starken Tabletten und hoffen, dass Pitti sie verträgt, denn sonst brechen wir das Ganze ab. Wenn er sich für ein paar geschenkte Tage quälen muss, dann ist es das aus unserer Sicht nicht wert. Nicht lebenswert. Dr. A. pflichtet uns zum Glück bei.

Dass wir Anfang Oktober Urlaub im Center Park in Holland machen, findet er großartig, und er hat überhaupt keine Bedenken wegen Pit. Es werde ihn eher zusätzlich anspornen. Und wir sollten unbedingt Krankengymnastik mit Pitchen machen lassen. Ich schildere ihm die Situation, wie wir sie schon hatten, und auch, was ich an kleinen sportlichen Übungen täglich mit Pitchen versuche: Kullern auf dem Bauch, Hüpfen an beiden Händen, Gleichgewicht halten auf dem Petziball und Kuscheltiere werfen und fangen. Ja, das sei gut. Vielleicht könnten wir auch baden gehen: Wassergymnastik machen. Mir fällt sofort das Rehabilitations-Becken in unserem Kreiskrankenhaus ein, denn unsere Schwimmhalle ist leider seit Monaten wegen Reparatur geschlossen. Ich werde versuchen, Physiotherapie im Wasser für Pit zu bekommen. Vielleicht können liebe Bekannte von mir das sogar machen. Sie arbeiten als Physiotherapeutinnen im Krankenhaus in P. Gleich morgen werde ich Frau Dr. L. darum bitten.

Mittlerweile ist es 17 Uhr, und wir sind noch nicht die letzten Patienten. Alle sind wir hungrig. Mit der Frage nach McDonald's entlocken wir Pit einen Jubelschrei, und es ist ausgemachte Sache, dass nach jedem Besuch bei Dr. A. ein Essen bei McDonald's auf dem Programm steht. Über uns hinweg dröhnen die Jets während ihres Landeanflugs auf den nahen Flughafen. Und Pitchen träumt wieder: *Ich möchte auch so gerne mal fliegen.*

Durch den Spätsommersonnenuntergang fahren wir nach Hause. Schon um 20 Uhr ist es richtig finster. Es wird mit gewaltigen Schritten Herbst. Müde kriechen wir aus dem Auto, verabreden für nächsten Montag mit dem Fahrer, dass wir erst gegen Mittag abfahren und dann immer noch rechtzeitig in der Klinik sein werden. Nur nicht zu viel Zeit unnütz verschenken. Sie ist zu kostbar.

Tim hat sich trotz unseres Anrufes schon Sorgen und sich selbst sein Abendbrot gemacht. Er ist froh, dass wir wieder alle zusammen sind. Wir erzählen zu viert noch etwas, und dann ist auch schon Schlafenszeit.

Pitchen verlangt heute nicht, dass Sven oder ich gleich bei ihm bleiben. Und so schläft er nach einer Dinogeschichte und dem Gute-Nacht-Lied alleine ein, und wir können noch reden. Dafür bleibt in letzter Zeit einfach zu wenig Raum.

Nächste Woche hat Sven 40. Geburtstag. Noch im Urlaub planten wir eine große Feier mit all unseren Freunden und Verwandten. Zwischenzeitlich wollten wir den Tag ausfallen lassen. Nun werden wir aber doch in Familie zusammensitzen. Es geht Pit ja gut.

Und er möchte doch einmal fliegen! Ich habe einen Plan, bespreche ihn mit meinem Mann. Das Hobby unseres Freundes und seines Chefs Frank ist Segelfliegen. Wir wissen, dass auf dem Flugplatz in unserer Nähe auch manchmal Motorflugzeuge stehen. Ob wir mit unseren Freunden nicht einen Samstag auf dem Flugplatz verbringen können? Jede Familie fliegt über die Region, wir sehen unser Zuhause und alles, was uns vertraut ist, aus der Vogelperspektive. Das wäre toll! Abends grillen wir vielleicht? Sven will nachfragen. Und ich hoffe, dass alle mitmachen.

Recht aufgeregt lege ich mich neben Pitchen und lasse den Tag an mir vorbeiziehen. Anstrengend war es in der Klinik und erst die Fahrerei! Ich kann meine aufgestauten Gefühle dann nicht mehr unterdrücken und weine leise vor mich hin. Plötzlich nimmt Pitchen meine Hand. *Warum weinst du denn, Mami?*, flüstert er. Ertappt lüge ich, es sei ein langer Tag gewesen, und ich sei erschöpft. *Du weinst aber oft.* Und ich antworte ihm leise: *Weil ich manchmal Freudentränen habe, denn es geht dir wieder so gut. Aber manchmal habe ich auch Angst, dass es dir irgendwann wieder schlechter geht.* Und mein Kindchen sagt wie selbstverständlich: *Du brauchst doch keine Angst haben, Mama. Wenn ich sterbe und begraben werde, dann komme ich als Blümchen wieder. Und dann pflückst du mich ab und ich bin immer bei dir.*

Mir schnürt es die Kehle zu. Nie hätte ich damit gerechnet. Woher hat Pitchen nur diese Vorstellung? In meinem Kopf rauscht es, alle Gedanken und Gefühle überschlagen sich. Pit streichelt mich sanft und wünscht mir eine gute Nacht: *Schlaf schön, Mami, und träum' was Schönes. – Du auch, mein Schatz, bis morgen früh*, bringe ich mühsam hervor. Gleich schläft er ein. Ich aber bin zu aufgewühlt. Was weiß oder ahnt Pitchen? Er hat gerade eben *mich* getröstet, obwohl es doch umgekehrt sein sollte. Ob ich das Sven erzählen kann? Und wenn er mir nicht glaubt? Ich sehe in dieser Nacht nur noch Blümchen vor mir.

Zweite Septemberwoche

Am Dienstag hat Pitchen beim morgendlichen Waldspaziergang in der Karre tatsächlich gesagt, dass er ein paar Schritte laufen möchte. Er ist zwar wackelig auf den Beinen, denn es geht ja über Stock und Stein und durch hohes Gras. Und doch habe ich den Eindruck, dass er sich nicht mehr ganz so stark auf meine haltenden Hände stützt.

Wir schieben dann noch zu Katja durchs Dorf. Während sie mich auf einen Kaffee einlädt, sitzt Pit auf der Decke in der warmen Sonne und vertieft sich in sein Murmelspiel, welches unbedingt mit musste. Katja staunt, freut sich über Pitchen und kann es gar nicht fassen, wie gut er sich seit der vorletzten Woche erholt hat. Die kleinen Wunder scheint sie viel mehr als ich wahrzunehmen. Vielleicht, weil ich Pit ständig sehe und mir das, was er seinem Körper täglich abringt, schon selbstverständlich erscheint. Aber ich bin schon außerordentlich stolz auf meinen kleinen Schatz. Er kämpft wirklich.

Für den Nachmittag haben sich Oma Hilli und Opa Peter wieder angekündigt. Beim Kaffeetrinken gibt es von Pit viel Geschrei, weil sie nicht den richtigen Kuchen mitgebracht haben. So ein Theater! Beim letzten Mal hatte Oma Apfelstreuselkuchen gemacht, und Pit konnte sich noch gut erinnern, dass Oma versprochen hatte, wieder genau so einen leckeren Kuchen zu backen, wenn sie uns wieder besucht. Selbst Tim schafft es trotz großer Mühe nicht, Pit zu überzeugen, dass auch dieser Kirschkuchen echt lecker ist. So ist es für einige Minuten ziemlich laut am Tisch. Und ich denke amüsiert, dass sich nun auch Pits kleiner Dickkopf wieder bemerkbar macht. Nun ja. Es wird also Zeit, wieder Grenzen zu setzen! Auch wenn Pit so krank ist, dürfen wir ihm nicht alles durchgehen lassen. Mal sehen, wie sich das noch entwickelt.

Auch der Mittwoch bringt eine Überraschung: Zum Frühstück hält Pitchen seine Tasse selbst. Er nimmt natürlich die linke Hand und lehnt den Strohhalm ab. Als ich helfend eingreifen möchte, macht er sich groß: *Ich kann das alleine!* Und er lächelt mich ganz verschmitzt an mit spitzbübisch blitzenden Augen. Es ist Pitchens typischer Blick, den ich für immer verloren glaubte. Mein Herz jubelt. Immer, wenn Pit früher etwas ausheckte oder auf eine Reaktion lauerte, hatte er diesen Ausdruck und war dann unsere freche Rübe. Oft riefen wir ihn deshalb „Rübchen". Und jetzt sitzt mein Rübchen wieder neben mir am Tisch. Ich strahle wohl übers ganze Gesicht und Pit strahlt zurück.

Gegen 15 Uhr fahre ich mit ihm ins Kreiskrankenhaus wegen der Termine für die Wassergymnastik. Das hat glücklicherweise geklappt, auch mit meinen Bekannten als Betreuer.

Und vor Beginn der Tablettenchemo muss bei Pit noch ein Herzecho gemacht werden. Frau Dr. E. freut sich, Pitchen zu sehen. Er lässt auch alles friedlich über sich ergehen, möchte dann aber ganz schnell wieder nach Hause. Heute wirkt er recht erschöpft.

Die Tablettenchemo beginnt am Donnerstag. Pitchen muss zehn Tage lang drei bis vier Kapseln täglich schlucken. Dann ist ebenso lange Pause, und der Rhythmus beginnt neu. Seit Dienstag beäuge ich schon die Medikamente und bin ziemlich ratlos. Noch hat leider kein Pharmakonzern kindgerechte Krebstabletten entwickelt. Sie sind schwer zu schlucken, weil sie so groß sind. Und ich befürchte, dass Pit sie irgendwann verweigert. Wie soll ich sie ihm schmackhaft machen? Aber heute geht es wider Erwarten recht gut: Mit Todesverachtung und säuerlich verzogener Mine würgt er sie mit Apfelschorle hinunter. Ich bin erleichtert und hoffe, meine Bedenken sind unbegründet.

Meine Eltern wünschen sich für diesen Donnerstagnachmittag einen ganz normalen Oma-und-Opa-Tag mit Pit in der Stadt. Endlich wieder zum Bahnhof gehen und Züge angucken.

Weil Timmi zum Tischtennistraining ist und spät zurückkommt, reiten Sven und ich aus. Ich erzähle ihm weinend, dass Pit als Blümchen wiederkommen möchte. Wir denken nach über Reinkarnation und Jenseitsvorstellungen und merken, dass wir eigentlich nicht daran glauben. Ob sich das wandelt? Mit einem flotten Galopp durch den Wald kriegen wir den Kopf wieder frei.

Abends brenne ich darauf, es auch Mutti zu sagen. Sie ist völlig aufgelöst und glaubt mir nicht, dass Pit von sich aus sein Sterben anspricht. Und sie findet es furchtbar, dass er meint, in die kalte Erde zu kommen, und ich es ihm nicht ausrede. Ich durchdenke die halbe Nacht und plötzlich weiß ich, woher er dieses Bild hat: Im letzten Herbst haben wir unsere Katze Susi beerdigt. Sie wurde durch einen Hund tödlich verletzt. Wir haben sie gemeinsam weich in einen Karton gebettet, ein Loch im Garten gegraben, es zugeschippt und ihr einen kleinen Grabstein gesetzt. Wir weinten, aber redeten uns auch ein, dass sie nun nicht mehr leidet, es ihr gut geht und sie friedlich schlafen kann. Im Frühling und Sommer wuchsen dann kleine Gänseblümchen auf dieser Stelle. Das wird es sein! Daher hat Pitchen seine Vorstellung. Und mich durchfließt eine stille Freude. Die Erde ist für Pit nämlich nicht kalt. Er buddelt doch täglich darin und liebt sie. Und wenn er Würmer oder Käfer eingräbt, dann kriechen sie wieder hervor! Pit verbindet damit also überhaupt nichts Schlimmes. Deshalb kann ich ihm doch auch nicht vermitteln, dass er irgendwann auf einer Wolke sitzt. Das entspricht nicht der ihm vertrauten Welt. Mit mir im Reinen kann ich ihn betrachtend beruhigt einschlafen.

Der Freitag beginnt mit ausgiebiger Kuschelei und einem spannenden Video von wilden Antilopen und Löwen. Und wie immer ist Pit ergriffen vom Schauspiel der Geburt einer kleinen Antilope, und er

Wald- und Wiesenkinder

leidet mit, wenn ein Tierbaby gerissen wird: *Oh, das arme Kälbchen!* Unwillkürlich muss ich schmunzeln: Er sagt doch zu fast allen Tierkindern immer Kälbchen. Zum ersten Mal hat er uns damit erheitert, als wir auf einer Fahrradtour zwei ganz junge Fohlen über die Weide toben sahen. *Seht doch mal! Wie niedlich die Pferdekälbchen sind!*

Tiere faszinierten ihn schon immer. Würmer und Käfer werden nicht zertreten, sondern von der Straße genommen und ins Gras gesetzt. Pit fängt Nachbars Enten und Hühner, hält sie im Arm und streichelt das Gefieder, während sich das von uns kein anderer traut.

Im Wald fanden wir letztes Jahr ein Pferdebein. Das Schicksal dieses Fohlens ließ ihn nie los. Noch immer fragt er sich, was mit dem Pferd wohl passiert ist.

Pfötchen wird geherzt und durch die Gegend geschleppt. Dafür hat Pit aber auch schon so allerlei Katzenhiebe einstecken müssen. Ihre schöne Fellzeichnung verzückt ihn immer wieder. Und erst die weißen Pfötchen! Die sind so niedlich. Und daher hat sie ja auch ihren Namen – von Pit. Ihre langen weißen Schnurrhaare fand er sogar so toll, dass er sie auf einer Seite einmal abgeschnitten hat und aufheben wollte, weil das *Glückshaare* seien. Ich bin so dankbar für all die bunten Erinnerungen und fange sogar an, sie aufzuschreiben, damit sie nicht verblassen und irgendwann vergessen werden.

Als ich später das Mittagessen in der Küche vorbereite, zupft mich Pit plötzlich am Hosenbein. Nanu? Eben saß er doch noch auf der Couch! Meine kugelrunden Augen bekommen eine Antwort: *Ich bin alleine hergerutscht.* Na so was! Er sitzt auf dem Boden und schiebt sich mit den Beinen voran durch die Wohnung. Da müssen ja auch beide Arme mithelfen! Welch ein Fortschritt! Pit kann sich wieder aus eigener Kraft fortbewegen. Wir sind beide überglücklich. Auch Papa

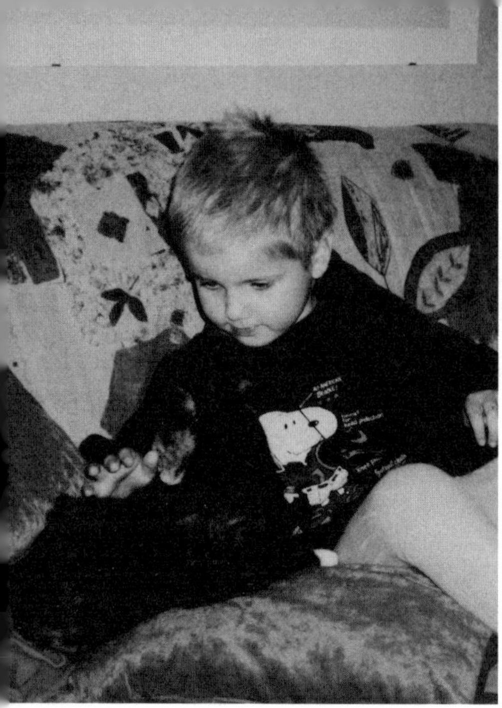

Pits größter Schatz: Pfötchen, unsere Katze

und Timmi freuen sich jubelnd, als Pitchen ihnen stolz sein Können vorstellt. Ja, es geht vorwärts.

Pits Kindergartenfreund ist am Nachmittag unser Gast, und unter der Birke im Garten sitzend vertiefen sie sich in ihr Autospiel und planschen mit der Wasserbahn. Später kommt Leni noch dazu, und abends haben wir mit Tim bei Spaghetti und Tomatensoße wieder vier Kinder am Tisch und sind einfach nur froh.

Die Nacht verbringen Tim und Pit nebeneinander. Endlich möchten sie wieder zusammen im Zimmer schlafen. Und es klappt, ohne dass er zwischendurch aufwacht. In der Woche nächtige ich meist bei Pitchen, denn Sven und Tim müssen ja früh raus. Die Nächte sind endlich ruhig, und Pitchen schläft fest, oft bis etwa 8 Uhr. Er hat ja auch viel Schlaf nachzuholen, und mir selbst tut es ebenfalls gut. Ich träume nur noch selten schlecht und fühle mich insgesamt recht ausgeruht.

Samstag ist Schulfest, und wir gehen als Familie hin. Überall herrscht fröhliches Treiben. Wir werden allerorts herzlich begrüßt. Manch einer spricht aus, dass es richtig sei, sich nicht zu verstecken und Normalität zu leben. Wir erkennen Mitleid, Angst, Betroffenheit in den Augen, aber auch Bewunderung für die Stärke, die wir angeblich zeigen. Tun wir das? Würde nicht jeder so handeln? Jedenfalls fühlen wir uns willkommen, bestärkt und richtig wohl. Auch Timmi ist fröhlich bei den Spielen dabei, und mit Pit zusammen bemale ich ein Gipsförmchen für Papa zum Geburtstag: ein kleiner Junge vor einem herbstlichen Laubbaum, der einen Drachen steigen lässt. Pits linke Hand führt den Pinsel. Recht zittrig, aber es geht. Ich helfe nur ein bisschen und weide mich an Pits Anblick.

Beim Tablettenschlucken ist unser Junge entgegen meinen Befürchtungen sehr tapfer. Widerspruchslos würgt er eine nach der anderen hinunter. Und sein Appetit normalisiert sich, seit wir das Cortison nicht mehr geben. Die Waage zeigt am Sonntag nur noch knappe 22 Kilogramm an, was man auch sieht. Pitchens rundes Gesicht bekommt wieder Konturen, sein Bauch wird zum Bäuchlein. Er wird uns und Tim gegenüber wieder „kiebig“ und versucht stets, seinen Willen durchzusetzen. Wir sind wegen seiner Hartnäckigkeit nicht selten amüsiert. Er ist dabei aber liebenswürdig und lässt sich lenken. Und er ärgert und reizt Timmi manchmal wie in „alten Zeiten“. Tim hat es wirklich nicht immer leicht mit ihm, doch er verzeiht seinem kleinen Bruder meist sehr schnell, weil er ihn so liebt. Pit sieht seinerseits zu seinem großen Bruder auf und freut sich unglaublich, wenn Tim mit ihm Bälle kullert, mit der Rennbahn spielt oder ihn juchzend kitzelt. Pit hat sich psychisch und physisch wirklich stabilisiert. Ob er auch wieder alleine laufen kann?

Zumindest aber wird er fliegen! Frank organisiert für den letzten Septembersamstag ein kleines Motorflugzeug. Unsere befreundeten Familien machen mit, somit wird das Abenteuer für alle bezahlbar. Jeder wird für etwa eine halbe Stunde in der Luft sein. Und scheinbar habe ich die größte Angst davor, denn ich bin erst einmal geflogen und mir war überhaupt nicht wohl dabei. Doch für Pit werde ich meine Furcht besiegen.

Auch Frau K. von „Kinderträume e.V.“ hat sich gemeldet. Wir haben lange telefoniert, und obwohl sie schon so viel Leid durch die Kinder, die ihr begegneten, erlebte, ist sie tief betroffen von Pits Schicksal. Sie wird seinen sehnlichen Wunsch erfüllen und sich an die Planung machen. Wann wir vier zum Dinopark fahren, werden wir in naher Zukunft besprechen. Ich freue mich für unsere kleine Familie! Das Leben fließt wieder. Wir kosten es aus und genießen die uns geschenkte Zeit.

Von Svens und meinen inneren Kämpfen merken unsere Kinder selten etwas. Wir möchten sie nicht beunruhigen und schaffen es auch, uns selbst einzureden, dass für den Moment alles in Ordnung sei. Doch es gibt fast täglich sehr traurige Stunden, in denen uns das Herz so schwer ist und wir beim besten Willen nicht vergessen können, dass da etwas Furchtbares auf uns zukommt.

Montag, 13. September

Heute geht's wieder nach Berlin zur Kontrolluntersuchung. Ich habe mir vorgenommen, es Pit erst kurz vor der Fahrt zu sagen. Beim Blick auf den Kalender wird mir klar, dass Pit vor zwei Monaten erst seinen fünften Geburtstag gefeiert hat, und ich bekomme feuchte Augen.

Wir gehen nach dem Frühstück wieder zum Stall und durch den Wald, erfreuen uns an den noch warmen Sonnenstrahlen, beobachten zwei Rehe auf der Wiese und erinnern uns an unsere Begegnung mit den halbwüchsigen Wildschweinen: *Mama, weißt du noch, als wir hier mal Picknick gemacht haben und die Frischlinge kamen? Wie wir uns ganz klein gemacht und nur geflüstert haben? Das war genau hier!*

Ich freue mich immer, wenn mir Pitchen von seinen Eindrücken und Erinnerungen erzählt, und es kann noch so lange her sein – meist weiß er ganz genau, wie sich was abgespielt hat. Auch Timmi war ein begeistertes Wald- und Wiesenkind, bis er ein Schulkind wurde. Seitdem nehmen andere Interessen fast all diesen Raum ein. Manchmal bedaure ich das sehr, obwohl es doch eher typisch für die kindliche Entwicklung ist. Seine Achtung vor der Natur hat er sich aber bewahrt.

Tim teilt auch unsere Liebe für die Pferde nicht unbedingt. Es ist schade, aber er muss es ja auch nicht. Es ist unser Hobby und er hat seine. Er lässt uns aber gerne gewähren.

Für gemeinsame Zeit bleiben uns trotzdem genügend Möglichkeiten. Pit aber kommt immer noch gerne mit zum Stall, er verlangt sogar täglich bei Wind und Wetter danach. Reiten möchte er nur selten, aber beim Kutschefahren ist er begeistert dabei.

Nach dem Spaziergang isst Pitchen noch kleine Würste mit Erbsen und Kartoffelbrei. Das ist neben Fischstäbchen momentan sein Leibgericht. Aber es muss Kartoffelbrei aus der Tüte zum Anrühren sein! Beiläufig erwähne ich, dass wir gleich wieder nach Berlin fahren und Dr. A. besuchen. Ich habe es wohl unglücklich angepackt, denn er lässt sich überhaupt nicht stören: *Ich möchte Dr. A. aber nicht besuchen. Kannst du ja alleine machen.* So muss ich Pit also sagen, dass der Doktor eigentlich nicht mich, sondern ihn sehen will. Er soll ja zeigen, was er schon alles wieder kann. *Wo ist denn Papa? Wir müssen auf ihn warten.* Auch da muss ich ihn enttäuschen: *Papa ist zur Arbeit und kommt heute nicht mit. Aber er freut sich auf uns, wenn wir am Abend wieder da sind.* Nun ist Pit furchtbar traurig und weint so herzzerreißend, dass ich ihn kaum beruhigen kann. Schluchzend drückt er im Taxi seine Maus an sich und will sich gar nicht erheitern lassen.

Im Warteraum sehe ich wieder die mir schon bekannten Gesichter. Und viele andere Eltern stehen mit ihren Kindern auf dem Flur. Es ist also voll. Seine kleinen Leidensgenossen interessieren Pit nicht, doch er äugt neugierig zu den Laufrädern, die auf dem Gang stehen. *Komm Pitchen, wir fahren mal damit.* Und flugs sitzt er mit auf, und wir düsen durch die Flure. Wir kommen richtig in Fahrt und haben beide großen Spaß. Wir testen alle Gefährte aus, und so vergehen die knapp zwei Stunden Wartezeit fast wie im Fluge.

Dr. A. staunt wieder über Pitchens Fortschritte. Auch dass er bisher die Medikamente prima verträgt, freut ihn. Pits Organe funktionieren alle bestens. Die Tests zur Motorik ergeben schon zufriedenstellende Ergebnisse: Pitchens Halbseitenlähmung ist kaum noch erkennbar. Sein Gehirn kompensiert die vorhandenen Schäden. Der Arzt fragt immer wieder nach Problemen beim Gucken. Ob Pit Doppelbilder sieht. Ich bin mir nicht sicher, und eigentlich trifft Pit zielgenau, was er greifen möchte, und auch beim Fernsehen klagt er nicht über Beschwerden. Vor Pittis Augen bewegt der Doktor einen Kugelschreiber und fragt immer wieder, wie viele Stifte Pit sieht. Er hält ihn vor Pits Nase: *einen Stift.* Hält ihn rechts davon: *einen.* Hält ihn noch weiter rechts: *einen.* Nimmt ihn wieder in die Mitte: *einen.* Führt ihn nach links: *einen.* Nun nervt es Pit schon sichtlich und er fühlt sich veralbert. Als Dr. A. ein weiteres Mal fragt, sagt mein Rübchen: *fünf!* Wir müssen alle lachen.

Doch dann soll Blut abgenommen werden. Das müsse wegen der Tabletten nun regelmäßig sein. Wöchentlich nur ein kleines Blutbild mit einem Fingerpiks. Und jeden Monat ein großes Blutbild aus der Vene. Nun weint mein Kind wieder und wehrt sich mit aller Kraft. Will seinen Arm nicht hingeben. Ich halte ihn fest, und Dr. A. klopft die kleinen Blutgefäße ab. Pit brüllt und windet sich. Bei all dem Gezappel trifft der Arzt sofort eine Vene im Handrücken, das Blut läuft prima, Nadel raus, Tupfer und Pflaster drauf. Fertig! Wir reden auf Pit ein, dass das doch super gelaufen und gar nicht so schlimm gewesen sei. Sein Blick sagt etwas anderes. Ja, denke ich, wir haben gut reden. Seine kleine Psyche schäumt über, das Trauma zeigt sich wieder. Und das nun jede Woche? Pit will schnellstens aus dem Zimmer raus und beobachtet auf dem Flur noch ein paar herumfahrende Jungs. Wir können noch einiges bereden.

Der Doktor gibt mir die Telefonnummer von der Familie des Jungen, der am gleichen Tumor starb, den Pit hat. Und wir sprechen kurz über ein Protokoll, von welchem ich übers Internet erfuhr. Nach diesem werden momentan ein paar an ATRT erkrankte Kinder mit einer bestimmten Chemotherapie und Bestrahlungen behandelt. Dr. A. klärt mich auf, dass die Tumore bei diesen Kindern noch nicht ausgesät haben. Bei Metastasen sei nach dem aktuellen Stand der Forschung leider keine Heilungschance gegeben. Und länger als zwei Jahre habe auch wohl noch kein Kind überlebt. Wenn wir es als Eltern aber wünschten, dann werde er Pit selbstverständlich danach behandeln. Das würde wochenlange Krankenhausaufenthalte bedeuten über mindestens ein Jahr hinweg. Und es wäre mit schlimmsten Nebenwirkungen zu rechnen, die bisher nicht alle Kinder überlebten. Ich bin dankbar, dass er mir gegenüber doch so ehrlich ist, und weiß, dass wir das unserem Kind nicht antun. Wir würden seine Lebenszeit wahrscheinlich nur geringfügig verlängern. Gewinnen vielleicht bestenfalls zwei Jahre und opfern dafür eines den Krankenhäusern. Also bliebe nur ein Jahr mit einer gewissen Lebensqualität, wenn alles gut läuft. Und dieser ständige Wechsel zwischen Angst und Hoffnung. Nein. Wir möchten Pit lieber ein paar Wochen Freude und Zufriedenheit schenken. Werden ihn auf seinem letzten Weg begleiten, ihn lieb haben und versuchen, ihm keine Angst vor dem Tod zu machen. Ja, wir hören auf unser Bauchgefühl.

Wie nüchtern ich hier mit dem Arzt über Pitchens Lebenszeit sprechen kann! Ich bin regelrecht erschrocken. Ich komme mir so hartherzig und berechnend vor und schäme mich dafür. Ich muss nicht einmal weinen. Wie kann das sein?

Draußen wartet schon der Fahrer mit Pitchen. Wir essen wieder bei McDonald's und sind gegen 19.30 Uhr endlich zu Hause. Tim spielt noch etwas mit Pit und kuschelt mit ihm vor dem Einschlafen. Als beide friedlich träumen, erzähle ich Sven von dem Protokoll und bin froh, dass er es genauso sieht. Wir würden unser Kindlein so gerne behalten! Aber nicht gegen jede Vernunft. Damit wir Pit noch etwas länger haben, würden wir ihn quälen müssen. Natürlich möchte er leben! Aber er möchte sich doch wenigstens wohlfühlen, damit das Leben auch Spaß macht. Was aber, wenn diese Chemo doch anschlagen würde? Nehmen wir Pit nicht diese winzigste Chance? Und wenn er es aber nach qualvollen Monaten, zu denen wir ihn zwingen müssten, weil er ja nicht ins Krankenhaus will, doch nicht schafft? Das würden wir uns nie verzeihen können. Ja, wir bleiben dabei. Wir gehen den Weg außerhalb der Kliniken und hoffen, dass er der richtige für unser Söhnchen ist.

Dritte Septemberwoche

Am Dienstag fällt Pit beim Spazierengehen ein, dass wir eigentlich am Kindergarten vorbeischieben können. Endlich verlangt er wieder nach seinen Freunden. Die kleinen Wichtel und Erzieherinnen freuen sich wirklich. Pitchen wird fröhlich empfangen, geherzt und eingeladen, morgen richtig mitzuspielen.

Am Nachmittag sind Oma Hilli und Opa Peter wieder bei uns. Es wird natürlich leckerer Apfelkuchen ausgepackt, der mit großem Appetit verputzt wird. Tim und Pit erzählen, dass wir schon bald Urlaub im Center Park machen, und wir sind froh, bei Svens Eltern keine Ablehnung zu spüren.

Unsere beiden Kinder kuscheln viel auf der Couch und im Bett. Pit findet Schmusen wieder richtig schön. *Komm, wir schmuseln,* bettelt er dann zuckersüß. Und er drückt Papa, Tim und mir wieder seine herzlichen Küsse auf den Mund: nimmt unseren Kopf in beide Hände, zieht ihn zu sich, manchmal auch derb liebevoll an den Ohren, und knutscht drauflos. Besondere Freude macht es Pitchen, wenn er uns im letzten Moment noch seine kleine Zunge zwischen die Lippen schiebt. Und je mehr wir uns schütteln, desto lustiger findet er das.

Beim Zubettbringen merke ich beglückt, dass Pit wieder nach Pit duftet. Wir haben ihn jetzt ganz zurück!

Am Mittwoch möchte Pit nach dem Wachwerden oben im Kinderzimmer noch etwas mit den Dinos spielen. Ich darf in dieser Zeit schon mal Wäsche und das Frühstück machen. Plötzlich sitzt er vor mir auf dem Küchenboden. Stolz wie Oskar prahlt er, er sei alleine die Treppe runtergekommen. Auf dem Po von Stufe zu Stufe gerutscht. Ich kann mein Glück gar nicht in Worte fassen, und meine Freudentränen nimmt er mir ab.

Im Kindergarten erwarten uns Pits kleine Freunde schon. *Hurra,*

Pitti ist da. Pitti! Pitti! Pitti!, ruft die kleine Schar. Mein Rübchen wippt, buddelt, lacht und stänkert mit den Kindern, als wäre es nie anders gewesen. Als ein Mädchen ihn fragt, warum er denn so lange nicht hier war, antwortet er: *Ich war krank, weil ich Krebs habe.* Den Erziehern und mir stehen sofort Tränen in den Augen. Wir sind tief erschüttert. Doch die Kinder nehmen all das so hin, ohne weiter nachzubohren, ohne entsetzt zu sein und Pitchen zu bedauern. Es ist einfach so.

Und mir wird klar, dass Kinder noch ein so tiefes Vertrauen in das Schicksal haben und glauben, dass immer alles wieder gut wird. Egal, was das am Ende bedeutet. Sie haben noch nicht diese negativen Erfahrungen und die Weitsicht auf die Dinge, was sie letztlich vor der Angst um das Leben an sich schützt. Was würde ich darum geben, diese Naivität zurückzugewinnen. Uns Erwachsenen steht unser Wissen zu oft im Wege. Wir hinterfragen immer und ewig, warum die Dinge so und nicht anders sind. Fragen uns, warum gerade uns das Schicksal so furchtbar trifft und nicht die anderen. Ich glaube nicht, dass Pit jemals diese Frage stellen wird.

Obwohl wir keinen Kindergartenbeitrag mehr bezahlen, dürfen wir immer mal wieder kommen, wenn wir möchten. Zunächst wollen wir einmal in der Woche zu den Kindern gehen. Es tut uns beiden gut.

Nach dem Mittagsschlaf holen Oma Elvi und Opa Wolfgang ihr Pitchen ab. Sie haben eine Überraschung für ihn: Karten fürs Puppentheater. Und wenn er sich insgesamt wohlfühlt, dann darf er auch bei ihnen schlafen. Pit jubelt. Auch ich freue mich, dass meine Eltern den Mut haben, mit ihm wieder ganz normal umzugehen. Ich bin aber auch ziemlich aufgeregt und muss mich zwingen loszulassen.

Abends trauen Sven und ich uns dann, die Familie anzurufen, die ihren kleinen Jungen durch den atypischen teratoid-rhabdoiden Tumor verlor. Der Vater erzählt uns, dass der Kleine noch kein Jahr alt war, als der ATRT zuschlug. Etwa neun Monate dauerte sein Leidensweg. Irgendwann brachen die Eltern die Therapie ab, weil sie nichts bewirkte und die Nebenwirkungen nicht zu ertragen waren. Mit anderthalb Jahren starb der Kleine. Sein Tumor war *nicht* metastasiert. Das macht uns schon sehr zu schaffen! So wenig Zeit.

Lange liege ich noch wach und denke hin und her. Auch fehlt mir Pitchen. Seit Wochen habe ich meistens die Nächte an seiner Seite verbracht. Nun höre ich sein Geschnuffel nicht. Er hat so eine besondere Art zu atmen. Holt immer leicht und regelmäßig Luft, doch in bestimmten Abständen atmet er ganz tief ein und vor sich hinseufzend wieder aus. Und jetzt ist es eben still neben mir. Sven würde mir seine Nähe auch gerne schenken, doch ich kann ihn so richtig körperlich nicht an mich heranlassen. Ich kann es einfach nicht, obwohl ich weiß, dass er sich nach mir sehnt. Sven versichert mir, dass er mich versteht, und doch tut er mir sehr leid.

Meine Eltern haben mit Pit einen tollen Nachmittag und eine ruhige Nacht verbracht und möchten ihn gerne noch den ganzen Donnerstag bei sich haben. Ich arbeite meinen Papierkram auf und spiele mit Timmi nachmittags Tischtennis. Er ist schon richtig gut geworden und freut sich, mich heute für sich alleine zu haben.

Morgen hat Papa Geburtstag. Wir bereiten noch etwas vor, kaufen ein und freuen uns, weil nicht nur die Eltern kommen, sondern auch Svens Geschwister.

Pitchen erzählt fröhlich von seinen Stunden bei Oma und Opa, als sie ihn zurückbringen. Nun haben sie auch keine Angst mehr, mit ihm allein zu sein. Doch sie sehen erschöpft aus und bedrückt, weil er manchmal wohl so furchtbar traurig guckt und es ihnen dann das Herz zerreißt. Wir fragen uns, wie viel er von sich weiß und ob er wirklich immer das fühlt, was er uns zeigt. Wieder liegen Freude und Traurigkeit so eng beieinander.

Nun ist Freitag, der 17. September. Sven ist vor 40 Jahren auf die Welt gekommen. Was soll ich ihm in so einer Zeit für das neue Lebensjahr wünschen? Es ist mir noch nie so schwergefallen, eine Geburtstagskarte zu schreiben, und ich muss mich bemühen, sie nicht mit meinen Tränen vollzukleckern. Doch mein Mann freut sich, als er sie liest und gibt sich tapfer, als er zur Arbeit fährt.

Mit Pitchen habe ich heute den ersten Badetag im Reha-Becken des Kreiskrankenhauses. Er planscht ausgelassen im schönen warmen Wasser. Braucht Schwimmflügel und einen Schwimmring, weil er wegen seiner Lähmung noch untergeht. Mit Wasser spritzen, Bälle werfen, zappeln, zaghafte erste Schwimmversuche, der Therapeutin lachend die Frisur verderben – alles ist dabei. Und er ist wirklich enttäuscht, als die Stunde vorbei ist. Dabei haben wir alle schon richtig schrumpelige Finger. Und wir beide wollen mit Papa doch auch noch feiern. Weil er sich darauf schon sehr freut, möchte er dann auch flugs nach Hause.

Am Nachmittag sitzen wir zu zwölft an unserer großen Gartentafel, lassen uns Kuchen und Kaffee oder Kakao schmecken und sind bei strahlender Herbstsonne alle fröhlich. Tim und Pit werfen auf der Decke „Fangeball", und sie versuchen, Fußball zu spielen. An beiden Händen von Opa Wolfgang gehalten, trifft Pitchen den Ball auch schon gut. Es macht Spaß, den dreien zuzusehen.

Als wir spazieren gehen, lässt sich Pitti von jedem mal schieben und quietscht vor Vergnügen, wenn er mit einem kräftigen Stoß angeschubst wird und meterweise davonrollt.

Später ist es noch so schön, dass wir draußen Abendbrot essen. Über Nacht bleiben nur noch Svens Schwester Karsta, sein Bruder Ole mit Annette und Tochter Romy. Wir hatten ja noch gar keine Gelegenheit, unter uns über all die Geschehnisse richtig zu sprechen. So gehen die Stunden hin mit Weinen und Lachen, mit Zuspruch, Bedenken und sich gegenseitig Mut machen. Auch Pit und Tim sind noch lange auf und schenken uns eine ruhige, vor allem lange Nacht, sodass wir alle ausschlafen können.

Auch das gemeinsame Frühstück am Samstag ist rundherum schön. Pitchen vertieft sich mit Karsta in sein dickes Tierbuch. Für solche Bücher begeistert er sich schon lange. Und besonders interessiert ihn die Seite mit einem dicken blauen Krebs. Immer wieder guckt er sich den an und möchte alles darüber wissen.

Sven lässt sich dann wie geplant von seinen Geschwistern mitnehmen. Er freut sich schon so lange auf das Treffen seiner früheren Volleyball-Mitstreiter und wird erst morgen zurückkommen.

Da trifft es sich gut, dass Katja die Kinder und mich für den Nachmittag zum Grillen einlädt. Tim und ich schieben und schubsen unser vor Freude glucksendes Pitchen abwechselnd und kommen gut gelaunt bei unseren Freunden an. Katjas Tochter Franka und Timmi beschäftigen sich geduldig mit unserem Schnuffelchen: Fußball spielen, Ball werfen und fangen, Kullern auf der Decke. Und es gibt aus eigener Ernte die wohl leckersten Pfirsiche, die meine Kinder je gegessen haben. Und plötzlich krabbelt Pit vor unser aller Augen über den Rasen dem Ball hinterher. Na so was! Er scheint es selbst nicht einmal zu bemerken. Es kommt ganz von allein, und ich bin beseelt. Als Franka die Stelzen holt, sind auch wir Eltern nicht mehr zu bremsen und erproben unser Geschick zur Erheiterung unserer Kinder. Michael bestückt den Grill, wir lassen uns toll bedienen und werden dann von den dreien im Mondschein nach Hause gebracht. So ein schöner Tag! Wir sind rundherum zufrieden.

Sonntagmorgen bereiten wir gemeinsam das Frühstück vor. Pitchen wünscht sich Cornflakes, rutscht auf dem Hosenboden durch die Küche, guckt die Speisekammertür hoch und überlegt. Ich ermuntere ihn, sich hinzuknien und an der Tür aufzurichten, bis er die Klinke fassen kann. So kommt er tatsächlich an den Drücker, öffnet die Tür und sitzt stolz vor den Cornflakes. Immer weitere Erfolge! Es ist wundervoll!

Nachmittags kommt Sven vom Treffen zurück, und uns besuchen Bine und Willi, liebe Freunde aus der Ferne. Bisher konnten wir nur telefonieren und liegen uns ergriffen erstmals seit Pitchens Erkrankung in den Armen. Beide sind sichtlich erleichtert, dass es ihm so gut geht. Eigentlich sieht man ihm nicht an, dass er krank ist. Zum Kakao löffelt er sogar seinen Fruchtzwerg wieder alleine, weil seine rechte Hand das Becherchen festhält.

Wir gehen ein Stück durch den Wald, und Willi muss den Kindern wieder sein gefährliches Erlebnis mit dem Wildschwein schildern. Jedes Mal hängen sie an seinen Lippen, wenn er so bunt von dem angriffslustigen Keiler und seinen eigenen Verletzungen erzählt. Pitchen ist so aufgeregt und von der Geschichte mitgerissen, dass er Willis Hand loslässt und ein paar Schritte alleine läuft, bis er über sich selbst erschrocken wieder nach einer Hand greift. Was wir ihn loben! Es ist einfach überwältigend. Fast möchten wir glauben, dass er wieder ganz gesund wird.

Wir spielen dann zu Hause noch etwas Tischtennis. Auch Pitchen möchte es versuchen und freut sich juchzend, wenn er mit der Kelle in der linken Hand den kleinen Ball trifft.

Bine und Willi fahren trotz aller Freude bedrückt wieder ab. Sie halten mühsam ihre Tränen zurück, weil sie nicht wissen, ob sie Pitchen noch einmal sehen werden. Bine lässt uns noch eine Telefonnummer da von einem „Geistheiler“, der schon vielen Menschen helfen konnte.

In der Nacht träumt Pit wohl von dem dicken Krebs. Jedenfalls ist er irgendwann wach und fragt mich danach. Ich möchte ihm bitte das Buch holen. Wir schauen uns das Tier noch einmal an. Ich lese ihm vor, was er schon so oft gehört hat, und er möchte gerne wissen: *Mama, ist so ein Tier in mir drin?* Ich weiß zuerst gar nicht, was er meint: *Wieso ein Krebs? – Na, weil ich doch Krebs habe.* Ich bin ziemlich erschrocken und sprachlos und finde nicht einmal eine Erklärung: *Nein, Pitchen, so ein Tier steckt nicht in dir drin. Die Krankheit heißt nur so. Und ich weiß auch nicht, warum. Das hat sich wohl irgendein Mensch ausgedacht.* Damit ist Pitti zufrieden, ganz schnell schläft er wieder ein. Ich bin heilfroh, dass er nicht weiterfragt. Hätte ich ihm erklären sollen, dass sich seine Krankheit wie ein Tier durch seinen Kopf und immer weiter frisst? Ich hätte Pitchen doch damit gewiss furchtbare Angst gemacht.

Ich betrachte ihn in seinem Schlaf und denke über Bezeichnungen und Bedeutungen nach und wie leicht es eigentlich daher zu Missverständnissen kommt. Wie einfach es ist und wie kompliziert: Ein Krebs ist ein Krebs, oder doch nicht? Pitchen ist sogar im Sternzeichen Krebs geboren. Welche Ironie des Schicksals.

Erlebnisse

Vierte Septemberwoche

Es ist schon wieder Montag, und wir müssen nachher nach Berlin fahren. Ich kündige Pit das gleich nach dem Aufwachen an. Natürlich gibt es Tränen, die aber beim Frühstück tapfer hinuntergeschluckt werden. Dann macht Pitchen Frühsport mit mir und möchte noch nach draußen gehen. *Nein, Mama, die Karre bleibt hier,* sagt er entschlossen, nimmt meine Hand und stiefelt von Nelly und Pfötchen umsprungen fröhlich los. Die ganze kleine Waldrunde hält er durch, schnatternd und sich für alles um ihn herum interessierend. Es ist großartig: Laufen an nur einer Hand ist schon gar kein Problem mehr.

Um 12 Uhr wartet das Taxi wieder, und auch Oma Elvi klingelt, denn sie begleitet uns heute. Oma soll bitte hinten sitzen, wünscht sich Pit, und die Unterhaltung übernehmen. Der kleine Kassettenrekorder ist auch dabei, so laufen die Geschichten von selbst.

Heute soll er seine Hand hingeben zum Fingerpiks. Mein Rübchen ist außer sich, und dass die Tapferkeit der anderen Kinder gelobt wird, ist ihm völlig egal. Dr. A. ist krank und kann also nicht helfen. Die junge Ärztin, die ihn vertritt, ist sehr nett, kommt aber auch nicht an Pitchen ran. Erst eine zweite Schwester packt resolut mit an, und dann tropft Blut aus der Fingerkuppe in das kleine Röhrchen. Pit ist wütend und will das nie wieder zulassen!

Mutti ist entsetzt, weil sie Pit so überhaupt nicht kennt. Wie sich durch einschneidende Erlebnisse ein Menschlein so verändern kann: Pit hat bis zum Sommer nie so ein Geschrei beim Arzt veranstaltet. Egal, ob eine Impfung an der Reihe war oder er sich den Kopf aufschlug und die Platzwunde genäht werden musste, er war tapfer und weinte überhaupt nicht. Über einen solchen Fingerpiks hätte er noch vor zwei Monaten gelacht.

Wir dürfen dann auch gleich wieder fahren, essen wie üblich bei McDonald's, worauf Pit sich schon immer freut. Bereits gegen sechs Uhr sind wir heute daheim. Für Tim haben wir Chicken McNuggets mitgebracht, die auch er so heiß und innig liebt.

Am Abend regnet es endlich. Wochenlang war es staubtrocken.

Die ganze Nacht prasselt es aufs Dach. Und obwohl es pitschnass draußen ist, möchte Pitchen nach dem Frühstück mit mir Pilze sammeln. Er hat gestern in der Zeitung eine Abbildung von einem Steinpilz gesehen, und nun möchte er auch so einen finden.

In Gummistiefeln und Regenjacken kämpfen wir uns durch den Wald. Pit geht an meiner Hand. Es ist überaus windig, und es reißt uns manchmal die Kapuze von den Köpfen. Wir fühlen uns, als würden wir uns durch wirkliche Wildnis quälen. Hin und wieder regnet es heftig, und wir kauern uns ins Dickicht, tun so, als ob wir Gespenster und Wildschweine sehen würden, und haben bei all dem einen Riesenspaß. Fast zwei Stunden gucken wir uns die Augen aus und haben zum Schluss nur drei matschige Pilze im Korb. Als wir aus dem Wald auf den Feldweg treten, erfasst eine Windböe unseren Korb und schleudert ihn meterweit durch die Luft. So sind auch die drei Pilze verloren, aber Pit kugelt sich vor Lachen. Wir sehen beide selbst aus wie die Wildschweine, so voller Dreck, zerzaust und nass, und gehen fröhlich die paar hundert Meter nach Hause. Ab in die Wanne und aufwärmen,

Mittagessen und *was Weißes, was gesund ist* trinken. Das sagt Pitchen immer zu Milch.

Nach dem Mittagsschlaf kommen Svens Eltern. Sie fahren heute mit Tim und Pit zum Angeln. Schön warm und regenfest angezogen gibt es wohl wirklich kein schlechtes Wetter.

Sie bringen auch einen ordentlichen Fang mit nach Hause und hatten einen frohen Nachmittag zusammen. Svens Mutti kommt mit ihrer Taubheit inzwischen ganz gut zurecht und kann schon von den Lippen ablesen.

Abends rufen Sven und ich bei dem Heiler an. Er macht einen freundlichen Eindruck und meint, Pit helfen zu können. Eine Heilung könne er allerdings nicht versprechen. Ende Oktober werde er ihn behandeln können, denn zu der Zeit sei er auf Rügen und sonst viel unterwegs. Er empfiehlt eine bestimmte Vorbereitung bei einer Physiotherapeutin seines Vertrauens, die sogar in unserer Nähe wohnt. Ja, wir werden es versuchen, denn das tut Pitchen nicht weh! Vielleicht ist es eine Alternative, und wir können Pit damit etwas helfen.

Im Internet lese ich über Herrn D. nur Gutes, und Kinder behandelt er in der Regel kostenlos, was wohl darauf hindeutet, dass er kein Scharlatan ist, wie es von solchen Menschen sonst gerne mal behauptet wird. Wir melden uns bei dieser Therapeutin an und haben für nächsten Dienstag den ersten Termin.

Der Mittwoch startet erstmals mit Gequengel wegen der Tabletten. Pitchen möchte sie nicht mehr nehmen. Die Zofran schon, denn die ist klein. Aber die VP16 ist so eine große Kapsel, dass ich selbst schon Probleme damit hätte. Ich muss ab heute all meine Überzeugungskünste einsetzen, um ihn zum Schlucken zu bewegen und nehme aus Solidarität Vitamintabletten vor seinen Augen ein. Künftig werden wir also gemeinsam schlucken. Noch verträgt Pit die Chemo sehr gut. Manchmal zwickt der Bauch, und seine Haarstruktur verändert sich. Die Haare fallen zwar nicht aus, aber sie wirken fusselig und brüchig. Sonst sind wir damit eigentlich zufrieden.

Heute wird im Reha-Becken wieder geplanscht. Durchs Fenster guckt uns eine ganze Schar Krankenschwestern zu: Pit hat sich schon in viele Herzen geschlichen. Und ich selbst kenne etliche Mitarbeiter der Klinik, denn vor zwei Jahren waren Schüler aus meinem Kunst-

Leistungskurs mit mir hier für eine Woche Gast: Wir haben die Kinderstation farbig gestaltet. Dass mein Pitchen so schwer krank ist, hat sich schnell herumgesprochen, doch nun freut man sich mit uns, weil es ihm im Moment so prima geht.

Pit jauchzt durch das Wasser und bewegt sich wie ein Fisch. Er übt, Bälle mit beiden Händen zu werfen, schwimmt zappelnd, und ich erinnere mich, dass wir im Urlaub planten, Pit für den Frühling bei einem Schwimmkurs anzumelden, damit er es wie Timmi kann, wenn er ein Schulkind ist. Und nun bangen wir, dass er Weihnachten noch hat! Pitchen würde noch so vieles erleben wollen! Ich bin dankbar für alles, was er seiner Krankheit noch so abringt, und weiß, dass es doch viel zu wenig ist.

Die Therapeutin und ich möchten ihn spielerisch dazu bringen, den Schwimmring abzulegen und nur mit den Armflügeln zu baden, doch davor hat er Angst. Wehrt sich, weint und schenkt uns kein Vertrauen. Bei Druck wird er wütend, und so belassen wir es bei seinem Vergnügen. Warum auch nicht? Ich möchte gerne auf ihn hören, so wie er auf seine Instinkte hört.

Zu heißen Vanillewaffeln sind wir am Nachmittag bei unserem Reitmädchen Janet und ihrem Freund eingeladen. Vorher kaufen Sven und ich mit den Kindern noch etwas im Supermarkt ein. Pitchen geht an meiner Hand und äugt Tim hinterher, der sich durch die Spielzeugregale träumt. Pit möchte auch dorthin, und ich ermuntere ihn, es alleine zu versuchen. Und tatsächlich, er läuft recht sicher auf Timmi zu, den ich schnell rufe, damit er Pit mit offenen Armen empfängt. Wir freuen uns und überhäufen ihn mit so viel Lob, dass er nur noch alleine gehen möchte.

Janet verwöhnt uns also mit leckeren Waffeln, und ihr Freund holt sogar sein altes Motorrad aus dem Schuppen und fährt mit den Kindern Runde um Runde durch den Garten. Was für ein Spaß!

Abends krabbelt Pit dann erstmals die Treppe wieder hoch. Er hat seine Selbstständigkeit fast wiedererlangt. Nie hätten wir damit gerechnet, als er so traumatisiert war und alle Freude am Leben verloren schien. Jetzt ist es nur noch schön! Und es gelingt mir zunehmend, mich darauf zu besinnen und die Angst um Pit zu verschließen.

Auch von den Pferden lassen Sven und ich uns gerne ablenken. Zumindest einmal in der Woche, meistens am Donnerstag, reiten wir gemein-

Unser Flugtag: Zurück auf der Erde

Mmmmhhh – wir kochen Kürbissuppe

sam aus, wenn meine Eltern für Pit den heiß geliebten Oma-Opa-Tag einlegen und sich auch um Tims Tischtennistraining kümmern. Meine Eltern sind nun auch nicht mehr täglich bei uns. Unser Leben normalisiert sich etwas.

So richtig in Tränen aufgelöst bin ich meist einmal am Ende der Woche, wenn ich all die aufgestaute Furcht und die Vorahnungen um Pits Sterben bewältige. Dann renne ich wieder durch den Wald, als ginge es um mein Leben, und kann alles herauslassen, was mich bedrückt. Ohne die Lauferei würde ich es nicht aushalten. Andrea begleitet mich oft und hält meine Stimmungen geduldig aus. Sven kann sich in der Firma gut von der Angst um Pitchen befreien. Er kommt für ein paar Stunden fern von zu Hause auf andere Gedanken, weil er sich auf andere Aufgaben konzentrieren muss.

Das letzte Septemberwochenende wird aufregend! Am Samstagnachmittag fliegen wir endlich! Vier Familien – 14 Leute. Was sind wir alle aufgeregt. Mein Magen rutscht mir in die Hose, denn diesem kleinen Flugzeug kann ich beim besten Willen kein Vertrauen entgegenbringen.

Doch Kinder und Eltern kommen strahlend und mit gesunder Gesichtsfarbe wieder vom Himmel und wollen sich kaputtlachen über mich mit meiner Flugangst. Oben bin ich dann doch überwältigt vom Anblick unserer schönen Welt. *Da! Und da! Guck mal dort! Andere Seite!* Wir bestaunen die kleinen Elbeschiffe, können das Haus von Oma und Opa sehen, erspähen die Schule und den Kindergarten, das Baggerloch, unseren Stall, sehen die Pferde als rotbraune Punkte auf der Weide und Nelly als klitzekleines Pünktchen vor unserem Haus. Pit und Tim finden es absolut großartig und würden gerne noch länger in der Luft bleiben, doch die halbe Stunde ist schnell um, und wir setzen zur Landung an.

Später grillen wir noch am Flugplatz alle zusammen, lassen Drachen steigen, sind selig und ganz erfüllt von unseren Eindrücken. Die großen Kinder spielen alle gemeinsam, und Konrad findet in Pitchen seinen alten Kumpel wieder.

Für Sonntag haben wir zum Abend Andrea und Heike mit ihren Männern eingeladen. Es soll „unsere“ leckere Kürbissuppe geben. Das ist schon fast Tradition. Sven werkelt noch im Stall herum, und mir helfen die Kinder beim Kochen. Timmi schält zum ersten Mal in seinem Leben Kartoffeln und wundert sich schon nach zwei gescheiterten Versuchen, wie Eltern es schaffen, immer pünktlich das Essen auf dem Tisch zu haben. So möchte er dann doch lieber Zwiebeln würfeln, was uns noch mehr belustigt. Pitchen schnippelt Fleischwurst. Mit der rechten Hand hält er sie fest und schneidet mit der linken dicke Scheiben ab, die ja dann noch gewürfelt werden. Es ist so süß, wie sich beide fürchterlich anstrengen, ihre Arbeit gut zu machen. Ich höhle derweil den riesigen Kürbis aus, und mein Herz jubelt unentwegt. Abends löffeln wir genüsslich die herbstliche Suppe aus und beenden die Woche noch mit einer schönen geselligen Stunde.

Hoffnung

Letzte Septembertage / Erste Oktobertage

Schon seit Freitag fragt Pit immer mal ängstlich, wann wieder Montag ist und wir nach Berlin fahren. Zum Glück lässt er sich dann schnell ablenken. Aber heute ist es eben wieder so weit. Pit bittet Opa Wolfgang, mit uns zu kommen. Und Opa willigt natürlich ein.

Es regnet. So gehen wir vorher nur kurz spazieren und spielen danach mit den kleinen Dinos aus Hartgummi. Schnell noch Spiegelei mit Spinat und Kartoffelbrei essen, und dann geht es los.

Schon im Taxi sagt uns Pitchen, dass er sich heute aber nicht piksen lässt. Das fängt ja gut an!

In der Klinik müssen wir wieder lange warten. Wir düsen erst mit den Fahrzeugen durch die Flure, doch dann erregt eine Psychologin

Pittis Aufmerksamkeit, besser gesagt ihre Handpuppe „Luchsi". Ein Plüschluchs, in den die Frau ihre Hand steckt und den sie durch Sprache und Bewegung zum Leben erweckt. Er gefällt Pit so gut, dass er spontan mit ihm sprechen und spielen möchte. Ich bin richtig verblüfft, denn eigentlich liebt er außer seiner Kuschelmaus kein Plüschtier. Zwischendrin kann ich Frau D. auch kurz Pits Geschichte erzählen, damit sie im Bilde ist. Sie ist wirklich betroffen und spielt es nicht nur, obgleich sie bestimmt schon sehr viele Krebskinder kennenlernte. Dann sind auch wir endlich dran.

Dr. A. untersucht mein Kindchen gründlich und ist über Pits Entwicklung hocherfreut. Ich spreche den Geistheiler an und bin überrascht, nicht belächelt zu werden. Es gebe Dinge zwischen Himmel und Erde, die man sich rational nicht erklären könne. Er selbst habe schon kleine „Wunder" erlebt und von großen gehört, die es eigentlich gar nicht geben dürfte, und als überzeugter Christ verschließe er sich dem nicht. Eine große Last fällt von mir ab, ich hätte das wirklich nicht erwartet und fühle mich verstanden.

Was Pit allerdings nicht versteht, ist, dass eine Schwester nun wieder Blut von ihm will, obwohl er das nicht möchte. Er weigert sich hartnäckig. Opa, Dr. A., die Schwester und ich reden auf ihn ein. Ich bin froh, dass Pit nicht einfach gegriffen und gezwungen wird. Man möchte ihn überzeugen. Das Geschrei im Behandlungszimmer lockt Luchsi und Frau D. an. Nun wird unserem Rübchen der Rücken gestärkt: *Nein, wenn Pit das nicht möchte, dann sollten wir das akzeptieren!* Es sei nicht gut, ihm mit Zwang zu begegnen, meint sie nachdrücklich. Ein Kompromiss muss her! Weil wir nächste Woche doch im Urlaub sind, kommen wir erst in 14 Tagen wieder. Und Pitti willigt ein, beim nächsten Mal den Arm ohne Theater hinzuhalten. Ich freue mich richtig: Jemand in diesem Karussell versteht nicht nur mich, sondern auch mein Kind!

Draußen auf dem Flur möchte ich unbedingt noch mit der Psychologin reden. Pit ist stolz: Er darf so lange Luchsi in seine Obhut nehmen. Frau D. hält mein Pitchen für sehr stark und absolut wissend um sich und seine baldige Zukunft. Sie legt mir ans Herz, weiterhin auf ihn und auf unser Bauchgefühl zu hören. Sie findet unseren Weg gut. Es sei wirklich ungewöhnlich, meint sie, und deutet meinen fragenden Blick richtig. Sie kenne nur wenige Eltern, die eine komplette Chemotherapie von Anfang an ablehnen, obwohl das oft der bessere Weg für die kleinen Patienten wäre. Ob das Kind nun eine 20-prozentige oder zweiprozentige Chance habe, zähle dabei nicht. In der Regel könnten die Eltern nicht loslassen, wollten sich nicht geschlagen geben, wollten ihr Kind nicht hergeben. Jede noch so winzige Chance würden die meisten Eltern ergreifen, nicht erkennend, dass das Kind dabei übersehen werde und es sich auf diesen meist aussichtslosen Kampf oft nur für die Eltern einlasse. Man solle dem kranken Kind gegenüber unbedingt ehrlich sein, das sei ihre Erfahrung, sagt mir Frau D. Nur dann kann es seine letzte Zeit noch auskosten und vor allem zufrieden Abschied nehmen im Bewusstsein, dass die geliebten Eltern daran nicht zerbrechen.

Mir laufen die Tränen übers Gesicht: *Heißt das nicht, dass wir Pit einfach aufgeben?* Frau D. nimmt meine Hand: *Nein, das bedeutet, Sie stärken ihn für seinen letzten Gang. Sie sind stark für ihn.* Sie verabschiedet sich herzlich, will uns in 14 Tagen wieder unterstützen und Pit mit Luchsi spielen lassen.

Verstohlen wische ich mir die Tropfen von der Nase und gucke über den Flur: Opa und Pitchen spielen mit dem Luchs. Ich weiß, dass mein Vater es überhaupt nicht glaubt, dass wir Pit verlieren. Die Freude von Dr. A. über Pittis Wohlbefinden deutet Vati als einen Beweis, dass es seinem Enkelchen immer besser gehen wird. Vielleicht ist diese Hoffnung aber auch ein großes Geschenk. Ob man dann nicht so viel grübelt und sich weniger ängstigt? Die Hoffnung stirbt zuletzt! Warum nur habe ich so wenig davon?

Über das Abendessen bei McDonald's freut sich Pitchen noch immer. Und so sind wir wieder recht spät zu Hause. Es ist um 19 Uhr schon stockfinster und wird zusehends kälter. In einer Woche sind wir schon in Holland. Hoffentlich haben wir noch schönes Wetter!

Ich freue mich, Sven von der Psychologin berichten zu können. Wir denken noch lange über ihre Worte nach. Wenn wir doch nur wüssten, ob wir das alles so richtig machen! Niemand kann uns die Entscheidungen abnehmen. Aber wird man nicht trotzdem über uns urteilen?

Am Dienstag bekomme ich einen Anruf von Frau K. von „Kinderträume e.V.": Wir werden am ersten Novemberwochenende zum Dinopark fahren! Sie schickt uns in ein paar Tagen alle Unterlagen zu. Ich bin so froh, dass alles bestens klappt. Sie übernimmt auch die gesamte Organisation, und wir brauchen überhaupt nichts zu bezahlen: Benzinkosten, Eintritt, Essen, Übernachtung – alles frei. Dass es so etwas gibt … Wir unterhalten uns noch eine ganze Weile, während Pitchen „Findet Nemo" guckt. Ein regionaler Radiosender hat vor Weihnachten einen Spendenaufruf für den Verein geplant, und Frau K. fragt, ob Pit vielleicht interviewt werden dürfe. Natürlich! Ich habe überhaupt nichts dagegen, und Pit geht es prima. Das wird er schon machen, fühle ich! Der Sender werde sich bei mir melden. Und wir werden miteinander noch oft telefonieren, denn wir sind uns sympathisch.

Ich kann es gar nicht erwarten, Pitchen von den Dinos zu erzählen: *Weißt du was, Schatz?* Und ich mache große Augen: *Wir fahren bald in einen Park und gucken uns dort richtig große Dinosaurier an. Die sind so groß, dass du darunter durchkriechen kannst! Einen ganzen Nachmittag verbringen wir dort.* Und Pitti strahlt: *Wirklich? Solche wie Timmi schon mal gesehen hat?* Mit Tim war ich im vergangenen Jahr in Klein Welka. Auch dort können Dinos bestaunt werden. Pitchen war damals nicht mit. Er machte gerade ein paar Tage „Urlaub" bei Oma Elvi und Opa Wolfgang. Doch als er seinen Bruder von den Dinos schwärmen hörte, war er doch sehr neidisch. *Ja, Pitchen, genau solche. Mehr als hundert Dinos stehen in diesem Tierpark.* Er staunt und will wissen, ob die denn noch leben. Und so sind wir mittendrin in der Geschichte dieser Giganten, gucken sein Buch an, ich lese vor. Dann möchte er Dinobilder malen. Wie immer zeichne ich die Umrisse, und er möchte sie dann ausmalen: *Mami, du malst bitte einen Langhals, einen Scharfzahn, einen Keulenschwanz und noch Dinobabys dazu. Hier noch bitte ein Eiernest. Ja, so ist es gut.* Leider hat er nicht allzu lange Geduld, denn mit der linken Hand kann er feinmotorisch noch nicht richtig umgehen, und die rechte kann den Stift einfach nicht führen. Aber immerhin hat er wieder Lust dazu. Seit zwei Monaten mochte er nicht mehr malen.

Nachmittags will Pitchen zum Stall. Eike, eines der Reitmädchen, holt gerade die Pferde von der Koppel und kommt zur gleichen Zeit mit den Rössern an unserem Haus vorbei. Pit freut sich und möchte zum Stall reiten. Merkur soll ihn tragen. Mit Schwung geht's auf dessen Rücken. Sich an der Mähne festhaltend, lässt er sich stolz den Weg entlangschaukeln. Ich greife vorsichtshalber in Pits Jacke, um ihn packen zu können, wenn er das Gleichgewicht verliert. Doch Pit hält sich prima und winkt Vanessa zu, die gerade im Sandkasten buddelt. Da möchte er dann auch hin, rutscht vom Pferd in meine Arme und geht allein zu Vanessa spielen. *Brauchst auch gar nicht mitkommen, Mama.* Für mich sind es immer neue Wunder.

Abends haben wir den Termin bei der Physiotherapeutin, die uns der Heiler empfahl. Pit ist misstrauisch, als wir ins Auto steigen, weil er nicht weiß, wohin die Reise geht. Dass wir seinetwegen unterwegs sind, ahnt er schon, doch wir können ihm nichts Konkretes sagen, weil wir auch nicht so recht wissen, was dort gemacht wird. Tim nehmen wir auch mit, sozusagen als moralische Unterstützung und damit sich Pit sicherer fühlt. Nach einer halben Stunde sind wir da.

Die Therapeutin lächelt uns bereits entgegen. Pit verkriecht sich hinter meinem Rücken und möchte nicht ins Haus. Wir versichern ihm alle, dass er nicht gepikst wird. Er werde nur liegen und Musik hören. Sven trägt Pitchen, und er lässt sich ohne Theater hinlegen. Papa, Tim und ich setzen uns um das Bett herum. *Ich werde dich nur berühren,* wird Pit beruhigt. Unsicher lächelt Pit uns zu, aber er lässt sich auf ihre Hände ein. Schöne Musik, gedämpftes Licht und Duftkerzen entspannen uns alle. Es ist eine Meditation. Aus dem CD-Player erfüllt eine warme Stimme den Raum und lädt Pit zu einer Reise durch seinen Körper ein. Wie mein Kindchen so daliegt! Mir treibt es vor Rührung die Tränen in die Augen. Mehr als eine halbe Stunde liegt Pit ganz still mit leicht geöffnetem Mund und hin und wieder etwas blinzelnden Augen. Er scheint die Hände dieser Frau richtig zu genießen. Eigentlich tun sie nichts. Sie verharren an einer bestimmten Position, wandern weiter, ruhen wieder. Bis die Reise durch den Körper zu Ende ist. Pitchens Hände und Füße sind ganz warm geworden. Er fühlt sich wohl und schläft zwischendurch sogar etwas ein. Jedenfalls schnarcht er manchmal leise vor sich hin. Das hier tut ihm gut und vor allem nicht weh!

Tim langweilt sich, doch er bleibt ruhig und stört niemanden. Sein Blick spricht aber Bände. Ich danke ihm im Stillen, dass er so lieb und verständnisvoll ist. Er weiß, er macht das für seinen kleinen Bruder.

Wir verabreden einen weiteren Termin für Freitag. Die Frau ist davon überzeugt, dass der Heiler helfen kann. Pit nimmt die Hände gut an und lässt sich darauf ein. Etwas anderes werde auch der Herr D. nicht machen, doch er habe sehr viel mehr heilende Energie. Sie erzählt mir von ihrer Tochter, die vor einigen Jahren ohne ihn an einer furchtbaren Stoffwechselkrankheit gestorben wäre. Herr D. habe sie geheilt! Das Mädchen sei jetzt völlig gesund. Ärzte hatten sie damals schon aufgegeben. Wir sollten es wirklich mit dieser Behandlung versuchen.

Zu Hause fühlen wir, dass wir jetzt wirklich Hoffnung in uns tragen. Mein Bauch sagt: *Macht das. Das ist gut für Pit.* Vielleicht geschieht das große Wunder ja auch für Pitchen. Es wäre so schön.

In den folgenden Tagen berichten wir unserer Familie und unseren Freunden von diesem Erlebnis und unserem nächsten Vorhaben bei dem Heiler. Sehr viel Skepsis spüren wir. Aber auch Verständnis wird uns entgegengebracht. Wir denken nun einmal alle sehr rational. Unsere Vernunft lässt dieses Wunderdenken nicht zu. Da Pit aber kostenfrei behandelt wird, und wir auf Rügen lediglich die Unterkunft bezahlen, hält man Herrn D. nicht für einen Betrüger. Daniela und Katja wollen ihrerseits im Internet über ihn recherchieren und sich ein Bild von ihm machen.

Am Mittwochvormittag planschen wir wieder im Wasser. Pitchens Bewegungen werden täglich flüssiger. Und seine rechte Hand kann beim Ballwerfen immer genauer zielen. Vom Baden kann Pit einfach nicht genug bekommen. Die Woche im Center Park mit dem Riesenbadeparadies wird bestimmt klasse.

Nachmittags kommt Pfarrer W. zu uns. Wir kennen uns von einigen Schülerprojekten, und seine Kinder hatte ich im Unterricht. Als die Familie von unserem Schicksal erfuhr, bat er um einen Besuch. Pit mag ihn sofort. Pfarrer W. hat eine sehr einfühlsame Art, die bei Kindern immer schnell das Eis bricht. Auch er hat eine Handpuppe, mit der er Pit zum Lachen bringt. Pitchen erzählt ihm vom Fliegen, von unseren Tieren, zeigt seine Lieblingsbücher. *Weißt du was? Wir fahren bald in den Urlaub zum Center Park. Und auch noch zu den großen Dinos!* Pfarrer W. geht prima auf Pit ein, doch entgehen ihm meine versteckten Tränen nicht. Es ist immer so, dass ich weinen muss, wenn ich mit Menschen zusammenkomme, die ich noch nicht sprechen konnte, seit Pit erkrankt ist. Zu unfassbar ist es und so schwer auszusprechen, was wirklich mit ihm passiert. Ich weiß, Pfarrer W. wird wieder nach uns sehen. Und ich weiß, dass ich ihn irgendwann um etwas bitten muss, was mir heute noch nicht über die Lippen kommt.

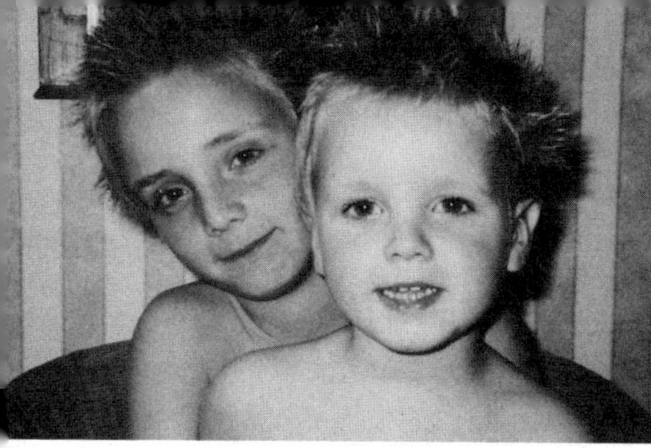

„Mama, stylst du uns?“

Familienglück in den „riesengroßen kleinen Ferien“

Am Donnerstag gehe ich mit Pitchen wieder zum Spielen in den Kindergarten. Pure Freude. Pit fällt unter den Kindern bis auf seine etwas verlangsamten Bewegungen gar nicht auf. Er buddelt im Sand, wippt auf den Schaukeltieren, lacht und zankt mit seinen kleinen Freunden wie immer.

Nachmittags fahren wir gemeinsam einkaufen: Papa, Tim, Pit und ich. Heute darf sich jedes Kind eine Kleinigkeit aussuchen. Wir haben Spendierhosen an. Pit wählt einen Hot Wheel, doch das Angebot ist groß, und bis er sich für eines dieser Miniautos entscheidet, trampeln wir schon ungeduldig herum. Tim hat einen Sammeltruck ins Auge gefasst. Wir machen unseren Wochenend- und Urlaubseinkauf und lassen den Tag ruhig ausklingen.

Am Freitag fällt leider unser morgendlicher Spaziergang aus, denn wir warten auf die Pflegebegutachterin, die sich angekündigt hat. Heute ist der 1. Oktober.

Die junge Ärztin ist sehr freundlich. Sie betrachtet Pit, untersucht ihn und möchte wissen, ob ich ihr Unterlagen zu seiner Erkrankung geben kann. Sie fragt mich dies und das, und ich höre heraus, dass sie nicht weiß, dass Pit Krebs hat. Also fange ich an zu erzählen. Ich bin froh, dass er gerade einen Tierfilm guckt und mein Weinen nicht bemerkt. Die Ärztin ist tief betroffen von Pits Geschichte und wird versuchen, für uns die Pflegestufe zwei durchzusetzen. Sie weiß, es wird bei dieser Diagnose nicht für lange sein …

Nachmittags hat Pit wieder eine Behandlung bei der Physiotherapeutin. Meine Mutti möchte sich das ansehen und kommt mit. Pitchen legt sich bereitwillig auf die Liege und lächelt uns an. Als er zufrieden und still wieder die Reise durch seinen Körper antritt, kullern bei Mutti die Tränen. Später erzählt sie mir, sie habe Pit daliegen sehen, als ob er … Ich weiß, was sie meint, und entgegne nichts, weil mir dabei auch schwer ums Herz ist und ich keine Ahnung habe, was ich Tröstendes sagen soll.

Abends schlafen Pit und Tim bei meinen Eltern, und Sven und ich gehen zu einer Polterhochzeit. Auch hier treffen wir Menschen, die um Pitchen wissen und uns trösten, Mut zusprechen, uns in den Arm nehmen. Eine Hochzeit soll doch aber was Schönes sein! Und wir möchten nicht die Stimmung verderben. So halten wir uns tapfer, und trotzdem muss ich heimlich viel heulen an diesem Abend.

Die Kinder haben bei Oma und Opa gut geschlafen. Ich packe schon Sachen für den Urlaub ein, und wir machen uns ein ruhiges Wochenende nur zu viert. Als Pit am Sonntag nach dem Mittagsschlaf plötzlich fix und fertig in der Küche steht, prahlt er: *Ich habe mich ganz alleine angezogen!* Es ist schon drollig, wie er da steht: Der Hosenschlitz ist auf dem Po, und den Pulli hat er links herum an. Doch das macht nichts. Wir drei lachen und loben ihn und spielen fast den ganzen Nachmittag Mensch-ärgere-dich-nicht, denn es regnet in Strömen. Schließlich schlüpfen beide Jungs noch in die Wanne, spritzen ausgelassen herum und möchten dann für morgen schick gemacht werden.

Reisezeit

Erste Oktoberwoche

Urlaub im Center Park

In der Nacht hat Pitchen gebrochen und bekommt einen Schnupfen. Zweimal beziehe ich sein Bett neu. Sind es erste Nebenwirkungen der Tabletten oder klopft der Tumor wieder an? Doch Pit hat Fieber, und so deutet alles darauf hin, dass er sich ein Virus eingefangen hat. Hoffentlich wird es nicht schlimmer! Er freut sich doch so sehr auf unseren Urlaub! Ich selbst habe auch mächtige Halsschmerzen. Passt wirklich gut.

Morgens fühlt sich Pit besser, und frohen Mutes fahren wir vier mit Daniela, Guido, Vanessa und Moritz los nach Holland. Meine Eltern hüten derweil unser Haus und versorgen Nelly und Pfötchen. Um die Pferde kümmern sich unsere drei Reitmädchen. Wir können also unbesorgt Urlaub machen.

Die vier Kinder sind geduldig auf der langen Reise. Am Nachmittag beziehen wir dann unseren Bungalow und erkunden den Park. Ja, es wird mit Sicherheit schön hier!

Pit hat abends noch Bindehautentzündung. Zum Glück habe ich entsprechende Augentropfen mit, denn das kenne ich schon von meinen Kindern. Schnupfen zieht immer Probleme mit den Augen nach sich und ist leider Erbmasse von mir.

Am nächsten Morgen sind Pitchens Beschwerden weg, und er kann wie Timmi hier alles genießen. Und auch Sven und ich tragen eine tiefe Zufriedenheit in uns: Wir kosten die uns geschenkte Familienzeit aus – im traurigen Bewusstsein, dass es unser letzter gemeinsamer Urlaub zu viert ist.

Natürlich lockt täglich das Badeparadies mit Wellenbad, grünen Oasen, Wildwasserbahn und Kinderbereichen, die phantasievoll gestaltet sind und mit Drachenboot, Höhlen, Verstecken und Wasserspielen die Augen unserer Kinder zum Leuchten bringen. Doch auch die tollen Außenanlagen mit Streichelzoo, Spielplätzen, Seen, Teichen und zu mietenden Go-Carts und Familienrikschas ziehen uns in ihren Bann. Wir Eltern turnen mit unseren Kindern an den Spielgeräten um die Wette und haben einen Riesenspaß. Es ist so schön hier, und wir haben warmes sonniges Herbstwetter mit viel Wind, sodass wir auch unsere Drachen steigen lassen und uns in den Himmel träumen.

Pitchen geht es bestens. Er hat sich wieder erholt und fühlt sich zwischen Vanessa, Moritz und Tim so richtig wohl. Ich spiele mit dem Gedanken, ihn vielleicht für einige Zeit noch in den Kindergarten eingliedern zu können. Das würde ihm bestimmt guttun. Möglicherweise nach der Zeit auf Rügen.

Viel zu schnell ist es Freitag, und wir reisen ab. Wir packen und beäugen mitleidig unser Kleinchen. Pit spuckt wieder und sieht richtig elend aus. So setzen wir ihn wieder in seine Karre, die wir glücklicherweise mitgenommen haben, und spielen noch Minigolf, weil wir Großen es Tim und Vanessa versprochen haben. Pit hält tapfer aus, muss aber oft würgen und in seine Tüte spucken. Er ist so still und tut uns unglaublich leid. Unsere Angst um ihn ist wieder hellwach. Andere Urlauber fragen uns flüsternd, was unser Kind denn habe. *Krebs. – Krebs? Oh, mein Gott. Der arme Kleine.*

Mit einem unguten Gefühl im Bauch treten wir die Heimreise an. Pit spuckt und würgt. Wir machen oft halt und wechseln seine Sachen. Jammervoll. Doch Pit nimmt es hin. Er fragt nicht, warum er brechen muss und es ihm schlecht geht. Es ist einfach so und lohnt nicht, darüber nachzudenken. Timmi kümmert sich rührend um sein Brüderchen. Er versorgt ihn, kann ihn zum Brötchenessen überreden, hält Pit die Trinkflasche, gibt ihm gewünschtes Spielzeug in die Hand und ekelt sich nicht, Pit die Spucktüte zu halten: *Ach, mein lieber Pitti. Mein armer Pitti.* Ein toller großer Bruder. Nicht jedes Kind würde so handeln.

Erschöpft kommen wir zu Hause an. Nur noch etwas fernsehen, dann geht's ins Bett.

Am Samstag scheint Pit wieder fit zu sein. Alles ist gut. Kein Spucken mehr. Was ist das nur? Wächst der Krebs? Schlagen die Tabletten nicht an? Sie sollten doch das Tumorwachstum verlangsamen. Sven und ich verdrängen unsere Angst.

Catrin, Dirk und Maria aus Berlin kommen am Sonntag für zwei Tage zu uns. Wir haben uns schon lange aufeinander gefreut, und sie sind hellauf begeistert, Pit so ausgelassen und fröhlich zu sehen. Welch eine Wandlung im Vergleich zur Krankenhauszeit. Dirk hat zur Freude unserer Jungs die ferngesteuerten Modellautos mit. Begeistert lassen sie die Flitzer sausen, während die kleine Maria stolz ihre erste Reitstunde hat und von Golines Rücken gar nicht mehr runter will.

Wir suchen nachmittags mit viel Ausdauer Pilze im Wald und gehen dann abends doch essen, weil wir leider nur so wenige finden. Tim muss morgen wieder zur Schule und Sven arbeiten.

Zweite Oktoberwoche

Am heutigen Montag muss Pit sein Versprechen einlösen, sich Blut abnehmen zu lassen. Mit Dirk, Catrin und Maria verbringen Pit und ich noch einen recht unbeschwerten Morgen. Dann holt uns das Taxi ab. Mein Kind freut sich auf Luchsi und kann es gar nicht erwarten, seinen pelzigen Freund in der Klinik zu erspähen. Da ist er ja schon! Pit und Luchs spielen und kämpfen miteinander. Mein Kindchen hat richtig

Kraft und Ausdauer und kann von Luchs gar nicht genug bekommen. Mit dessen Unterstützung geht auch das Blutabnehmen recht friedlich. Pit hat zwar Angst und wimmert, wendet den Blick nicht von der Nadel ab, aber er wehrt sich nicht! Ich frage Dr. A. nach der erneuten Spuckerei. Ob es die Tabletten sind? Erklären kann er sich das auch nicht. Wirklichen Aufschluss wird erst ein weiteres MRT bringen, welches für Anfang November geplant ist. Zuvor werde ich aber mit Pitti für zehn Tage nach Rügen zu dem Heiler fahren. Also sind wir erst in drei Wochen wieder hier zur Untersuchung. Wir haben eine weitere Auszeit!

Der Dienstag hält eine Herbstwanderung mit den Kindergartenkindern für Pit bereit. Er läuft prima mit, und doch tut es mir innerlich weh zu sehen, wie er sich anstrengt und doch nicht so schnell ist, wie er es gerne sein möchte. Er ist immer der Letzte. Seine kleinen Freunde bemerken es aber und machen ihm Mut, bleiben zurück und nehmen ihn an die Hand. Erschöpft, aber glücklich freut Pitchen sich schon auf das nächste Mal. Mein tapferer Kleiner!

Mittwoch: Heute wird im Reha-Becken im Kreiskrankenhaus wieder ausgelassen gebadet. Noch immer geht es nicht ohne zusätzlichen Schwimmring. Pits Halbseitenlähmung ist manchmal doch noch spürbar, auch wenn ich es oft vergessen möchte. Er macht sich aber nichts daraus, sondern hat Spaß beim Wassertoben, Ballwerfen und Beinchenzappeln, dass es nur so aus dem Becken spritzt.

An den Nachmittagen haben wir fast täglich lieben Besuch. Und immer bekommen Tim und Pit schöne Kleinigkeiten geschenkt: Hot Wheels, Naschkram, kleine Dinos. Mit leeren Händen möchte keiner kommen, obwohl das gar nicht nötig wäre. Hoffentlich führt das nicht zu einer Erwartungshaltung bei den Kindern, die irgendwann dann mal Probleme bereitet. Man weiß ja vom Hörensagen, wie das ausgehen kann. Doch ich möchte unseren Gästen diese kleine Freude nicht nehmen. Sie meinen es allesamt gut und zaubern doch ein Lächeln in die Gesichter unserer Jungs.

Am Oma-Opa-Donnerstag geht's zum Herbstfest zur Försterei. Meine Eltern denken sich auch immer schöne Erlebnisse für unsere Kinder aus, und sie verbringen viele erfüllte Stunden miteinander. Ich bin so froh, dass sie bei aller Furcht um Pitchen diese Kraft aufbringen und nicht in ihrer Angst erstarren.

In dieser Woche habe ich von einer alternativen Krebstherapie erfahren, die recht erfolgreich bei sogenannten austherapierten Patienten angewendet wird. Ich schreibe Krankenhäuser an und erhalte von einer süddeutschen Klinik Bescheid, dass Pit dort im Januar mit „Ukrain" behandelt werden könnte. Allerdings werde die Kasse das nicht bezahlen. Mit Kosten von etwa 3000 Euro für die zunächst dreiwöchige stationäre Behandlung würden wir rechnen müssen. Hinzu kämen Übernachtungskosten und Verpflegung für das Kind und die Begleitperson. Danach würden wir das Medikament auch zu Hause geben können. Wahrscheinlich würde ich das Spritzen lernen müssen.

Wir müssen darüber nachdenken. Vielleicht ist das eine Chance für Pit? Seltsam, es öffnet sich doch immer noch eine weitere Tür ...

Heute ist wieder ein Freitag und Pitchen spuckt. Soll das zur Gewohnheit werden? Zu einem festen Muster? Es ist eigenartig und beunruhigend. Ich lege all mein Hoffen in die Hände des Geistheilers. Übermorgen fahren wir auf die Insel Rügen.

Gleich wird mein Kind wegen der „Kinderträume"-Spendenaktion interviewt. Eine freundliche junge Frau versucht geduldig, mein misstrauisches Pitchen zum Reden zu bringen. Er kaspert rum, wirkt abweisend und ist schnell erschöpft. Mehrere Anläufe sind nötig, damit halbwegs was im Kasten ist. Zwar freut sich Pit schon sehr auf die großen Dinos, versteht aber nicht, was diese Frau das angeht und warum sie mit so einem runden Ding vor seiner Nase herumfuchtelt. Außerdem fühlt er sich heute nicht wohl und möchte seine Ruhe haben.

Sie ist aber nicht enttäuscht, immerhin ist Pit ja ein schwer krankes Kind. Da laufen die Dinge nicht immer so ab wie geplant. Wir verabreden, dass sie noch einmal kommen wird: Am Montag, nachdem wir im Dinopark waren, wird sie uns erneut besuchen.

Nach einer durchspuckten Nacht mit zweimaligem Bettbeziehen wacht Pit munter auf. Kein Bauchweh mehr. Alles ist wieder gut. Dass wir morgen nach Rügen fahren, weiß er schon. Aber es wird ihm jetzt erst klar, dass Papa und Tim hierbleiben. Und das gefällt ihm ganz und gar nicht. Pit ist wütend und lässt sich nur mühsam davon überzeugen, dass wir beide tollen Urlaub am Meer machen und alle anderen neidisch auf uns sind, weil sie arbeiten oder zur Schule müssen. Nur wir zwei haben es richtig gut! Mit einem Blick, der Bände spricht, sieht er mich an: *Na wenn es unbedingt sein muss!* Ach mein Rübchen, denke ich … Ich packe unseren großen Koffer, nehme Sachen mit für alle Wettereventualitäten, auch Spielzeug, Bücher, Badezeug.

17. bis 27. Oktober: Sellin auf Rügen

Sonntag: Tim und Sven bringen uns nach Schwerin, denn von dort fährt unser Zug. Vorher essen wir noch zusammen zu Mittag und versuchen uns in Heiterkeit. Aber als Pit und ich in den Zug steigen, ist es damit vorbei: Wir weinen alle, weil wir so lange getrennt sein werden. Pit und ich winken, bis wir Papa und Tim nicht mehr sehen. Uns rollen die Tränen übers Gesicht, und Pit schluchzt noch lange leise vor sich hin.

Der Zug ist gerammelt voll. Zum Glück haben wir reserviert. Für Pits Kinderkarre ergattere ich einen Platz im Gang. Unseren Koffer wuchte ich zwischen uns. Etwa drei Stunden werden wir unterwegs sein. Ich lese meinem Rübchen vor, wir spielen mit Autos und Dinos und haben unsere Traurigkeit schon bald verdrängt. Als dann plötzlich die Ostsee zu sehen ist, wird Pitchen schon fast schwärmerisch und freut sich. Begleitet von dunklen Regenwolken fahren wir in Binz ein und müssen dann irgendwie nach Sellin kommen. Der Bahnhof ist voller Menschen: Es ist noch immer Urlaubszeit auf Rügen. Endlich gibt es auch für uns ein Taxi. Der Fahrer zeigt sich mürrisch und genervt, weil der Koffer schwer und die Karre sperrig und dreckig ist. Pitchen starrt ihn unentwegt an, denn der Mann ist unsagbar dick. Ich bin froh, dass mein Kind ihn nicht danach fragt, sondern mir seine Gedanken nur zuflüstert. Es regnet unaufhörlich, und wir können von Rügens gepriesener Landschaft nichts sehen. Dann sind wir endlich am Hotel und beziehen unser Zimmer. Es ist klein, eher nüchtern, und ich weiß wieder, warum wir lieber Ferienhausurlaub machen.

Wir telefonieren mit Papa und Tim. Während ich unseren Koffer auspacke, guckt Pit einen Trickfilm. Dann stiefeln wir in Regenkleidung den halben Kilometer zum Strand. Die Seebrücke ist in der Dunkelheit festlich erleuchtet und sieht märchenhaft aus. Wir wandern durch den nassen Sand der Steilküste und sammeln unsere ersten „Glückssteine", wie Pitti rundliche glitzernde Kiesel immer nennt und von denen wir zu Hause schon so viele haben. Sie werden in Blumentöpfe gelegt oder schmücken unsere Terrasse.

Zum Abendbrot ist Pit hungrig. Wir haben einen kleinen Tisch für uns alleine und beäugen die Leute um uns. Kein Kind außer Pit scheint in diesem Hotel zu sein. Schade. Viele alte Menschen und, wie es aussieht, viele Kranke sind hier zu Gast. Und ich erhasche einen Blick auf Herrn D., den Heiler, den ich erkenne, weil ich ein Bild von ihm im Internet sah. Es stellt sich im Laufe des Abends heraus, dass ein Teil der Hotelgäste also hier von ihm behandelt wird. Andere Patienten kommen täglich zur Sitzung in den Gasthof. Es herrscht eine gelöste Atmosphäre. Und wie es scheint, kennen sich einige der Leute schon länger.

Herr D. tritt irgendwann auch an unseren Tisch und begrüßt uns freundlich. Pit lächelt ihn an und ist überhaupt nicht misstrauisch. Herr D. schenkt Pitchen und mir je eine Perlenkette und noch zwei CDs, in die ich bitte hineinhören möchte. Pit betrachtet sich ganz genau sein Geschenk: Es ist der Rosenkranz. Ich weiß, dass Herr D. bekennender Katholik ist. Er legt mir ans Herz, selbst auch für Pit zu beten, weil es ihm helfen werde. Nicht wirklich überzeugt stimme ich zu. Zwar meldet sich mein Gewissen, weil ich doch Atheistin bin und man mich vielleicht moralisch der Gotteslästerung anklagen könnte. Aber Herr D. kennt meine Einstellung zur Religion durch unser Telefonat und fordert mich trotzdem dazu auf, also wird es nicht verwerflich sein, wenn ich das für mein Kindlein mache.

Pitchen möchte dann aufs Zimmer. An unserer Tür klebt ein Zettel: Morgen um 9.15 Uhr hat Pit seine erste Behandlung. Wir duschen, machen uns bettfertig, kuscheln, kitzeln, gucken Bücher an. Als Pit schon selig träumt, höre ich die CDs an. Die eine ist die Meditation aus der Physiotherapie, die andere eine Anleitung, wie man den Rosenkranz betet.

Montag. Mein Rübchen hat die ganze Nacht prima geschlafen und leise vor sich hin geschnarcht. Er wacht fröhlich auf und ist nach dem Waschen hungrig. Wir haben Halbpension mit Frühstücksbüfett und abendlichem Wahlessen. Nach weniger als einem halben Brötchen und

Dick eingemummt auf der Seebrücke in Sellin

etwas Kakao ist mein Kind schon satt. Viel isst Pitchen seit Langem schon nicht mehr. So nehme ich Obst und Brötchen noch mit aufs Zimmer, damit ich ihm immer mal etwas anbieten kann. Ich lege die Meditations-CD ein, wie es mir der Heiler empfohlen hat, und Pit lümmelt entspannt auf dem Bett herum. Wir warten auf seine erste Behandlung. Ich bin unglaublich aufgeregt und hoffe, dass ich nicht heulen muss. Es wäre mir peinlich, denn es gibt jetzt eigentlich keinen Grund! Doch ich kenne mich und habe, als Herr D. an die Tür klopft, schon gleich einen Kloß im Hals.

Mit ruhiger warmer Stimme wendet er sich Pitchen zu: Er werde nur die Hände über Pits Kopf halten. Keine Angst. Es werde ihm guttun. Pit fragt, ob er die Augen auch auflassen dürfe. Das sei kein Problem. Pit fasst Vertrauen, lächelt mir zu. Und ich beobachte mein Kindlein auf der Bettkante neben ihm sitzend: Ohne Scheu begibt er sich in die Hände dieses fremden Mannes, der Gebete murmelt. Für 15 Minuten wische ich mir immer wieder meine Tränen vom Gesicht und bin erstaunt, wie sehr ich es schon gelernt habe, geräuschlos zu weinen. Sicher, ich bräuchte mich nicht dafür zu schämen, und doch tue ich es. Außer meiner Rührung gibt es momentan wirklich keinen Grund dazu.

Herr D. ist zufrieden mit Pit. Er lobt ihn, weil er so prima stillgehalten hat. Morgen um diese Zeit will er wieder Handauflegen. Er lächelt auch mir zu und schenkt mir einen Händedruck mit besten Wünschen für einen schönen Tag, in den wir nachher gleich starten.

Wir gehen wieder Hand in Hand zum Strand. Schön, dass es jetzt aufklart und wir sonniges Herbstwetter erwarten dürfen. An der Steilküste herrscht bereits emsiges Treiben. Es hat gestürmt in der Nacht, und die Aussicht, Donnerkeile und andere Schätze zu finden, ist verheißungsvoll. Wir beide sammeln Glückssteine und suchen Herzmuscheln. Pitchen ist begeistert bei der Sache und mault mich natürlich an, als ich wieder zum Hotel zurück möchte. Wir kommen unterwegs an einem Obststand vorbei, und Pit wünscht sich zum Mittag Melone. Abends essen wir ja warm, sodass jetzt nur eine Kleinigkeit reicht. Genüsslich verputzt er im Zimmer Stück um Stück seiner Melone, kaut etwas Brötchen, trinkt ein Glas Apfelschorle und plumpst satt und müde in sein Bett.

Nachmittags möchte er noch mal zur Seebrücke: Möwen füttern. Er wünscht sich für den Weg in die Karre, weil seine Beine noch so müde sind. Und so schieben wir los. Pit hat einen Riesenspaß mit den Möwen. Wie Rumpelstilzchen hüpft er auf der Stelle, weil die Viecher so frech sind, dass sie ihm die Brötchenkrumen aus der Hand stibitzen. Im Nu sind wir von einer Schar flatternder weißer Flügel und ohrenbetäubendem Lärm umgeben. Jede Möwe möchte von Pit bedacht werden. Und er jubelt: *Hier. Hier. Komm, du auch. Ja, noch ein Stückchen. Mama, hast du noch Brot?* Irgendwann ist unsere Tüte leer und Pitchen bettelt, dass wir morgen wieder hergehen. *Ich möchte jeden Tag Möwen füttern.* Und seine Augen leuchten.

Beim Abendessen machen wir die Bekanntschaft eines schon fast erwachsenen Jungen und seiner Mutter. Der Junge leidet, seit er fünf ist, an Muskelschwund, sitzt seitdem im Rollstuhl und macht nun bald sein Abitur. Er hat schon ein schweres Los, kann sich nicht bewegen, hat oft Schmerzen, Probleme mit der Atmung, aber er ist trotzdem zuversichtlich und wirkt sehr stark.

Die Frau erzählt mir von Rolf, wie sie Herrn D. nennt. Schon seit zehn Jahren wird der Junge von ihm behandelt. Und immer geht es ihm danach für lange Zeit besser. Ihr Sohn dürfte nach Ansicht der Ärzte schon längst nicht mehr leben. Rolfs Hilfe wirkt immer wieder Wunder, und ihr Sohn vertraut so sehr darauf, dass er selbst nach den Behandlungen verlangt.

Die Mutter sieht in Pit ihr Kindchen von damals und schließt ihn sofort ins Herz. Wir sehen uns von nun an täglich, und ich fühle mich hier nicht mehr ganz so allein. Pit erfreut schon mit seiner bloßen Anwesenheit die alten Leutchen im Gasthof. Er fühlt sich aber wohl dabei und wie ein kleiner König: Das Lächeln dieser Welt gehört ihm.

Später telefonieren wir mit daheim und auch mit den Omas und

Opas. Allen geht es gut. Während Pitchen zur guten Nacht einen Trickfilm guckt, bete ich den Rosenkranz nach der CD. Pit linst ständig zu mir herüber und verfolgt interessiert mein Tun.

Beim Einschlafen bittet er mich, ihm wieder die Geschichte von Jesus zu erzählen. Das letzte Mal waren wir im Dänemark-Urlaub in einer Kirche, im Dom zu Haderslev. Tim und Pit waren wie immer überwältigt von dem riesigen Gebäude, dem schönen Klang der Glocken, und sahen sich tief beeindruckt die Bilder der Bibelgeschichte und die Jesusfigur am Kreuz an. Den Erklärungen von Sven und mir lauschten sie gebannt und hatten sehr viel Mitleid mit dem armen gemarterten Mann. Auch jetzt geht Pit voll mit. Wir erzählen noch miteinander und schlafen zufrieden ein.

Dienstag: Nach dem Frühstück freut sich Pit auf „Rolfi“. Das hat er sich gemerkt. Heute muss ich auch nicht weinen, Pitchen liegt wieder ganz ergeben und genießt die Hände von Herrn D. Ich frage ihn heute wegen der Bezahlung, und wirklich, er möchte nichts haben. Ich bin so dankbar und weiß nicht, wie ich das ihm gegenüber ausdrücken kann.

Dann fahren wir mit der kleinen Bäderbahn durch den Ort und suchen danach am Strand nach Muscheln. Wieder kommen wir mit einer halben Melone zum Hotel zurück.

Unseren Rhythmus möchte ich hier gerne beibehalten. Pitchen wird also auch im Urlaub seinen Mittagsschlaf machen. Er braucht diese Ruhephase richtig, schläft für fast zwei Stunden tief und fest, während ich neben ihm im Doppelbett im Schein der Funzel lese und auch mal zwischendurch einnicke.

Mit Brötchen in der Tüte, die wir heimlich vom Frühstücksbüfett gemopst haben, machen wir uns am Nachmittag wieder auf zur Möwenfütterung. Die Karre nehme ich zwar mit, aber Pit möchte meist laufen. Mit genau derselben Freude wie gestern steht Pit wild umflattert von den Vögeln auf der Seebrücke und ist glücklich.

Wir hatten einen erfüllten Tag, das Abendbrot schmeckt Pitchen, die Leute sind sehr lieb zu ihm, wir bauen Kartenhäuser aus Bierdeckeln, und doch ist Pitti bedrückt. Im Zimmer weint er herzzerreißend und möchte Papa und Timmi haben. Es reicht ihm aber nicht, ihre Stimmen am Telefon zu hören. Erst als Papa verspricht, uns am Wochenende zu besuchen, lässt er sich beruhigen.

Gemeinsam bauen wir tolle Bierdeckelhäuser

Betest du wieder für mich?, fragt er zuckersüß, als ich mich zu ihm ins Bett lege. Und so bete ich ihm täglich den Rosenkranz und komme mir überhaupt nicht komisch vor. Es gehört hier einfach dazu!

Mittwoch: Während der morgendlichen Behandlung beobachte ich Herrn D. statt Pitchen. Er vertieft sich vollends in sein Gebet, und ich merke, dass es ihn richtig Kraft kostet. Was da wohl in ihm vorgeht? Schweißperlen stehen auf seiner Stirn, während mein Pitchen ganz entspannt auf dem Bett liegt und sein Köpfchen diesen großen Händen darbietet.

Heute bekommen die Möwen schon am Vormittag ihre Krümel, denn nachmittags fahren wir mit dem Bus nach Binz. Auch dort gibt es eine Seebrücke, von der aus wir Schiffe beobachten. Eine Bootstour möchten wir am Wochenende mit Papa machen, so schicken wir heute nur unsere Träume auf Reisen. Die Sonne lacht und macht Lust auf Eis. Pitchen leckt und schleckt, als hätte ihm noch kein Eis so gut geschmeckt. In einem Spielzeugladen darf er sich etwas aussuchen. Mit großen Augen guckt er Dinofiguren an, die er noch nicht hat. Aber auch Gummifische ziehen ihn magisch an. Er kann und kann sich nicht entscheiden. Ich habe ihm ein Spielzeug für maximal drei Euro versprochen, und der blaue Fisch, der ihn am meisten fasziniert, kostet drei zwanzig. Nun will er mit mir handeln und bettelt sein schönstes Betteln um die zusätzlichen zwanzig Cent. *Bitte, bitte, meine liebe Mami. Ich hätte so gerne diesen Hai. Dafür nehme ich auch morgen kein Eis. Wirklich! Glaub mir doch!* Natürlich kann ich nach einer Weile doch nicht mehr widerstehen, und der Hai gehört meinem Schelm. Stolz trägt er ihn durch Binz und erzählt später Papa am Telefon aufgeregt davon.

Am Abend sitzen wir mit der anderen Mutter, ihrem Sohn und ein paar alten Leuten am Tisch. Ausgelassen tut Pitchen seine Erlebnisse kund. Wir kommen alle ins Erzählen über unsere Kinder und Familien. Und dann fällt Pitchen eine Begebenheit ein, die ich unbedingt schildern soll. *Weißt du noch, Mama, als Papa und du...*, flüstert er mir zu. Es geht aber um eine recht intime Wette zwischen Sven und mir, die wir lachend im Dänemark-Urlaub vor unseren Kindern abgeschlossen hatten. Ich bekomme rote Ohren, weil das hier wirklich niemanden etwas angeht, und versage Pit leise den Wunsch. Neugierig gucken die anderen schon auf unsere Lippen, und Pitchen beginnt zu schmeicheln: *Bitte, Mami, erzähl das doch. Das ist so lustig. Bitte. Bitte. Ich lieb dich doch von meinem ganzen Herzen. Jawohl, von meinem ganzen tiefsten Herzen lieb ich dich.* Und er küsst und herzt mich unentwegt, faltet mir seine Händchen flehendlich entgegen und macht solch ein Engelsgesicht, dass ich ihm eigentlich nachgeben möchte, doch ich bleibe lächelnd stark. Die Menschen um uns sind verzückt von meinem süßen Bengel. Pitchen gefällt sich in der Rolle und schmust ab heute besonders mit mir. Auch meiner Seele tut es gut, schließlich kann ich mich noch sehr gut daran erinnern, dass das vor nicht allzu langer Zeit ganz anders war.

Weil mein Sohn so gerne Kartenhäuser aus Bierdeckeln baut, schenkt ihm eine Kellnerin einen ganzen Stapel, den er mit aufs Zimmer nehmen darf. Von nun an bauen wir täglich mit wachsender Begeisterung neben dem Bett Bierdeckelburgen. Wir schmusen abends eng aneinander geschmiegt. Ich bin ganz erfüllt, und Pit schläft murmelnd ein, während ich für ihn den Rosenkranz bete.

Donnerstag: Als Pitchen aufwacht und an zu Hause denkt, weint er auch schon. Er beteuert, er werde mit Papa am Samstag gleich wieder heimfahren. All meine Streicheleien können auch nichts bewirken. Ich erinnere ihn an unsere schönen Erlebnisse, dass wir hier doch noch so viel vorhaben und ich alles tue, damit Pitchen sich wohlfühlt. *Ich weiß, Mami, aber du reichst mir nicht,* entgegnet er tieftraurig. Ohne die ganze Familie ist mein Kind einfach nicht glücklich. So müssen sich wohl auch Scheidungskinder fühlen, kommt es mir in den Sinn. Ein Elternteil genügt nicht ...

Unter „Rolfis“ Händen liegt Pitchen wieder ganz still. Heute spürt

Herr D. starke Reaktionen. Pit nehme seine Kraft sehr gut an, flüstert er mir zu, und meint, Pit helfen zu können.

Ich bin plötzlich so voller Hoffnung, obwohl ich weiß, dass Helfen nicht Heilen heißt. Trotzdem male ich mir in Gedanken das große Wunder aus: Pit wird leben, und die Menschen um uns herum werden sagen: Na bitte, es ist ja wieder alles gut geworden. Dann werde ich gottgläubig sein. Die Hoffnung stirbt eben doch zuletzt.

Wir füttern wieder die kreischenden Möwen. Pit möchte die Karre nicht mehr dabeihaben. Er spürt die Blicke der Passanten und fühlt sich darunter sichtlich unwohl. *Nein, Mami, ich brauch' die Karre nicht mehr!* Hin und wieder werden seine Beine jedoch müde, und ich nehme ihn ein paar Meter huckepack. Zwei bis drei Kilometer sind wir täglich schon unterwegs. Pitchen hat Kraft entwickelt und findet immer mehr sein Gleichgewicht wieder. Ich staune jeden Tag über seine Fortschritte und weiß, dass auch dieser „Urlaub" auf Rügen eine richtige Entscheidung von uns war.

Nach dem Mittagsschlaf mieten wir uns ein Fahrrad. Da es leider keine Kindersitze gibt, nehmen wir einen Kinderanhänger dazu, in dem mein Rübchen feixend sitzt und mich anfeuert, während ich mich ziemlich abstrampele. Wir fahren bei Sonnenschein und starkem Wind rund um den Selliner See, lassen in der Pause unseren Drachen steigen, machen ein kleines Picknick im Schutz einer dicken Eiche, beobachten die Wasservögel und haben nur Freude im Herzen. Auch morgen wollen wir wieder radeln. In der Ferne haben wir auf einem Hügel die Türme einer Burg gesehen. Da möchte Pitchen unbedingt hin. Im Hotel mache ich mich schlau. Es ist keine Burg, sondern ein Schloss. Das Jagdschloss Granitz. Es liegt recht hoch, was einen steilen Aufstieg bedeutet. Da haben wir uns ja was vorgenommen!

Pit schläft nach dem Abendessen schnell ein und hört nicht einmal mehr mein Gebet.

Freitag: Mein armes Kindlein! Seit 4 Uhr in der Nacht bricht Pit und klagt über Bauchweh. Immer wieder freitags! Mit seinem Spuckeimerchen, das stets in greifbarer Nähe steht, kommt er bestens zurecht. Ich bemühe mich um sein Wohl, bringe Tee, gebe Tröpfchen, tröste ihn. Immer mal wieder schläft er etwas. Das Frühstück lasse ich uns heute aufs Zimmer bringen. Pit ist erschöpft und teilnahmslos, als Herr D.

kommt. Es werde ihm nach seiner Behandlung bald besser gehen, verspricht Herr D. Pit bleibt im Bett und schläft dann fast bis 14 Uhr. Dann geht es ihm tatsächlich wieder gut, er möchte essen und trinken und dann mit mir zum Schloss.

Jagdschloss Granitz: Mutiger Tierbändiger

Wir radeln los. Bei schönstem Herbstwetter geht's durch den bunten Wald. Ich muss mich mächtig ins Zeug legen, damit ich mit Rad und Anhänger die Anhöhe hinaufkomme. Pit treibt mich liebevoll, aber energisch an. Wir singen und scherzen, und Pitchen ist guter Dinge. Nur etwas schlapp, weshalb er es auch nicht schafft, mehrere Meter bergauf alleine zu kraxeln. So bleibt er im Anhänger sitzen und spornt mich an, während ich unser Gefährt schiebe. Wanderer begegnen uns und bemitleiden mich, denn ich ächze den Berg hinauf, wobei Pit aus seinem Anhänger lächelt. *Das Kind ist aber faul. Kannst du nicht aussteigen und deiner Mutti helfen?* Pitchen sagt mit fester Stimme: *Meine Mami schafft das. Die ist stark und ich habe Krebs.* Damit ist er fertig mit den Leuten, die Betroffenheit murmeln und sich entschuldigen. Und ich muss in mich hineinschmunzeln über mein Rübchen. Fast zwei Stunden brauchen wir. Dann bin ich keuchend oben angekommen, und Pit kann auf der Ebene wieder alleine gehen. Heute schwankt er aber, bestimmt weil er so schwächelt. Ich will nicht weiter darüber nachdenken, sondern seine Freude an diesem Schloss genießen.

Weil es ein Jagdschloss ist, finden sich an allen Wänden Trophäen wilder Tiere: Köpfe von Hirschen, Rehen, Wildschweinen und Füchsen. Verschiedenste Geweihe schmücken fast sämtliche Räume. Eine Ausstellung zeigt alle vorkommenden Hirsche dieser Welt. Pitchen ist überwältigt. Er sieht sich alles genau an und fragt mir Löcher in den Bauch. Mit ein paar Würstchen und heißem Tee stärken wir uns für den Rückweg. Laut jubelnd sausen wir den Hügel hinab und rollen ohne Anstrengung fast bis vor unser Hotel.

Heute isst Pit mit großem Appetit sein Abendessen auf. Ich bin froh, dass er sich noch so wohlfühlt an diesem Tag, der so traurig begann. Doch seine Stimmung schlägt um, als wir mit Papa telefonieren. Obwohl Sven morgen kommt, weint Pitchen vor Sehnsucht nach ihm und Tim noch lange in die Nacht hinein. Ich singe verzweifelt alle Gute-Nacht-Lieder hoch und runter, bis er irgendwann mit tränennassem Gesicht in einen tiefen Schlaf fällt.

Auch ich freue mich schon auf Sven. Timmi hat ein Tischtennisturnier und wird mit Opa dorthin fahren. So haben wir ein Wochenende zu dritt vor uns. Hoffentlich macht auch das Wetter mit, denn wir möchten mit dem Schiff zur Kreideküste fahren.

Wochenende: Pit hat friedlich durchgeschlafen und fragt beim Aufwachen gleich nach Papa. Irgendwann nach dem Frühstück wird Sven bei uns sein. Er wollte recht früh losfahren und braucht ja ein paar Stunden. Zusammen mit „Rolfi" steht Sven dann plötzlich in der Tür, und Pitti ist vor Freude ganz aus dem Häuschen: *Mein lieber Papa. Papa ist da. Hurra!!!*

Herr D. lässt ihm etwas Zeit und legt dann Hand auf, während Pit seinen Papa nicht aus den Augen lässt und ihn unentwegt anlächelt.

Leider ist das Wetter umgeschlagen: Es nieselt ständig vor sich hin. Wir zeigen Papa die Seebrücke und sammeln Steine. Sven ist überglücklich, sein Söhnchen ohne Karre so flink auf den Beinen zu sehen. Dann fahren wir nach Baabe. Von dort aus haben wir vor, eine auf Prospekten angekündigte Bootstour auf dem Selliner See zu machen. Eine Schar von Kindern wartet mit ihren Müttern bereits im Regen vor dem Anleger auf den Kapitän. Wir gesellen uns dazu. Irgendwann öffnet der gähnend die Luke und meint, wir seien zu wenig Leute. Er fahre erst ab 16 erwachsenen Passagieren. Unsere kleine Gruppe zählt fast 30, und wir verstehen das nicht. Wir sind doch 14 Erwachsene mit zwölf Kindern. Wir schlagen vor, für die Kinder mehr als den angegebenen Fahrpreis zu bezahlen. Aber der Kapitän lässt sich auf keine Diskussion ein: So weit komme es noch, dass er seine Preise ständig neu überdenke. Nein, er werde nicht fahren. Basta. Wir sind alle so enttäuscht. Den Kindern kullern die Tränen, wir Eltern stehen unschlüssig und wütend herum und wissen nicht, was wir mit diesem nassen Tag noch Sinnvolles anfangen sollen.

Kurzerhand fahren wir drei dann mit dem Auto nach Saßnitz zum Hafen. Tolle Fischerboote und andere große Pötte bestaunen wir dort und möchten uns auch in den Bauch eines alten U-Bootes wagen, das man besichtigen kann. Bis zur steilen Leiter, auf der man nach unten klettert, ist unser Kindlein auch noch sehr mutig. Weiter möchte Pit dann aber nicht. Auch nicht auf Papas Arm. Er hat Angst, und so wechseln Sven und ich uns für die Besichtigung ab. Pit guckt lieber dem Treiben der bunten Boote vom Hafen aus zu, und beim Italiener schlecken wir leckeres Eis. Auch wenn Pit heute keinen Mittagsschlaf macht, ist er bestens bei Laune und Kraft. Sven und ich freuen uns so über unseren kleinen Spatz und haben das Gefühl, dass Herr D. ihm schon geholfen hat.

Zum Abendbrot sind wir wieder im Hotel, und Sven genießt danach mit Pitchen die gemeinsame Zeit auf dem Zimmer: Kartenhaus bauen, Trickfilm gucken, Bücher vorlesen, für die Nacht fertig machen, „schmuseln“. Papa soll bitte mit ihm im großen Bett schlafen und ich vor dem Fenster im Klappbett!

Ich unterhalte mich an diesem Abend lange mit einigen Patienten und Hotelgästen über deren Leidensgeschichten und Erfahrungen mit Herrn D. In Pitchens Beisein konnte und wollte ich solche Gespräche nicht führen, doch mir brennt es unter den Nägeln, etwas darüber von anderen zu hören. Es geht querbeet durch viele Krankheiten. Fast allen hier geht es durch Herrn D. seit Jahren besser. Weniger oder verschwundene Schmerzen. Mehr Lebensqualität. Verbesserte Vitalwerte ... All das macht mir Hoffnung.

Unsere Nacht zu dritt ist ruhig. Pit freut sich am Morgen, dass Papa neben ihm liegt und wir noch diesen Tag gemeinsam verbringen. Es regnet auch nicht mehr. Nach dem Frühstück fahren wir nach Binz zur Seebrücke, von wo aus unser Schiff zur Kreideküste ablegt. Wir bitten den Kapitän, uns auf das Sonnendeck zu lassen: Wir möchten, dass uns der Wind um die Nase weht. Es ist warm genug, und wir haben dann gute Sicht auf die Kreidefelsen.

Pitchen langweilt sich während der vierstündigen Fahrt überhaupt nicht. Er füttert jauchzend Möwen, denn gemopste Brötchen mussten mit, winkt fröhlich anderen Booten zu, erkennt den vorbeiziehenden Saßnitzer Hafen wieder, mampft genüsslich heiße Würstchen unter Deck, findet Sanddorntee köstlich und freut sich einfach über das Schiffsgeschaukel auf dem Meer. Schade, dass Timmi nicht dabei ist. Wir denken fest an ihn und unsere Lieben zu Hause. Bald sind wir alle wieder beisammen.

Von Binz aus fahren wir zurück nach Sellin: Sven steigt mit Pitti in den „Rasenden Roland", der uns schnaufend und ächzend schon so oft begegnet ist. *Ich möchte auch mal mit dem Hrasenden Hroland fahren,* bettelte Pitchen mich immer an. Es ist so niedlich, wie er das sagt. Noch immer spricht er das R am Wortanfang mit einem deutlichen H davor: *Da hab ich Hrecht. Geh mal hrunter. Ich möchte auch mal hreiten.*

Pit hat dieser alten Dampflok dauernd sehnsüchtig hinterhergeblickt, und heute sitzt er stolz und selig drin. Ich fahre mit dem Auto zurück und erwarte meine beiden Männer an der Bahnstation.

Sven möchte gegen 16 Uhr wieder den Heimweg antreten, um rechtzeitig für Tim zu Hause zu sein. Die Karre und einige unserer Sachen kann er getrost mitnehmen, sodass Pit und ich am Mittwoch mit eher leichtem Gepäck reisen. Ich habe schon solche Angst, dass Pitchen Sven den Abschied so schwer macht, mit ihm nach Hause fahren will, vielleicht weint und schreit, ganz so, wie er es mir am Freitag schon angekündigt hat. Aber er ist tapfer, schlingt seine Arme um Papa, küsst und drückt ihn an sich. Und das war es auch schon. *Tschüss, Papa, bis Mittwoch. Nur noch dreimal Nachtschlaf machen. Dann bin ich wieder bei dir.*

Gott sei Dank. Wir sind beide sehr erleichtert, und unsere Herzen sind voller Freude über unsere glücklichen Stunden hier, als wir uns verabschieden.

Nach dem Abendbrot verspreche ich Pit, dass wir morgen und übermorgen ins Schwimmbad gehen. Er strahlt mich an. Und ich glaube – als ich bete und er bereits schläft –, dass er davon träumt, denn seine Beine zappeln manchmal.

Der Montag erwacht in glänzendem Sonnenschein. Nach dem Frühstück und „Rolfis" Behandlung füttern wir die kreischenden Möwen auf der Seebrücke und wandern wie viele andere Urlauber am Strand entlang. Es ist richtig warm, fast frühlingshaft. Pitchen beobachtet ein paar Kinder an der Steilküste. Sie ist hier wie eine hohe Düne aus butterweichem und heute warmem Sand. Die Kinder klettern meterweise hoch und lassen sich lachend runterkullern. Mein Rübchen möchte das auch. Mutig geht er den Berg an und gibt nach etwa zwei Höhenmetern schon auf, weil er keine Kraft mehr hat. Er verliert das Gleichgewicht und trudelt kopfüber hinunter zwischen meine Beine. Ein Kindchen voller Sand! Trotzdem ist er stolz auf sich und gar nicht erschrocken. Wir lachen, und ich klopfe ihn ab, denn in den Ohren, im Mund, im Kragen, in den Schuhen und eigentlich überall knirscht es. Macht nichts. Auf unserem Weg zum Hotel darf Pitchen wie jeden Tag beim Italiener ein Erdbeereis schlecken und eine halbe Melone beim Obststand aussuchen.

Am Nachmittag wandern wir Hand in Hand zur Therme. Was Pitchen sich freut! Er tobt ausgelassen im Wasser herum und hat dabei nur seine Schwimmflügel um. Er braucht keinen Schwimmring mehr und geht nicht unter! Mein Kind hat sein Gleichgewicht wieder und den Mut zurück, sich rückwärts ins Becken zu stürzen und seine heiß geliebten Sprungübungen zu machen: Kerze, Wasserbombe und „Köpper". Pit schwimmt wie ein Frosch – wie früher. Ich bin unsagbar stolz auf ihn und überzeugt, dass Herr D. das bewirkt hat.

Nach zwei Stunden sind wir ganz müde und schrumpelig. Duschen, abtrocknen, eincremen, schick machen, Haare fönen und ab nach draußen.

Wir kaufen noch kleine Geschenke ein, die Pitti sorgfältig aussucht. Für Timmi ein kleines Buddelschiff, Oma und Opa bekommen einen Pinguin aus Messing, der auf dem Kamin stehen soll. Vanessa hat bald Geburtstag, und Pit möchte ihr ein Körbchen voll schöner Muscheln schenken. Für uns sucht er ein solches Körbchen auch noch aus, denn wir haben leider nur wenige ansehnliche Muscheln am Strand gefunden. Und ein kleines Holzschiffchen möchte Pit als Andenken für sich mitnehmen.

Glücklich über diesen Tag gehen wir durch die Dunkelheit ins Hotel, erzählen Papa und Timmi am Telefon aufgeregt von Pitchens Können, essen Abendbrot, bauen Kartenhäuser, sehen fern, lesen Geschichten, kuscheln, beten und schlafen erfüllt und ohne Sorgen ein.

Dienstag: Weil der gestrige Tag so schön war, wiederholen wir ihn heute. Mit der kleinen Bäderbahn lassen wir uns zum Südstrand bringen und wandern den Kilometer zur Seebrücke zurück. Steine und Stöck-

Pit am Steilhang – ein sandiges Vergnügen

chen ins Wasser werfen, Möwen vom Strand aus füttern, Picknick in der Sonne machen. Mit spitzbübischem Blick äugt mein Rübchen die hohe Düne hinauf. Natürlich ermuntere ich ihn, und tatsächlich schafft er es in eine schwindelerregende Fünfmeterhöhe. Auf dem Po rutscht er gekonnt wieder hinab und klettert gleich noch mal hinauf. Er traut sich wieder was zu, hat großen Mut und Lebensfreude.

Auch im Schwimmbad ereilt uns wieder pures kleines Glück, und ich kann es gar nicht erwarten, die Menschen zu Hause staunen zu sehen, wie unser Rübchen sich gemacht hat.

Von den anderen Hotelgästen, vor allem von dem Jungen und seiner Mutter, verabschieden wir uns schon beim Abendessen. Wir wollen in Kontakt bleiben, wünschen uns Glück, und für Januar melde ich Pitchen wieder zur Behandlung bei Herrn D. an. Dann finden die zehn Tage in der Praxis dieser Physiotherapeutin in unserer Nähe statt.

Niemand sieht meinem Kindlein jetzt noch an, dass es so schwer krank ist. Ich kann es selber kaum glauben.

Abends packen wir unseren Koffer, machen uns eine schöne Kuschelstunde und schlafen in freudiger Erwartung auf zu Hause ein.

Mittwoch: Wir frühstücken noch schnell und haben dann Hummeln im Hintern. Zur letzten Behandlung von Herrn D. schenken wir ihm aus Dank eine Kleinigkeit. Wir wünschen uns gegenseitig von Herzen alles Gute. „Rolfi“ sieht man die Arbeit der letzten Tage an. Er wirkt erschöpft, ausgezehrt und scheint auch Ruhe zu brauchen.

Dann bringt uns der Hotelier zum Bahnhof. Unser Zug setzt sich schnaufend in Bewegung. Pitchen spielt mit einem gleichaltrigen Mädchen. Ihm haben die Kinder gefehlt, und ich werde am Freitag mit ihm zum Kindergarten gehen, nehme ich mir vor. Bald schon sind wir in Schwerin, wo uns Papa wieder freudig begrüßt. Sven zeigt Pitchen noch das Schloss, und ich gehe kurz einkaufen, was frau doch manchmal braucht.

Mit einem brüllenden Pitchen an der Hand erspähe ich meinen Mann an unserem Treffpunkt. Pit hat einen Bock, weil etwas nicht nach seinem Kopf ging und er vergeblich versuchte, Papa um den Finger zu wickeln. Unser Rübchen! Will doch wieder seinen kleinen Dickschädel durchsetzen. Im Auto hat er das Theater aber schnell vergessen und erwartet sehnsüchtig, Tim, Oma Elvi und Opa Wolfgang zu erblicken. Das ist eine Wiedersehensfreude! Tim und meine Eltern werden gedrückt, Nelly und Pfötchen schleichen um unsere Beine und wollen auch von unserer Liebe etwas abbekommen. Und wie gut es Pit geht. Und wie gesund er aussieht. Das Leben ist einfach schön!

Pitchen möchte auch gleich bei seinen Großeltern schlafen und mit zu ihnen fahren. Gut so. Soll er all das genießen. Und Timmi genießt mich, hat aber dann auch nichts dagegen, dass ich später noch jogge. Nach zehn Tagen ohne das Laufen sehne ich mich danach, denn ich renne sonst begeistert dreimal die Woche, wobei mich Andrea oft begleitet. Ich bin heute voller positiver Energie und juchze mit Nelly in der Dämmerung durch den Wald. Könnte die ganze Welt umarmen. Bin voller Dankbarkeit für das Stück Hoffnung, das unserer kleinen Familie von Herrn D. geschenkt wurde.

Wieder zurück, nehme ich mir nach dem Duschen Zeit für Timmi. Er hat wirklich tolle Tischtenniserfolge gehabt und war so selbstständig und verlässlich während meiner Abwesenheit. Ich habe doch schon einen großen Jungen!

Donnerstag, 28. Oktober

Morgens erwache ich müde, weil mir Pit in der Nacht gefehlt hat und ich sein Geschnuffel nicht hörte. Ich arbeite etwas im Garten, der doch in den letzten Wochen recht vernachlässigt wurde. Noch aber blüht es überall. Im und am Haus tausche ich sommerlichen Schmuck gegen herbstliche Dekoration. Ja, so ist wieder alles schön. Überall gucken schon die Kürbisköpfe von Stufen und Podesten.

Nelly weicht nicht von meiner Seite und bettelt mich mit ihren braunen Augen an, sodass ich mit ihr einmal um die Wiese gehe. Pitchen hat gegen 10 Uhr angerufen: *Mami, ich möchte heute noch bei Oma und Opa bleiben.* So habe ich also unverhofft frei! Ich telefoniere mit unserer Kinderärztin und merke, wie sehr sie sich mit mir freut, als ich ihr begeistert von Sellin und Pit erzähle.

Als Timmi von der Schule kommt, spielen wir beide Tischtennis. Dann möchte er zum Fußball mit seinen Kumpels. Und Sven und ich reiten nachmittags durch unsere schönen Wälder. Unsere Gedanken bekommen Flügel.

Abends bringen meine Eltern ihren kleinen Schatz zurück. Sie schwärmen von den gemeinsamen Stunden, und wir alle fühlen uns richtig unbeschwert. Am liebsten würde ich schon nächste Woche das MRT machen lassen, bin hoffnungsvoll und neugierig auf das Ergebnis. Ich telefoniere mit unseren Freunden und fühle überall ein Aufatmen.

Freitag, 29. Oktober

Heute ist wieder Freitag, und Pitti spuckt gar nicht! Er geht nachher mit mir wieder zum Kindergarten. Er freut sich unglaublich darauf und hat vor Aufregung kaum richtig gefrühstückt. Die Zwerge machen Sport in der Turnhalle, flitzen aufgeregt umher und sind wieder ganz aus dem Häuschen, als Pit um die Ecke guckt. Mein Kindlein macht schön mit, wenn gelaufen, Ball gespielt und gehüpft wird. Pit fühlt sich zwar noch häufig unsicher, doch lässt er sich gut anfeuern. Beim geliebten Feuer-Wasser-Sturm-Spiel passt die Erzieherin mit mir auf, dass ihre Schützlinge Pitti nicht umrennen und er auch nicht verliert. Und die Kinder sind ihrerseits auch wirklich rücksichtsvoll und nachgiebig. Was uns diese fast zwei Stunden hier bedeuten, kann niemand ermessen. Für Pit sind sie ein Stück der wiedererlangten Normalität, für mich sind sie ein Geschenk des Lebens.

Als Timmi nachmittags aus der Schule kommt, hat Pit auch gerade ausgeschlafen und drückt seinen Bruder innig an sich: *Mein lieber Timmi.* Und Tim freut sich: *Ach, mein Pitti. Du bist wieder da. Wollen wir draußen Fußball spielen?* Pitchen ist begeistert. Ich beobachte sie aus den Augenwinkeln und bin so froh, dass unser Kleinchen den Ball wieder trifft und sein Gleichgewicht auch auf einem Bein hält. Sven ist ebenso beeindruckt, als er von der Arbeit kommt. Wir sitzen auf der Terrasse in der letzten Herbstsonne und lassen unsere Seele baumeln. Ein Freund gesellt sich noch zu Tim und Pit, und in der

Auffahrt basteln sich die drei ein Tor, auf das sie bis zum Dunkelwerden zielen.

Nach dem Abendbrot schauen wir alle zusammen einen Trickfilm von „Tim und Struppi“ und genießen unsere Gemeinsamkeit. Nie wieder möchten wir für lange getrennt sein. Obwohl es schon spät ist, schlüpfen Pit und Tim noch zusammen in die Wanne und planschen mit den Quietschtieren herum. Tim macht für seinen kleinen Bruder immer prima mit, obwohl er für so etwas eigentlich schon zu groß ist. Doch er liebt Pitchen sehr und kann ihm kaum einen Wunsch abschlagen.

Fleißige Gartenhelfer: Alles paletti, Mama!

Nachts möchten unsere Jungs nebeneinander schlafen. Sie kuscheln und toben in den Federn, und Pitchen bettelt: *Timmi, machst du Bauchpupse bei mir?* Schon bevor Tim anfängt, könnte sich unser Rübchen kringeln. Der Pulli wird hochgeschoben, der Mund auf den Bauchnabel gedrückt und kräftig gepustet, sodass das Bäuchlein nur so flattert und eben Pupsgeräusche macht. Dann wird sich noch mal abgewechselt, und Timmis Bauch darf flattern. Das kitzelt ja so! Ein Riesenspaß für unsere beiden, seit ich mich erinnern kann.

Samstag, 30. Oktober

Heute Vormittag machen wir unsere Wochenendeinkäufe. Wir treffen wieder viele Bekannte, die sich sehr mit uns freuen, weil es uns einfach nur gut geht. Wir strahlen Glück und Zufriedenheit aus und möchten am liebsten die Zeit anhalten.

Nachmittags arbeiten wir gemeinsam im Garten und harken das erste Laub von unserem Rasen. Pitchen hat heute viel mehr Ausdauer dabei als Tim und hilft lange fleißig mit seinem kleinen Laubbesen mit. Sich in den Blätterberg hineinfallen zu lassen, macht aber genauso viel

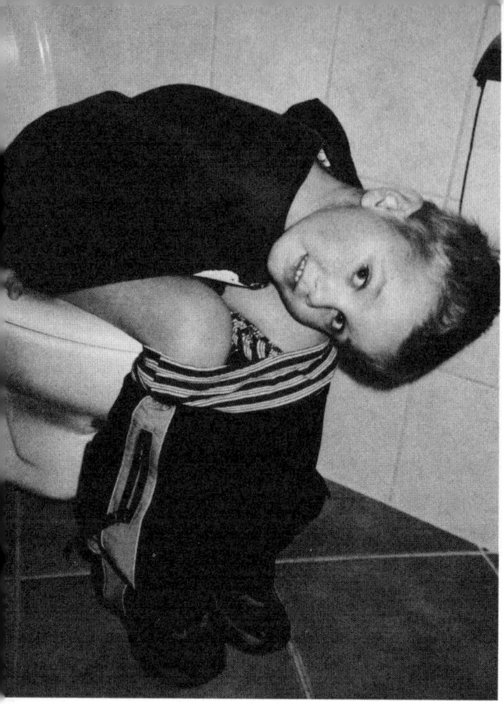

„Hey! Guckt mal nicht so neugierig!"

Spaß. Dann regnet es, und wir ziehen uns ins Haus zurück, schmusen mit Pfötchen und spielen Mensch-ärgere-dich-nicht. Timmi spielt auch schon gerne Karten, doch er hat auch an diesem Brettspiel noch Freude und ist nicht mehr beleidigt, wenn er nicht gewinnt. Aber Pit ist in dem Alter. Einmal, zweimal kann er der Letzte sein, dann aber muss er auch mal wieder siegen. Aber eigentlich gewinnen unsere Kinder meistens. Da können wir Eltern machen, was wir wollen.

Sonntag, 31. Oktober

Unsere Jungs erwachen aufgeregt: Heute ist Halloween. Für den späten Nachmittag haben wir uns mit unseren befreundeten Familien verabredet und wollen „gespenstern" gehen.

Nach dem Frühstück suchen wir im Wald aber noch nach Pilzen. Wieder finden wir nicht viel, aber zum Trocknen auf dem Faden reicht es. Dann begleitet Pitchen seinen Papa noch zum Stall und sucht Eier im Heu. Heute findet er nur eines, die Nächte werden wohl schon zu kalt für das Federvieh.

Nach dem Mittagsschlaf suchen wir die Kinderkostüme raus, und meine Jungs erklären mir, wie ich sie bitteschön schminken soll. Timmi möchte ein Totenschädelgesicht haben und Pit ein Spinnennetz, das sich übers Auge zieht. Er sagt immer: *Spinnennest.* Na, dann muss ich mich wohl ans Werk machen. Auch wenn die Bengels sonst so wenig Sitzfleisch haben – wenn ich sie schminke, haben sie eine Engelsgeduld. Mein Rübchen wünscht sich öfter mal: *Mama, schmückst du mich bitte?* Und er sieht mir auch gerne zu, wenn ich mich „hübsch" mache, und ist glücklich, wenn auch ihm der Rougepinsel flink über die Wangen fährt.

Um 17 Uhr ist es schon fast dunkel, und wir ziehen in unserer Gruppe los: Frank und Kathrin mit Dennis, Guido mit Moritz, Katja und Michael mit Franka, wir vier und noch andere Kinder. Pitchen dackelt begeistert mit den großen Kindern mit und hält sein Tütchen auf. Wieder werden alle reich beschenkt und haben viel Freude an ihrem Tun. Unsere Freunde bestaunen mit großen Augen Pitchens Fortschritte und freuen sich so aufrichtig mit uns, wie sie in der zurückliegenden Zeit mit uns gelitten haben. Zu Abend essen wir wie in den letzten Jahren im „Lokanta". Kathrin hat Plätze bestellt. Ausgelassen wird nun geschwatzt, gelacht und geschmaust, bis wir uns alle mit den Kindern auf den Heimweg machen. Nun möchte Pit doch getragen werden und darf auf Papas Schultern sitzen. Unterm Sternenzelt stiefeln wir müde, aber glücklich nach Hause. Es ist so ein schöner Abend. Nur einmal wird mir das Herz schwer. Als mir ein alter Mann aus dem Dorf bedrückt die Hand reicht und meint, es tue ihm um Pit so furchtbar leid. Heimlich zurückbleibend weine ich mich nach langer Zeit mal wieder aus. Ja, ich hatte das Unheil fast vergessen oder mich dazu gezwungen, nicht an den Krebs in Pitchens Kopf zu denken.

Erste Novemberwoche

Der Montag ist wieder sonnig. Das Wetter meint es in diesem Herbst wirklich gut mit uns. Pitchen und ich wandern nach dem Frühstück warm eingemummelt wieder zwei Stunden durch unseren schönen Wald, wobei uns Nelly und Pfötchen uns umspringend begleiten. Es ist einfach goldig mit den beiden, und Pit jubelt und lacht aus voller Kehle, weil unser Kätzchen in einem Affenzahn um uns herumflitzt und mit Nelly Angreifen spielt. Wir rascheln durch den dicken Teppich aus Laub und sind doch ein wenig traurig, dass die Bäume nun schon kahl werden und sich für den Winterschlaf bereit machen.

Wir essen Spaghetti mit Tomatensoße und warten dann auf „unseren" dicken Mercedes, der uns wieder nach Berlin fahren soll. Pitchen hat heute keine Bange, sondern freut sich auf Luchsi.

Mit dem Fingerpiks überrumple ich mein Kindlein: Schwups sitzt es auf meinem Schoß, die Schwester kommt wie beiläufig vorbei, während Pit den auf dem Flur umhersausenden Kindern zuguckt. Piks! *Aua! Mann eh!*, weint Pitchen. Und das war es auch schon. Mein Rübchen guckt mich mit einer Träne im Auge vorwurfsvoll an, sodass ich gleich ein schlechtes Gewissen habe. Aber in dem Moment lugt Luchsi um die

Ecke, und Pit rutscht von meinen Knien. Beide balgen wieder ausgiebig herum. Frau D., die Psychologin und Luchsis „Mami", freut sich, uns so fröhlich zu sehen. Sie ist begeistert von Pits Kraft und Vitalität.

Dr. A. ruft uns auf und lässt sich Pitchens Können zeigen: auf einer Linie gehen, gleichmäßig hüpfen, beide Zeigefinger bei geschlossenen Augen an die Nase führen. Klappt wunderbar! Ja, einfach toll, wie sich mein Spatz entwickelt hat, findet er. Ich spreche den Doktor auf das Ukrain an. Leider kennt er dieses Medikament nicht, will sich aber noch heute schlau machen. Was ich an Informationen habe, lasse ich ihm da.

Dr. A. merkt, wie hoffnungsvoll ich im Moment bin. Er versucht mich auf den Boden der Tatsachen zurückzuholen. Pit gehe es jetzt wirklich gut, aber dieser Zustand sei nicht von Dauer. Das Wunder werde es bei diesem Tumor wohl nicht geben, so sehr er sich das auch für Pit, für uns und für sich selbst wünschen würde. Er sehe überhaupt keine Chance, dass unser Kind überleben werde. Dafür sei zu viel vom Tumor im kleinen Kopf geblieben, und der schlafe nicht. Vielleicht konnte die Tablettenchemo ihn ein wenig aufhalten. Wir würden es bald wissen. Nächste Woche Dienstag will er das neue MRT machen lassen.

Ich bin niedergeschlagen, doch auch dankbar, dass Dr. A. so ehrlich mit mir ist. Wegen des Ukrains will er mich am Abend anrufen.

Auf dem Flur kämpft Pit noch mit Luchsi. Frau D. hat ganz schön zu tun mit meinem kleinen Wirbelwind.

Unser Fahrer wartet draußen bereits auf uns und bringt uns zielstrebig zu McDonald's, wo es Chicken McNuggets mit süßsaurer Soße gibt. Tim nehmen wir auch wieder welche mit, damit er nicht neidisch auf Pitchens montägliche „kulinarische Genüsse" sein muss. Gegen 7 Uhr abends sind wir schon zurück.

Traurig schildere ich Sven die Meinung des Doktors. Auch Sven ist bedrückt. Wir nehmen uns vor, bis zum nächsten MRT einfach so weiter zu hoffen, denn dieses Gefühl tut uns gut.

Außerdem wartet am Wochenende der Dinopark auf uns. Und wenn wir Pitchen mit Timmi innig auf der Couch „schmuseln" sehen, wie sie Arm in Arm die Zeichentrickserie „SpongeBob" gucken, dann sind wir bis in die Tiefen unserer Seele hinein glücklich.

Dr. A. hält sein Versprechen, uns anzurufen und hat nichts dagegen, dass wir das Ukrain hinzuziehen. Mit dem Medikament VP16, welches wir ohnehin als Kapsel schon geben, seien bereits Erfolge erzielt worden. Es wäre durchaus einen Versuch wert. Ich nehme mir vor, morgen mit der Krankenkasse zu sprechen. Vielleicht gibt es doch noch eine Möglichkeit, finanzielle Unterstützung zu bekommen.

Heute schlafe ich seit längerer Zeit mal wieder schlecht, muss Pitchen immer wieder angucken, seinen Schlaf belauschen und möchte mich in seine Träume schleichen.

Dienstagmorgen freut sich Pitti auf die Kids vom Kindergarten. Schon um 9 Uhr sind wir mit seiner kleinen Truppe fröhlich schnatternd durch den Wald unterwegs. Vergnügt läuft Pit überall mit hin, krabbelt kleine Hügel rauf, raschelt wie die anderen begeistert mit dem Laub und lässt sich lieb von seinen kleinen Freunden trösten, weil er in seinem Übereifer recht schmerzhaft gestürzt ist. Ich spreche mit seiner Erzieherin über unseren Wunsch, Pitchen für einige Zeit wieder in die Gruppe zu integrieren, wenn das MRT gut ausfällt, denn die Kinder fehlen ihm doch sehr. Sie hat berechtigte Ängste und möchte erst mit ihrer Chefin sprechen. Etwas traurig bin ich schon, weil sie meine Vorfreude nicht teilt. Doch ich kann es schon verstehen: Pit ist im Grunde genommen ein schwer krankes Kind, und unsere Erzieher sind dahingehend nicht geschult. Es ist eben keine integrative Kita. Wir werden jedoch den nächsten Dienstag abwarten, davon hängt alles Weitere ab. Ich würde zwar auch gerne wieder für ein paar Stunden arbeiten, aber wenn das nicht geht, dann bin ich eben während Pittis Kindergartenzeit in der Gruppe dabei.

Sven nimmt unser Rübchen nachmittags mit zum Stall, und ich fahre zur Krankenkasse. Unsere Ansprechpartnerin gibt sich viel Mühe mit mir. Das Ukrain sei aber wirklich keine Kassenleistung. Wir sollten eine Einzelfallprüfung beantragen, vielleicht werde die Kasse dann die Kosten zumindest teilweise übernehmen. Es sei eben eine alternative Behandlung. Ich finde das sehr merkwürdig: Ein monatelanger Aufenthalt in einer Strahlenklinik würde ohne Probleme bezahlt werden. Auch wenn Alternativbehandlungen günstiger sind und dabei sogar Erfolg versprechend, trägt die Kasse die Kosten nicht. Je tiefer ich in die Geheimnisse des Gesundheitswesens eindringe, desto fragwürdiger erscheint mir das alles.

Ziemlich betreten gehe ich wieder, laufe ziellos durch die Stadt und bin unschlüssig, was wir tun sollen. Machen wir das mit dem Ukrain, dann bedeutet das für Pit und mich eine stationäre Einweisung für drei lange Wochen in eine Klinik nahe Heidelberg. Für Besuche von Papa und Tim oder den Großeltern entschieden zu weit. Wie sollen wir Pit die drei Wochen nur beibringen? Und es ist doch wieder ein Krankenhaus. Als Urlaub werden wir ihm das nicht verkaufen können, weil er täglich Spritzen und auch zahlreiche Untersuchungen über sich ergehen lassen muss.

Ich bin so ratlos. Wenn ich von dem Erfolg dieses Ukrains wenigstens richtig überzeugt wäre … Man kann uns aber auch keine Garantie geben. Zwar sind schon Hirntumore damit behandelt worden, aber einen kleinen ATRT-Patienten hatte man noch nicht, wie man mir schrieb. Wir müssen uns aber bald entscheiden, denn die Plätze in dem Krankenhaus sind stark begehrt und somit begrenzt.

Mir laufen einige meiner Schüler über den Weg. Sie finden den Mut, stehen zu bleiben und sich nach Pit und unserer Familie zu erkundigen. Stockend erzähle ich ihnen, was wir so tun, wie uns zwischen Hoffen und Bangen zumute ist und was wir an schöner Zeit noch genießen. Ich merke, dass sie mit ihren Tränen kämpfen, und ich kämpfe mit meinen.

Mittwoch ist wieder Badetag im Kreiskrankenhaus. Mein Pitchen zieht alle Register und ist der Wasserheld des Tages. Die Therapeutin lässt den kleinen Burschen auf dem Behindertenlift im Becken hochfahren, und runter springt er quietschend vor Freude. Er hat keine Angst unterzugehen. Der Schwimmring ist für alle Zeit vergessen. Prustend taucht er unter und durch seine Schwimmflügel und zappelnden Beine wieder auf, schüttelt sich wie ein nasser Hund, und das Spiel beginnt von vorne.

Am Nachmittag telefoniere ich mit Frau K. von „Kinderträume e.V.“: Gegen Mittag werden wir am Samstag im Dinopark erwartet. Alles klappt wie erhofft. Wir sollen uns nur gutes Wetter wünschen. Toll! Sie spricht auch noch mit Pitchen, der ihr seine Vorfreude ganz aufgeregt kundtut. Ich freue mich und schiebe die anderen dunklen Gedanken so weit es geht von mir.

Am Donnerstag sind wir wieder im Kindergarten. Heute wird fleißig Sport gemacht, und alle Kinder sind beim Hüpfen, Laufen, Spiele und

Wettkämpfe machen begeistert dabei. Danach bringe ich Pit zu meinen Eltern. Heute ist wieder Großeltern-Tag. Oma Elvi fährt mit ihm auf dem Fahrrad zum Bahnhof. Er findet es immer spannend, den Zügen zuzusehen und mit dem Fahrstuhl hoch zum Bahnsteig zu schweben. Pit staunt mit großen Augen über den Bagger, der mit dem Abriss eines Hauses beschäftigt ist. Der macht Lärm und hat riesige Kraft. Sicher träumt Pit wieder davon, selber Baggerfahrer zu sein. Stundenlang könnte unser Schnuffelchen dastehen und gucken. Es ist doch immer faszinierend, welchen Eindruck solche gewaltigen Baumaschinen auf kleine Jungs machen.

Bei Oma zu Hause spielt er dann begeistert „Halli Galli“, und als Opa Timmi von der Schule abgeholt hat, werden gemeinsam leckere Waffeln gebacken. Am Nachmittag regnet es leider. Opa Wolfgang bringt Tim dann zum Tischtennistraining. Und Oma und Pitchen knobeln, was ihm auch immer viel Freude macht.

Nach dem Abendbrot werden unsere fröhlichen Kinder wieder nach Hause gebracht. Wir erzählen noch ein wenig und freuen uns auf den Dinopark. Übermorgen geht's los!

Freitag: Heute wird gepackt. Wir brauchen nicht viel, weil wir nur einmal übernachten. Pitchen ist ja schon so aufgeregt! Und er möchte wieder Dinobilder malen. Malst du mir bitte einen Langhalspapa, ein Langhalsbaby, eine Mami dazu, ein Nest voller Dinoeier und einen Flugsaurier? Mit dicken Buntstiften füllt Pitti die Umrisse aus und ist mit der linken Hand wirklich sehr geschickt. Mit der rechten hält er das Blatt fest. Heute hat mein Kleinchen viel Ausdauer, und ich frage ihn, ob er nicht Frau K. ein Dinobild schenken möchte. *Oh ja. Dann malen wir noch ein paar und suchen das beste aus, Mami,* bestimmt er.

Am Nachmittag, als Tim und Papa da sind, wandert unsere kleine Familie zur Stepenitz. Wir werfen Stöcke und Steine in den Fluss und staunen wieder über Timmi, der wie immer eine ungeheure Wurfkraft hat und weiter kommt als wir alle.

Leider ist heute ein trüber Tag, es nieselt hin und wieder, und wir drücken alle die Daumen, dass uns morgen die Sonne lacht.

Zum Aufwärmen springen unsere Jungs noch in die Wanne und spritzen sich ausgelassen mit den Enten voll. Wir wünschen uns eine gute Nacht und träumen schön.

Von wegen Angst! – Pit und Sven mit einem Urzeitgiganten

6. und 7. November: Dinopark Münchehagen

Der Blick aus dem Fenster ist wenig erfreulich. Es regnet Bindfäden. Trotzdem lassen wir uns die gute Laune nicht verderben und steigen früh um 8 Uhr ins Auto. Fast drei Stunden planen wir für die Fahrt ein, denn der Park liegt hinter Hannover. Als wir dort von der Autobahn abfahren, reißt die Wolkendecke auf, und die Sonne blinzelt herab. Nach und nach quält sie sich durch den Vorhang und beglückt uns schließlich mit ihrem hellen Schein. Wir strecken auf dem „Dino"-Parkplatz unsere müden Glieder und können es gar nicht fassen, als Frau K. von „Kinderträume" uns herzlich mit Luftballons in der Hand begrüßt. Sie ist eigens für Pitti aus Berlin gekommen. Gerührt wische ich mir die Tränen weg. So viel Engagement für Menschen, die sie gar nicht kennt … Ich habe sie mir viel stattlicher vorgestellt, doch Frau K. ist eine schmale, kleine, jünger wirkende Frau, vielleicht einssechzig groß, voller Elan.

Der Geschäftsführer des Parks erwartet uns auch schon. Unsere Kinder bekommen liebe Geschenke, die sie sofort auspacken: Timmi ein Dinobuch für jugendliche Leser und Pitchen ein Dinobilderbuch und ein kleines grünes Scharfzahnplüschbaby. Begeistert mit der Zunge zwischen den Lippen, blättert unser Rübchen sich durch die Seiten. Zunächst werden wir zum Mittagessen eingeladen. Natürlich gibt es Dinosteaks – kleine Dinos aus Hühnchenfleisch –, Pommes und Salat, auch Dinobratwurst und anderes Futter für kleine Abenteurer. Schon beim Essen können wir die Giganten durch die großen Fenster bewundern. Der Park scheint riesig zu sein. Wir haben einen Wegeplan dabei und werden zwei Kilometer wandern müssen, um alle Dinosauriermodelle zu sehen.

Bald gibt es kein Halten mehr. Tim und Pit marschieren auf dem Rundweg los, sodass Sven, Frau K. und ich kaum hinterherkommen. An über 200 Tiermodellen laufen wir vorbei. Manche sind so riesig, dass wir unter ihrem Bauch aufrecht hindurchgehen können. Besonders der Seismosaurus beeindruckt Pitchen, wo er doch glaubte, dass der T-Rex mit seinem riesigen Maul voller messerscharfer Zähne schon so gewaltig sei. Was für Säulenbeine aber dieser Pflanzenfresser hat! Da muss ja die Erde gebebt haben …

Im Dinopark: Pit blättert aufmerksam durch das neue Buch

Ob die Kinder mal auf einem Dino reiten wollen? Timmi ist sofort begeistert und klettert auf einen Triceratops. Stolz blickt er auf uns herab und ermuntert Pitchen, der sich aber dann doch nicht traut. Papa schnappt ihn sich flink und hält sein quietschendes Kindchen vor den großen Kopf eines Dickschädeldinos. Was für ein Schreck und was für ein Spaß! Wir haben so viel Freude, puren Sonnenschein, wandern durch diese ungeheuerliche bunte Welt und dürfen die Zeit vergessen. Durch viele Erdzeitalter geht es, und wir bestaunen in der großen Halle Fußabdrücke von Dinosauriern, die hier wirklich gefunden wurden. Später sieben wir Sand nach Fossilien durch, behüten dann unsere gefundenen Schätze, erproben eiszeitliche Geräte zum Bohren und Feuer machen und formen Dinos aus Ton. Unsere Kinder und auch wir sind mit Feuereifer dabei. Fünf Stunden vergehen hier wie im Flug. Aber wir spüren dann doch unsere Füße und sind froh, wieder am Tisch zu sitzen. Naschen Kuchen zur Stärkung, trinken Kakao und Kaffee. Tim und Pit schleichen immer mal wieder zur Andenken- und Spielzeugabteilung und machen sehnsüchtige Augen. Frau K. hat mir schon angekündigt, dass sich beide etwas Tolles aussuchen können, denn dieser Kindertraum sei für den Verein sehr preiswert gewesen. Ich soll mich auch ja

Dieses Bild malte Pit fast alleine

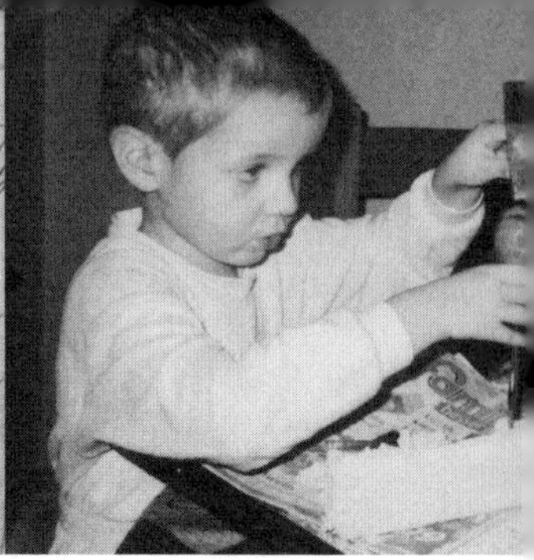

Noch versteckt sich das Dinoskelett im Stein

nicht einmischen und auf Bescheidenheit pochen. Nein! Heute dürfen die Kinder nach Herzenslust auswählen! Pitchen drückt einen großen Hartgummischarfzahn an sich, von dem er den Blick überhaupt nicht lassen kann. Und Tim entscheidet sich für eine giftgrüne lange Schlange, die täuschend echt aussieht. Außerdem dürfen sich beide noch ein Ausgrabungsset aussuchen. Das sind „Steine“, in denen ein Minidinoskelett steckt, welches man mit Geduld und Spucke in mühseliger Fummelarbeit freiklopfen kann. Tim möchte einen T-Rex ausgraben und Pitchen einen Brachiosaurus. Die beiden freuen sich sehr und bedanken sich überschwänglich bei Frau K. Tim flüstert mir zu: *Mama, diese Frau ist aber sehr großzügig.*

So ein schöner Tag! Frau K. ist von unseren Kindern und ihrem Umgang miteinander ganz begeistert. Sie ist froh, dass Pit das alles hier so genießen kann und es ihm prima geht. Frau K. erzählt mir von einer Berliner Familie, die mit uns Kontakt aufnehmen möchte, und gibt mir die Telefonnummer. Da gibt es einen kleinen Jungen in Pits Alter, der schwer an einer seltenen Form der Leukämie erkrankt ist. Diese Familie ist im Begriff, ein zweites Kind an den Krebs zu verlieren. Vor Jahren starb schon eine Tochter daran. Ich werde auf jeden Fall dort anrufen! Sie wünscht uns alles Gute, drückt für Pitchen fest die Daumen und fährt wieder nach Berlin zurück. Wir werden weiter miteinander telefonieren.

Unsere kleine Familie sucht die Pension auf, in der wir heute Nacht schlafen. Wir machen unterm Sternenhimmel noch einen kurzen Spaziergang und essen zu Abend in der einzigen Dorfkneipe, die fürchterlich verräuchert ist. Doch wir haben keine Lust, zum Auto zu laufen und etliche Kilometer zu fahren, um ein anderes Restaurant zu suchen.

Dann fallen wir in unsere Betten. Neben das Doppelbett wurden zwei Klappliegen gestellt, sodass wir alle nebeneinander schlafen. Das hatten wir so noch gar nicht, haben aber trotzdem eine schöne ruhige Nacht.

Wir lassen uns am nächsten Tag das Frühstück schmecken und machen noch einen Spaziergang durch den kalten sonnigen Morgen, bis wir uns im Auto wieder auf den Heimweg begeben.

Bei Wolfsburg entschließen wir uns zu einem Abstecher. Wir wollen Bine und Willi besuchen, die hier in der Nähe wohnen und die uns wie immer ganz liebevoll begrüßen. Unsere Kinder haben die beiden auch richtig gern, und so kosten wir noch einen erfüllten Nachmittag aus. Wir spazieren alle zusammen durch die Wiesen, und Pitchen darf Paula, die Schäferhündin, an der Leine führen. Paula ist ganz versessen darauf, Stöckchen zu holen, als sie frei läuft. Auch Pitti kann von diesem Spiel gar nicht genug kriegen. Er ist so begeistert, dass Paula immer und immer wieder den Knüppel zurückbringt, denn von Nelly kennt er das nicht. Da muss man als Herrchen schon selbst in den Teich springen und den Stock holen ... Nelly hat das Apportieren eben nicht gelernt, wir haben sie dafür wohl zu spät aus dem Tierheim zu uns geholt.

Zum Kaffee sitzen auch weitere Freunde – Hannelie und Matthias – und Willis Eltern mit am Tisch. Wir erzählen von unseren tollen Erlebnissen: vom Fliegen, vom Urlaub im Center Park, von „Rolfi", den uns ja eigentlich Bine vermittelt hat, und vom Dinopark. Alle finden, dass Pitti überhaupt nicht krank aussieht und hoffen mit uns auf das Wunder, das sich uns am Dienstag zeigen soll. So viele Menschen bangen mit Pit und uns, viele hundert Daumen werden gedrückt. Die Behandlung von Herrn D., die Tabletten. Das alles muss doch etwas gebracht haben!

Pit und Tim haben schon angefangen, ihre Dinos auszugraben, und bescheren der lieben Bine mächtig viel Dreck in der Küche. Mit einem Gefühl zwischen Lachen und Weinen fahren wir am Abend nach Hause.

Strohhalme gegen die Angst

Zweite Novemberwoche

Wir sind am Montag aus einem tiefen Schlaf erwacht. Tim und Sven sind schon längst unterwegs. Pitchen erzählt beim Frühstück noch immer von dem Seismosaurus und macht dabei kugelrunde Augen.

Gegen 10 Uhr ist auch schon die junge Frau vom Radiosender für das zweite Interview an der Tür. Sie freut sich, dass Pit so munter ist. Mein Rübchen ist heute gut aufgelegt und plappert fröhlich drauf los: *Fand ich super. Fünf Stunden waren wir im Park und haben so viele tolle Dinos gesehen.* Heute gibt er bereitwillig Antwort auf all ihre Fragen, schwärmt von den Spuren, von den Ausgrabungen und schleppt seinen Stein an, in dem der Dino als Skelett steckt. *Ich will damit nachher gleich weitermachen,* kündigt er stolz an. Am 2. Dezember wird Pittis Geschichte über den Äther gehen. Wie sich seine Stimme wohl anhört?

Die Frau hat für ihn noch ein Geschenk: eine Duplo-Forschungsstation mit einem kleinen Dinobaby im Ei. Ganz süß, und Pit freut sich wirklich darüber. Wir verabschieden uns, und für morgen zum MRT wünscht sie uns alles Gute.

Pit macht sich mit seinem Stein sofort an die Arbeit. Nimmt Hammer und Meißel, Hölzchen und Pinsel, klopft, hämmert und kratzt mit ungeheurer Ausdauer und setzt beide Hände ein, die er präzise führen muss. Ich kann ihn gar nicht genug loben und beobachten, so froh bin ich. Dass in unserer Küche eine Staubwolke hängt und wir beide und sogar Pfötchen immer mal niesen müssen, stört uns überhaupt nicht. Als Timmi von der Schule kommt, gesellt er sich gleich dazu und fummelt an seinem Klotz herum. Bis die Kinder mit ihrem Werk fertig sind, wird wohl noch einige Zeit vergehen.

Mit der Post kommt der Pflegebescheid! Pitchen erhält nun Pflegegeld für Stufe zwei. Fast 400 Euro haben wir im Monat für seine Behandlungen zur freien Verfügung, was wir auch gut und gerne ausgeben. Mehr denn je achten wir seit seiner Erkrankung auf Vitamine und Mineralstoffe, haben seinen Mahlzeiten und Getränken Aloe-Vera-Saft beigemischt und auch schon chinesisches Pilzpulver genommen, was dann aber so durchschmeckte, dass Pit nichts davon essen wollte. Was seine Geschmacksnerven nicht bemerken, jubeln wir ihm aber gerne unter. Und was er ablehnt, nehmen wir, es kann ja nicht schaden. Teuer ist dieser Kram allemal.

Am Nachmittag telefoniere ich mit der Mutter aus Berlin, von der ich durch Frau K. erfuhr. Da wir ja morgen in der Stadt sind, bietet sie an, sie auf dem Rückweg zu besuchen. Ein Erfahrungsaustausch könnte recht sinnvoll sein, finden wir beide.

Bevor es dunkel wird, spazieren wir noch mal zum Stall und suchen Eier. Nur ein einziges finden wir. Den Hühnern wird es zu kalt. Noch lieb die Pferde streicheln und Enten jagen. Aufwärmen in der Badewanne, Abendbrot, Fernsehkuschelei mit Timmi, Gute-Nacht-Ritual, Schlafenszeit.

Dienstag: Schon um 8 Uhr wartet unser Taxi. Sven kommt heute mit nach Berlin, so fahren wir zu dritt einer ungewissen Zukunft entgegen, die sich heute in der Klinik entscheidet.

Tim ist bereits zur Schule, nachmittags sind Oma und Opa hier, denn wir werden spät zurück sein.

Unser Fahrer braucht heute nicht zu warten, weil wir mit dem Zug nach Hause fahren.

Pitchen wird teilstationär aufgenommen und bekommt einen Zugang gelegt. Natürlich ist ihm und uns bange, doch unser Schnuffelchen ist tapfer, weint beim Piksen nur ein bisschen. Auch ein EKG, EEG und ein Blutbild werden gleich gemacht. Großes Programm. Für Luchsi haben wir nur wenig Zeit heute. Darüber ist Pit besonders traurig. Uns wird gesagt, dass wir die MRT-Auswertung heute noch gar nicht erhalten. Das werde einige Tage dauern. Nächsten Montag hätten wir dann Gewissheit. Noch eine Woche Geduld!

Alle Zeiten verzögern sich, so ziehen sich die Stunden hin. In der Röhre liegt Pit wieder ganz still und rührt sich bei all dem Dröhnen über 30 Minuten nicht. Er scheint zu wissen, worauf es ankommt. Sven und ich halten wieder je einen Fuß und beruhigen Pitchen und uns selbst. Er ist schon ein toller kleiner Bursche.

Wir möchten Kopien der MRT-Bilder mitnehmen und müssen darauf etwas warten. Erst gegen 14 Uhr eilen wir zur U-Bahn und fahren vom Zoologischen Garten aus nach Finkenkrug, wo wir diese Familie besuchen wollen. Im Abteil werfe ich zitternd einen ersten Blick auf die Röntgenbilder. Ich starre die hellen Flecke in Pitchens Gehirn an und hoffe, dass ich mich irre …

Dann sind wir auch schon bei Helena und ihrem Sohn Jonas. Gegen ihn sieht Pit aus wie das blühende Leben und ist es ja auch. Dem Kleinen geht es gar nicht gut. Er hat ständig fürchterliche Bauchschmerzen und ist blass wie eine Kalkwand. Helena ist auch fix und fertig.

Ihr Mann arbeitet noch. Sie erzählt uns von ihrer vor Jahren verstorbenen Tochter, und dass sie damals alles getan haben, was medizinisch möglich war. Ihr früherer Mann ist sogar Onkologe und hätte ohnehin nichts unversucht gelassen. Und vor einem halben Jahr erkrankte Jonas auch an dieser tückischen Form von Leukämie. Nun wendet sich die Familie den alternativen Heilmethoden zu und legt all ihr Hoffen da hinein. Helena hat schon etwas länger recherchiert als ich und einen dicken Ordner mit unterschiedlichsten Informationen zusammengetragen. Sie hat auch etwas andere Kontakte, arbeitet nämlich selbst im Krankenhaus. All das nützte bislang leider wenig, und doch geben sie die Hoffnung nicht auf. Wir wollen immer mal miteinander telefonieren, den dicken Hefter dürfen wir mitnehmen.

Mit dem Zug fahren wir durch die Dunkelheit nach Hause. Meine Eltern sind auch bedrückt, als sie meine Vermutung über die MRTs hören, aber sie wollen sich nicht verrückt machen und lieber die Auswertung abwarten. Auch Timmi vertrösten wir auf nächsten Montag. Wir wollen ihm keine Ängste um Pitchen vermitteln, die vielleicht doch unbegründet sind …

Als die Kinder schlafen, schaue ich mir die Aufnahmen genauer an. Habe noch die vom ersten MRT vor meinem geistigen Auge. Wenn ich doch nur falsch liegen würde! Ich sehe viel Krebs, viel mehr als noch im Sommer. Nun kann ich nur noch hoffen, dass ich mehr medizinisches Unverständnis habe, als ich annehme. Auch Sven hat Furcht in seinem Blick, doch wir gestehen sie uns gegenseitig nicht ein. Ab heute heule ich wieder heimlich.

In dieser Nacht kann ich kaum schlafen und betrachte meist mein Kindlein im fahlen Licht des Mondes, das durch die Rolloschlitze fällt. Ich habe heute noch nicht gebetet und werde es auch nicht mehr tun. Kann nicht erklären, warum. Ich kann es einfach nicht und habe auch kein schlechtes Gewissen.

Pitchen erwacht am Mittwoch mit Bauchweh und muss spucken. Zweimal würgt er etwas Speichel hoch und hat dann wieder Ruhe. Doch er fühlt sich recht schlapp und möchte nur „Findet Nemo“ gucken. Meine Angst schlucke ich hinunter, lasse sie mir nicht anmerken vor meinem Spatz. Ich durchwühle Helenas dicken Ordner und klicke mich im Internet von Seite zu Seite: Selen, Vitamin B17, Resveratrol … Auf manche Präparate wäre ich alleine nicht gekommen. Nur wenn man weiß, wonach man suchen soll, findet man auch etwas.

Ich kann nicht verstehen, dass die Schulmedizin solche Möglichkeiten nicht aufzeigt und nur ihre eigenen Behandlungsmethoden als die einzig wahren darstellt. Es macht mich unglaublich wütend. Das Resveratrol scheint eine wirkliche Chance zu sein, und ich nehme Kontakt zu einem Arzt auf, der damit Patienten behandelt und beachtliche Erfolge erzielte. Betroffen hört er sich Pitchens Geschichte an und bittet mich, ihm die Blutwerte und die Tumorhistologie zu faxen. Zwar hat er auch noch keinen ATRT-Patienten gehabt, aber andere Tumore hätten gut auf die Substanz angesprochen und konnten auch schon gänzlich ausgemerzt werden, wenn mit der Behandlung *rechtzeitig* begonnen wurde. Vor allem sei sie frei von Nebenwirkungen und tue Pit nicht weh. Er müsse nur Kapseln schlucken.

Natürlich sind die Tabletten teuer, und für die Zweimonatspackung werden wir über 700 Euro los. Durch das Pflegegeld können wir das aber aufbringen und möchten so schnell es geht beginnen. Der Arzt wird für Pit die benötigte Menge berechnen und uns alles nach Hause schicken. An diesen Strohhalm möchte ich mich klammern, rufe Sven auf der Arbeit an, der hoffend mitklammert.

Pit und ich machen dann für „Kinderträume" einen Brief fertig mit einem gemalten Dinobild (Tim hat noch Herzen dazugezeichnet) und einigen Fotos von unserem gelungenen Wochenende. Anders können wir uns leider gar nicht bedanken.

Nach dem Mittagsschlaf geht es Pitchen wieder gut, und wir fahren gemeinsam mit Timmi zu Felix und Konrad. Freundin Dorit hat uns zum Keksebacken eingeladen, und begeistert stechen die Kinder die Plätzchen aus. Schon bald duftet es in der ganzen Wohnung nach Weihnachten. Hmm, wie lecker das schmeckt! Die Jungs spielen, und unser Tag klingt fast unbeschwert aus.

Am Donnerstag spuckt Pitchen wieder. Aber er freut sich nach dem Frühstück trotzdem auf die Kinder in der Turnhalle und ist auch gar nicht so schlapp wie gestern. Vielleicht nur ein kleiner Infekt? Ich wünsche es mir so sehr …

Sport machen ist wieder klasse. Und der weitere Tag gehört dann Oma Elvi und Opa Wolfgang. Mit Timmi spiele ich nach der Schule etwas Tischtennis, und dann reiten Sven und ich auf dem Platz und lenken uns eine Stunde erfolgreich mit unseren Rössern ab.

Als meine Eltern mit Pit zurückkommen und uns zum Stall entgegengehen, laufe ich auf mein Rübchen zu und breite die Arme aus. Und Pitchen rennt so schnell er kann zu mir. Er flitzt richtig und fällt mir juchzend um den Hals. Ich will nicht glauben, dass ihm das bald nicht mehr gelingen soll, und möchte den Augenblick für immer festhalten.

Freitag: Zum Glück sind unsere Nächte ruhig. Nach dem Aufstehen bricht Pit aber wieder. Es ist wie im Urlaub. Morgens spucken, dann ist tagsüber alles in Ordnung. Kein Infekt, denn das Fieber fehlt. Beim Baden im Kreiskrankenhaus ist Pitchen wieder fröhlich, wenn auch nicht ganz so kraftvoll wie letztes Mal. Doch wir planschen ausgelassen herum, werfen Bälle, und Pitchen möchte wieder mit dem Lift fahren und ins Wasser springen. Diese Badestunde vergeht immer viel zu schnell.

Tim und Pit graben nach Pitchens Mittagsschlaf weiter ihre Dinos aus. Als Papa da ist, klingeln auch schon Janet und ihr Freund. Wir bereiten für unseren morgigen Arbeitseinsatz im Stall bereits einiges vor. Janet kauft mit mir Farben für die Hindernisstangen, Tim ist zum Training, und Pitchen möchte schon jetzt den Männern beim Plattenverlegen unterm Kremser helfen: Sven zieht den Kies glatt, Janets Freund legt die Platte hin, und Pit klopft mit dem dicken Gummihammer drauf. Tolles Team.

Heute schlafen die Jungs wieder zusammen, aber im Ehebett im Schlafzimmer! Hoffentlich kullert keiner von beiden raus, sorge ich mich und schiebe Stühle davor, als sie träumen.

Samstag: Der Morgen beginnt wie gestern und vorgestern, aber Pitchen ist nach der Würgerei flott auf den Beinen und isst mit Appetit sein Brötchen. Gott sei Dank.

Für heute haben wir also den großen Arbeitseinsatz am Stall geplant. Eike und Janet misten aus und streichen dann mit mir die Hindernisstangen, Janets Freund und Sven verlegen weiter Steinplatten unterm Kremser. Und Pitchen und Timmi streichen das in den letzten Tagen gebaute Vogelhaus und sich selbst. Mit einer Ausdauer schwingen sie den Pinsel: Tim mit rechts, Pit mit links – er hat durch die Halbseitenlähmung umlernen müssen. Beide haben trotz des nicht gerade einladenden Wetters zusammen viel Spaß. Es ist immer wieder schön zu sehen, wie lieb Tim trotz gelegentlicher Kabbeleien zu Pitchen ist, wie er seinen kleinen Bruder unterstützt, ihm rät und zeigt, wie er was machen kann. Und Pit staunt seinen großen Timmi an. Wie die beiden heute aussehen! Voll gekleckst von oben bis unten. Türkis und orange im Wechsel: Diese Farben suchte Pitti fürs Vogelhaus aus. Timmi hätte lieber andere genommen, aber er gab wie so oft seinem Rübchen nach.

Abends grillen wir alle im Stall und verputzen Würstchen, bevor wir die Kinder in die Wanne stecken und eine halbe Stunde einweichen, um sie halbwegs sauber zu kriegen. Wir fallen erschöpft, aber erfüllt in unsere Kissen und jeder für sich in einen tiefen Schlaf. Das Weinen kann ich noch recht gut vor den Kindern verbergen.

Sonntag: Pitchen hat bereits in der Nacht gebrochen, und die Bettenbezieherei geht wieder los.

Wir sind bei Svens Eltern zum traditionellen Rippenbratenessen eingeladen und sehen die Geschwister wieder. Irgendwie bin ich heute nur traurig und verkneife mir schon im Auto die Tränen. Ich habe solche Angst vor morgen und könnte schreien …

Als Pitchen beim Essen spucken muss und auf seinen Teller würgt, bricht bei mir das Heulen los. Ich kann es nicht ändern und nicht abstellen, renne raus und muss mir Luft machen. Es tut mir leid für die schlechte Stimmung, die ich auslöse, doch die Familie merkte mir schon bei der Begrüßung an, dass etwas nicht stimmt. Von den MRT-Aufnahmen haben wir schon vage am Telefon erzählt. Aber die Auswertung sei doch erst morgen, wir sollten uns nicht verrückt machen und abwarten. Aber ich fühle, ich ahne, ich weiß: Unser Kindchen bekommt morgen, an meinem Geburtstag, sein Todesurteil.

Immer wieder stecke ich an diesem Sonntag in meinen düsteren Gedanken fest, während es Pit eigentlich gut geht. Ich will auch nichts heraufbeschwören, aber mein Bauchgefühl …

Die Jungs singen auf der Heimfahrt Quatschlieder, und Sven und ich lachen tapfer mit. Weil es spät ist, gibt es nur ein kleines Gute-Nacht-Ritual. Morgen beginnt wieder eine neue Woche. Was wird sie bringen? Seit zwei Tagen träume ich furchtbar und ängstige mich auch heute davor einzuschlafen.

Gewissheit

Montag, 15. November

Heute ist mein 38. Geburtstag. Ich habe unruhig geschlafen und schlimm geträumt. Ich weiß nicht, wovor ich mich mehr fürchte: vor den Gute-Wünsche-Anrufen, den Gratulanten, die zu Besuch kommen, oder vor Berlin. Ich schluchze schon beim Aufwachen und bin heilfroh, dass mein Kleinchen noch schläft und auch eine ruhige Nacht hatte.

Sven ist schon zur Arbeit, Timmi in der Schule. Wie lieb sie meinen Geburtstagstisch gedeckt haben ... Unter Tränen packe ich meine Geschenke aus: von Tim ein Gutschein-Puzzle für eine schöne Kerze, die ich mir aussuchen darf, von Sven ein lustiges Buch und einen kleinen Laufcomputer, von Pit das grüne Dinobaby, das er im Dinopark bekam und mir so gut gefällt, schöne Blumen. Es könnte alles so wunderbar sein.

Als Pitchen wach ist und zu mir in die Küche kommt, fragt er auch nicht, warum ich weine. Er kuschelt mit mir und schlingt seine Arme um mich: *Herzlichen Glückwunsch zum Geburtstag, meine liebe Mami.* Ich bin ihm dankbar, dass er nicht nach meinen Tränen fragt. Vielleicht hat er meine Stimmung der letzten Tage ja auch schon bemerkt. Mein schönstes Geschenk ist, dass es ihm heute prima geht und er nicht brechen muss.

Pitti weiß, wir fahren nachher wieder nach Berlin. Er hat sich gewünscht, dass Opa Wolfgang mitkommt. Mir ist es lieb. Würde Sven mitfahren, dann müsste ich nicht so stark sein. So aber muss ich mich zusammennehmen, weil mein Vati selbst furchtbar traurig ist und ich ihn stützen muss. Jedenfalls rede ich mir das ein. Pitchen möchte einen Tierfilm gucken und schlüpft ins Wohnzimmer. Seine Cornflakes darf er ausnahmsweise mal dort löffeln.

Erste Anrufe und Besuche von Freunden und Kollegen. Ich bekomme kaum ein Wort über die Lippen. Einige meiner Schüler klingeln an der Tür, bringen Grüße und Blumen. Ich kann gar nichts sagen und muss es auch nicht. Niemand erwartet irgendetwas von mir, doch ich würde meine Dankbarkeit so gerne ausdrücken. Einige Nachbarn sehen vorbei, ich werde viel gedrückt und merke, wie schwer es allen fällt, mir gegenüber Stärke zu zeigen.

Ich hasse diesen Tumor!!! Er verändert unser aller Leben und hat dabei kein Recht dazu!

Dann steht meine Mutti vor mir, sieht mein verheultes Gesicht, umarmt und herzt mich und findet auch keine Worte für das, was mit uns geschieht. Sie ist so voller Mitleid für mich, für Pitchen, für unsere ganze Familie. Und wir wissen nicht, was noch auf uns alle zukommt.

Pit hat gehört, dass Oma da ist, und begrüßt sie fröhlich rufend. Wir wischen unsere Tränen ab und versuchen, Pit unsere Verzweiflung nicht so sehr zu offenbaren. Er hat es doch schon schwer genug. Zumindest wissen wir nicht, wie es wirklich in ihm aussieht. Mit Sicherheit macht er sich seine eigenen Gedanken über das Verhalten der Erwachsenen um ihn herum.

Dann wartet auch schon das Taxi. Der Fahrer hat meinen Vati gleich mitgebracht. Mühsam versuche ich noch schnell, mein verquollenes Gesicht in eine ansprechende Form zu bringen. Es nützt ja niemandem, wenn mir meine Furcht schon an der Oberfläche anzusehen ist. Und dann machen wir uns auf den Weg. Mein Rübchen hat Spaß an den Geschichten, die Opa ihm vorliest. Er freut sich auf Luchsi und ist guter Dinge.

Wieder ist es voll in der Sprechstunde, und wir warten lange. Luchsi ist auch gleich zur Stelle, wofür ich Frau D. wieder sehr danke. Heute muss Pit auch nicht gepikst werden, sondern darf mit seinem Plüschfreund sofort herumbalgen. Mit einer anderen Mutter komme ich noch ins Gespräch, deren Söhnchen auch in Pits Alter ist und ein hochgradiges Astrozytom hat. Seit Jahren führt die Familie ein Leben zwischen Hoffen und Bangen. Mehrmals wurde das Kind operiert, von Heilung ist nicht mehr die Rede. Die Stimme der Mutter klingt müde und verzagt. Auch ihr älterer Sohn erkrankte vor Jahren an Krebs, gilt jetzt als geheilt, lebt aber in ständiger Ungewissheit. Ich erzähle von Helena und von ähnlich betroffenen Familien, von denen ich im Internet gelesen hatte. Und auch sie kennt andere Fälle, wo Eltern zwei Kinder an diese tückische Krankheit verloren oder im Begriff sind, das zweite zu verlieren. Wir tauschen diese traurigen Erkenntnisse aus und sind nur noch mehr bedrückt. Und mir wird schlagartig klar, dass wir Timmi durchchecken lassen müssen. Schon bald!

Nach fast zwei Stunden Wartezeit bittet uns Dr. A. ins Sprechzimmer. Erst wird Pitchen untersucht. Er ist begeistert dabei. Alles, was der Arzt von ihm sehen will, klappt bestens. Pit und wir sind stolz.

Im Nebenraum möchte der Doktor meinen Vati und mich dann alleine sprechen. Die Stunde der Wahrheit ist da, denke ich nüchtern. Pitchen bleibt so lange bei Luchsi und Frau D. und ist ausgesprochen fröhlich.

Dr. A. zeigt viel Mitgefühl, als er uns erklärt, dass die Tumormasse in Pittis Kopf um das Doppelte angewachsen ist. Ich habe mich also verdammt noch mal doch nicht geirrt … Trotzdem ist es ein Schock. Mit solch einer Progression hätte auch er nicht gerechnet. All unser Tun und Hoffen brachte nichts. Dr. A. stellt uns frei, ob wir noch einmal nach Berlin kommen. Auch ob wir Pit weiterhin die Tabletten geben. Wie lang Pitchens Lebenszeit noch ist, vermag er auch nicht zu sagen, aber Weihnachten ist nicht sicher. Wir müssen täglich damit rechnen, dass es Pit schlechter geht. Vati weint hemmungslos, auch dem Arzt stehen die Tränen in den Augen. Ich selbst weiß gar nicht, was ich denken soll und sitze nur da.

Ich habe mich mit Pits baldigem Tod schon lange auseinandergesetzt, meint Dr. A., ich wäre sonst nicht so stark. *Ich bin nicht stark,* erwidere ich und kann mich dann auch nicht mehr beherrschen. Weinend möchte ich wissen: *Was sollen wir nun tun? Wie wird das Sterben sein? Was weiß und empfindet Pit?* Nicht auf alle Fragen kann er antworten, doch es sei klar, dass Pit wisse, wie es um ihn stehe. Die Psychologin und er hätten mehrmals Pittis Verhalten analysiert. Er spiele und verbalisiere den Tod und das Sterben und zeige deutlich, dass er sich nicht fürchte. Und dass er keine Angst habe, sei uns zu verdanken und unserem Umgang mit Pit. Das sei unser Geschenk an ihn.

Dr. A. weiß, dass er so schonungslos mit uns sprechen kann, sagt er. Es tue ihm auch sehr leid um Pit, doch er kenne uns mittlerweile gut. Nicht alle Familien seien so stark und könnten loslassen. Sie versuchen dann noch eine Chemo, noch eine OP, noch eine Bestrahlung und hören nicht auf das Kind, können nicht akzeptieren, dass das Leben zu Ende geht. Manche Eltern müssen die Ärzte bremsen, um dem Kind nicht noch mehr Leid aus Liebe und nicht zuletzt aus Egoismus zuzufügen.

Wir sollen auf unserem Weg bleiben, Pit nicht belügen und versuchen, ihm sein Sterben friedlich und geborgen zu gestalten. Jederzeit dürfen wir wieder herkommen, wenn wir es möchten, oder anrufen. Traurig, mit einem Gefühl der Leere im Herzen, verabschieden wir uns.

Ich bin so froh, dass Vati all das mit angehört hat. Er hätte es mir sonst nicht geglaubt. Noch bis heute hatte er die Hoffnung, dass sein Enkel weiterleben würde. Wir sehen Pitchen zu, wie er mit Luchsi spielt, und können es nicht fassen, dass er vielleicht nicht einmal mehr Weihnachtsgeschenke auspacken soll. Es sind bis dahin keine sechs Wochen mehr. Aber er ist doch noch so lebendig! Kleiner Spatz, denke ich, du wirst uns so furchtbar fehlen. Wie still wird es in unserem Haus ohne dich sein! Auch wenn du dich nicht fürchtest, ich fürchte mich sehr!

Frau D. schließt mich in ihre Arme und wünscht uns Kraft. Wie gerne würde ich auf ihre Worte vertrauen: Pitchen wird zufrieden sterben. Es geht ihm so gut bei uns. Er fühlt sich verstanden und geliebt und weiß, wir kommen ohne ihn in dieser Welt zurecht. So kann er ohne Sorge um uns in eine andere gehen. Und es gibt da was. Ganz sicher.

Wie ferngesteuert steigen wir ins Auto, fahren zu McDonald's und dann heim. Vati fährt mit dem Taxi gleich weiter, und ich wage mich kaum ins Haus. Pit ist so fröhlich: *Ich brauche gar nicht mehr nach Berlin zu fahren, Papa!* Sven weiß, was das bedeutet, und nimmt mich in den Arm. Wir weinen im Flur, und im Wohnzimmer lachen Pitchen und Timmi über einen Trickfilm. Größer kann der Kontrast nicht sein!

Nachbarn kommen. Bedrückt sitzen wir in der Küche, sprechen uns Mut zu, weinen gemeinsam und trinken sogar noch ein Glas Wein. Immerhin habe ich ja doch Geburtstag. Und Pit ist noch da. Viele Anrufe füllen den langen Abend. Viel Mitleid. Viele Tränen. Viel Angst.

Grübelnd verbringe ich neben meinem murmelnden Kindlein die Nacht. Wie soll es jetzt nur weitergehen? Was wird die nächste Zeit bringen? Wie zeigt sich der Tod? Was tun wir gegen die Schmerzen, wenn sie kommen? Wann ist das Resveratrol da? Das wollen wir wenigstens noch versuchen. Morgen ist im Kindergarten Oma-Opa-Tag. Auch Pitchen ist mit seinen Großeltern eingeladen. Meine Eltern haben zugesagt. Und ich wünsche ihnen und Pit, dass sie das emotional schaffen mit dem Wissen von heute und ihrer unsäglichen Angst.

Dienstag, 16. November

Pitchen spuckt nicht. Es geht ihm gut, und er möchte nach dem Frühstück spazieren gehen. Die Sonne strahlt, als hätte es den gestrigen Tag überhaupt nicht gegeben. Wir nehmen kleine Flugzeuge mit, die man mit einem Gummi losschnipsen kann, und lassen sie auf der Wiese wetteifernd in den blauen Himmel steigen. Am Stall entdecken wir leider kein Ei mehr, und auch weder Huhn noch Ente will sich heute fangen lassen.

Wir strolchen durch den Wald und finden halb vom Laub verdeckt einen blanken Pferdeschädel. Sicher gehört er zu dem Pferdebein, das wir im vergangenen Jahr entdeckten. Wo mag bloß der übrige Körper sein? Pitti sieht sich neugierig um, und ich bin froh, dass es hier nichts weiter zu finden gibt. Ganz genau schaut sich mein Kindlein den großen Knochen an und will mehr wissen, als ich ihm erzählen kann. *Lerne ich das in der Schule?*, fragt er mich. *Na klar, Pitchen, und noch viel mehr!*, antworte ich ihm und schlucke den Kloß in meinem Hals mühsam hinunter. Ist das denn schon ein Belügen? Ich bin so verflucht unsicher. Und immer, wenn ich mich unbeobachtet glaube, lasse ich meinen Tränen ihren Lauf. So geht das noch den ganzen Tag. Zu unfassbar ist das, womit unsere Familie gestern konfrontiert wurde.

Dann freut sich Pitchen auf die Kinder und holt sich nach Kartoffelbrei mit Fischstäbchen und Erbsen beim Mittagsschlaf die nötige Kraft, bis Oma Elvi und Opa Wolfgang ihn zum Kindergarten mitnehmen. Auch sie wirken tapfer.

Timmi kommt von der Schule und möchte wissen, wie es Pitchen denn nun geht. Weil wir gestern so traurig waren, traute er sich nicht zu fragen. Schweren Herzens sage ich ihm die Wahrheit. Timmi ist so lieb, nimmt meine Hand, drückt mich und flüstert, dass er auch furchtbare Angst hat. Wir trösten uns gegenseitig, so gut es geht.

Mit der Post kommt das Resveratrol. Wieder so große Kapseln. Heute Abend nimmt Pit die erste. Hoffentlich macht er mit.

Über eine Bekannte erfuhr ich letzte Woche von einer umstrittenen Heilpraktikerin in unserer Nähe. Ihrer schwer krebskranken Mutter habe sie geholfen, sie sogar geheilt. Noch ein Strohhalm? Jedenfalls telefoniere ich mit ihr. Es geht um radikalste Umstellung der Lebensgewohnheiten der ganzen Familie. Nur dann hätten wir eine Aussicht auf Erfolg. Sie rät zur Eile, schlägt schnellstens eine Entgiftung vor, und eine erste „Schadstoffausleitung“ könne sie am kommenden Freitag machen. Ich sage zu. Es ist nicht zu teuer und vielleicht eine Chance. Doch im Innersten überzeugt bin ich nicht. Sollten wirklich in unserem Umfeld die Ursachen für Pits Tumor liegen? Trägt seine Ernährung die Schuld? Wir leben doch auf dem Lande! Weit und breit keine Industrie! Ich weiß nicht …

Tim ist vom Spielen wieder da, und Oma und Opa kommen mit Pitchen zurück. Es sei ein schöner Nachmittag gewesen, und doch habe Pit so traurig ausgesehen. Und beim Anblick der anderen gesunden Kinder mussten auch meine Eltern sehr um Fassung ringen. Die Opas und Omas in der großen Runde wissen ja alle, was los ist mit unserem Spatz. Alle haben und zeigen Mitleid und können nicht glauben, dass Pit so krank ist. Man sieht es ihm noch nicht an. Es fällt unglaublich schwer, weiterhin Normalität zu leben, wenn man doch weiß, dass … Bedrückt sehen wir unser Kleinchen an, wie es sich mit seinem großen Bruder eng aneinandergeschmiegt auf der Couch an einem Trickfilm erfreut.

Wir haben noch nicht auf meinen Geburtstag miteinander angestoßen, holen es jetzt aber nach. Schnell machen wir überbackenen Toast im Backofen und versuchen, uns für ein paar Stunden auf andere Gedanken zu bringen. Das Leben geht weiter, und Pitchen ist noch mittendrin. In Familie lassen wir uns das Abendbrot schmecken.

Pit schluckt angewidert die Tablette. Es geht also. Nachspülen mit Apfelschorle, und die Sache ist vergessen. Prima!

Oma und Opa bringen die Kinder ins Bett, wir erzählen noch etwas, und dann gehen auch Sven und ich schlafen. Unsere Nacht ist ruhig, meine Träume sind heute seltsam friedlich, Pitchen spuckt nicht.

Mittwoch, 17. November

Am Vormittag sind wir wieder im Kreiskrankenhaus zum Baden. Dort weiß man schon, wie es um Pitchen steht, und kämpft mit den Tränen. Wie lange wird er hier noch so unbeschwert herumtollen können? Wieder ganz schrumpelig und aufgeweicht fahren wir heim. Und wir sind beide auf unsere eigene Weise glücklich.

Zu Hause malen wir dann vier große Dinobilder. Frau K. hat nämlich angerufen und sich bei Pitchen für die Fotos und seine Malerei bedankt. Er erzählt sofort wieder vom Dinopark und unseren wunderbaren Erlebnissen dort. Was bin ich froh, dass wir all diese Erinnerungen haben!

So eine schöne Zeit liegt hinter uns. Und die Freude und Glücksgefühle wiegen weit mehr als die dunklen Gedanken voller Angst.

Am Nachmittag kommt Pitchens Kindergartenfreund zum Spielen. Und Dorit bringt Konrad noch dazu. Wir freuen uns. In dieser Woche klappt es nämlich mit dem Besuch in der Kita nicht, und ich möchte Pit seine Kumpels nicht vorenthalten. Ich bin dankbar, dass die anderen Muttis mitmachen und keine Scheu haben. Wir marschieren schnurstracks zum Pferdeschädel, den mein Kindchen den anderen beiden unbedingt zeigen will. *Wisst ihr was? Wir haben einen Pferdekopf im Wald gefunden. Wollt ihr den mal sehen?* Und Pitti erzählt seinen Freunden, was er alles darüber weiß und auch vom Fohlenbein aus dem letzten Jahr. Ist das auch „Tod und Sterben spielen und verbalisieren"? Pit hat schon immer großes Interesse an so etwas gezeigt, ist emotional sehr eingebunden in die Prozesse der Natur. Sind das Hinweise auf die Kämpfe, die er innerlich vielleicht schon lange ausficht? Ich würde so gerne in seine Seele schauen können.

Weil es zu regnen beginnt, ziehen wir uns ins Haus zurück. Die drei kleinen Jungs bauen eine Bude, spielen mit der Hot-Wheel-Rennbahn und den Dinos aus Hartgummi.

Auch ich bekomme noch Besuch von zwei Kolleginnen, die den Kindern ein lustiges Äffchen schenken, das auf Knopfdruck zappelt und singt. Ich höre etwas von der Schule und bleibe auf dem Laufenden, was die Arbeit betrifft. Bin tieftraurig, dass der schöne Traum geplatzt ist, Pitti für einige Wochen in den Kindergarten zu geben und selbst ein paar Stunden zu unterrichten. Ich hätte es Pit so sehr gewünscht, aber mit der jetzigen Aussicht planen wir überhaupt nichts mehr. Wir denken eigentlich von einem Tag zum nächsten.

Doch für den Samstag laden wir unsere Freunde mit ihren Kindern zum nachträglichen Geburtstagskaffee ein und freuen uns, als alle zusagen.

Sven und ich essen mit den drei Kleinen und unserem großen Kind zu Abend, Papa bringt unsere zwei Jungs ins Bett, und mich schleppt Daniela noch mit zum Musical „Rats" ins Kulturhaus. Schöner Abend!

Donnerstag, 18. November

Wieder hat Pitti prima geschlafen und muss auch nicht brechen. Haben die Ärzte sich vielleicht doch getäuscht? Hoffen.

Heute ist wieder Oma-Opa-Tag, und zum Frühstück sind wir bereits eingeladen: Pitchen freut sich dort immer auf Hörnchen, weil er die bei uns nicht bekommt. Meine Eltern haben den Bäcker gleich nebenan, und Pit dackelt oft mit, um sich etwas auszusuchen. Nachmittags wird Opa Tim von der Schule abholen, und heute übernachten beide Kinder wieder bei meinen Eltern, denn unser Großer hat morgen schulfrei.

Ich erledige unseren Wocheneinkauf, nachmittags schwingen Sven und ich uns auf die Pferde und bekommen unsere Köpfe frei. Leider wird es schon früh dunkel. Das Jahr neigt sich dem Ende zu.

Die Mutter einer Schulkameradin von Tim schenkt mir abends ein Reiki. Eine japanische Massage. Sie bietet mir diese Art des Handauflegens selbstlos an, weil es das Einzige sei, was sie wirklich für mich tun könne. Und es tut mir gut. Ich genieße, lasse mich fallen und denke an nichts.

Sven hat heute noch Volleyballtraining, und ich lasse mich von Andrea und Heike zum Singen abholen. Zur Schulweihnachtsgala tritt auch der kleine Lehrerchor auf und übt dafür in fünf bis sechs Proben. Ich war in den vergangenen Jahren auch dabei, und trotz meiner Krankschreibung räumt mir die Schulleitung ein, mitzusingen. Es geht Pitchen ja noch gut, warum also nicht. Zwar meldet sich mein Gewissen: Darf ich singen, obwohl mein Kind bald sterben wird? Doch nehmen meine Kollegen mir meine Zweifel und bauen mich auf. Nach fast zwei Stunden Trällerei bin ich fröhlich. Singen befreit eben die Seele.

Freitag, 19. November

Ich rufe am Morgen bei meinen Eltern an. Nein. Pit hat nicht gespuckt und gut geschlafen. Mein Herz jubelt. Ob das schon das Resveratrol ist?

Svens Eltern wollen nachher wie besprochen zu Mutti und Vati nach W. kommen und Tim abholen fürs Wochenende. Er möchte mit Opa gerne angeln und freut sich sehr darauf.

Nach dem Mittagessen bringt Mutti dann auch Pitchen wieder. Sie ist bedrückt, hat Tränen in den Augen: Pit taumele wieder so. Ich meine nur, ich hätte das auch schon bemerkt und dass wir uns damit wohl abfinden müssten, so schlimm es auch sei. Und es werde noch schlimmer werden …

Mutti möchte reden: Ich spräche doch auch mit meinen Freunden ständig, nur mit ihr nicht. Doch weil es schon recht spät ist und mein Pitchen Mittagsschlaf machen soll, bringe ich ihn erst zu Bett und gehe nicht weiter auf sie ein. Immer möchte ich auch nicht über das Traurige sprechen, denke ich und höre dann, dass unten die Tür klappt: Mutti ist weg. Mist! Gleich meldet sich mein schlechtes Gewissen: Hätte ich sie eben nicht lieber trösten sollen?

Während Pitchen fernsieht oder mit Bauklötzen spielt, quäle ich mich mit dieser Grübelei durch den Freitag, und Mutti wird es sicher ebenso ergehen. Irgendwann halte ich es nicht mehr aus und rufe sie an. Nun möchte Mutti aber nicht mit mir sprechen, es hätte keinen Zweck ... Wir streiten leider, finden keinen Zugang zueinander. Warum ist das Miteinander manchmal nur so verdammt schwer?

Abends spielen Sven und ich mit Pitti Mensch-ärgere-dich-nicht. Wir freuen uns auf unsere kleine Feier morgen Nachmittag. Schade, dass Timmi nicht dabei ist.

Samstag, 20. November

Vormittags, nach einer ruhigen Nacht, bereiten wir mit unserem putzmunteren Kindchen die Kuchen vor. Pitchen schleckt genüsslich Kuchenteig und freut sich auf die Gäste.

Daniela und Guido kommen mit Moritz, Vanessa ist leider krank. Frank und Dorit bringen nur Konrad mit, Felix ist zum Sport. Katja und Michael besuchen uns alleine, Franka hat Schwimmwettkampf. Kathrin und Frank bringen Dennis mit, der sich als Großer liebevoll mit den kleinen Jungs beschäftigt. Und wir Eltern sitzen um unseren großen runden Tisch, erzählen, essen, trinken, weinen und lachen. Es ist so ein schöner Nachmittag, und wir genießen ihn richtig.

Immer mal wieder gucken wir nach oben zu den Kindern, die sich prächtig amüsieren und bestens verstehen, bis wir uns am Abend alle verabschieden.

Daniela flüstert mir unter Tränen zu, dass Pit ihr soeben einen Glücksstein geschenkt habe: *Der soll dich immer beschützen!* Auch meiner Mutti hat er schon ein solches Geschenk gemacht. Unglaublich. Packt er schon seine Sachen?

Zufrieden und glücklich, dass die Freunde uns nicht im Stich lassen, schlafen wir abends ein.

Sonntag, 21. November

Wir erwachen ausgeruht und spazieren nach dem Frühstück mit Nelly und Pfötchen durch unseren bereits frostigen Wald. Wieder haben wir schönsten Sonnenschein, doch die Bäume sind schon fast kahl. Pitchen bestaunt die Knospen, die sich für den Frühling bereits gebildet haben, und freut sich über Rehe, die wir auf der Wiese sehen.

Nachmittags fahren wir dann nach P. zu Oma Hilli und Opa Peter, um schon wieder leckeren Kuchen zu essen. Und natürlich um Timmi abzuholen.

An der Brücke lässt mich Sven mit Pitchen aussteigen. Wir möchten bei dem tollen Wetter zu Fuß bis zum Haus gehen. Wir spucken von der Brücke in die Elde, werfen Steine hinein und fechten lachend mit langen Stöcken wie die Musketiere im Film den Weg entlang. Pitchen ist so voller Kraft und Energie! Noch keine Spur von Verschlechterung. Und ich klammere mich an das Resveratrol. Unser Rübchen schluckt die Kapseln mit Bravour, ich nehme Vitamintabletten, um mich solidarisch zu zeigen. So klappt es ganz gut.

Oma und Opa sind von Pitchens Zustand begeistert. Und Timmi freut sich, seinen kleinen Bruder zu sehen.

Erfüllt von diesem schönen Tag, mit Timmis geangelten Fischen im Gepäck, machen wir uns auf den Heimweg und blicken optimistisch in die nächste Woche.

Montag, 22. November

Nach einer erneut ruhigen Nacht wacht mein Kleinchen gut gelaunt auf. *Wo ist Timmi? Und wo ist Papa?* Auf seine stets gleiche Frage an den Wochentagen bekommt er immer meine gleiche Antwort: *Timmi ist zur Schule, und Papa arbeitet.*

Und dann freut sich Pit auf sein Frühstücksbrötchen. Er holt es sich selbst aus der Tüte in der Tiefkühltruhe und passt genau auf, dass ich auch den Backofen richtig anschalte. Dann sitzt er auf dem Küchenboden davor und beobachtet gespannt, wie sich sein Brötchen bräunt und knusprig wird: *Jetzt ist es gut, Mami, wir können frühstücken.* Gerade als wir fertig sind, klingelt das Telefon: Luchsi ist dran! Pitchens Augen leuchten, und er nimmt mir fröhlich den Hörer aus der Hand, um mit seinem Freund zu sprechen. Und was er ihm alles erzählt! Alles, was Pitchen täglich beschäftigt, möchte er mit Luchsi teilen. Fast eine Stunde telefoniert Pit mit ihm und will es gar nicht zulassen, dass auch ich mich mal mit Luchsis „Mami“ unterhalte. Kurz darf ich dann aber doch mit Frau D. reden. Ich freue mich sehr, dass sie noch an uns denkt, und sie freut sich, dass es Pit noch so wunderbar geht. Sie möchte uns irgendwann mal besuchen, verspricht sie. Und sie ruft bald wieder an. Mir ist so warm ums Herz. Und Pitchen ist richtig stolz, so einen besonderen Freund zu haben.

Am Nachmittag, als Timmi und Sven schon wieder da sind und mit unserem Rübchen bereits „geschmuselt“ haben, fahre ich mit Pit zu einer alten Dame, die in unserem Dorf wohnt und heilende Kräfte haben soll, zum Böten. Daniela erzählte mir von ihr, und weil es Pit nicht wehtut, werde ich auch das noch versuchen. Natürlich ist Pitti wieder misstrauisch, aber die Frau hat eine sehr liebe großmütterliche Art und gewinnt schnell sein Vertrauen. Und ihre Katzen und Tauben findet er sowieso niedlich und will schon deshalb morgen wieder hin. Na prima. Dreimal möchte sie Pitchen gerne besprechen und sein Köpfchen bepusten und wird ihm vielleicht auf irgendeine Weise helfen können.

Dann laufen Andrea und ich mit Nelly durch den Wald. Pitchen marschiert unterdessen noch mit Papa zum Stall und bekommt auf dem Rückweg von unserer Nachbarin ein schickes ferngesteuertes Auto geschenkt. Einfach so. Es ist schon bemerkenswert, wie sehr sich die Menschen um Pit bemühen. Täglich werden wir besucht und angerufen. Oft steht ein kleines Geschenk oder ein Blümchen vor der Tür. Oft wissen wir nicht einmal, wer uns diese Freude bereitet hat.

Dienstag, 23. November

Nach dem Frühstück mache ich mich mit Pitti auf den Weg zum Kindergarten. Seine kleinen Freunde warten schon auf ihn. Mit ungetrübter Freude nehmen sie ihn in ihre Mitte und spielen. Pits Kindergärtnerin ist sehr bestürzt, als ich ihr von Berlin erzähle. Wir betrachten mein Kindchen und können es uns nicht vorstellen, dass sein Zustand sich bald verändern soll. Furchtbar. Wir können nur abwarten.

Nach zwei Stunden gibt's für die Wichtel Mittagessen, und ich fahre mit Pitchen wieder zum Böten. Die Frau ist ihm schon gar nicht mehr fremd. Er lacht und scherzt herum und lässt sich gut auf die alte Dame ein.

Weil Pitchen Hunger hat und sein Bruder gleich Schulschluss, holen wir Tim ab und düsen zu McDonald's. Es ist doch erstaunlich, dass diese Chicken McNuggets mit süßsaurer Soße und Pommes noch immer der große Renner sind. Ich selbst kann kaum noch die Gerüche ab.

Zurück nach Hause. Mittagsschlaf. Nachmittags zum Stall. Papa reitet Goline, Janet sitzt auf Janosch, und Pit und ich buddeln in der Sandkiste. Dann möchte Rübchen auch aufs Pferd und nimmt stolz vor Papa Platz, lässt sich durch die Dämmerung schaukeln, und ich ärgere mich, dass ich heute keinen Fotoapparat bei mir habe. Es ist das letzte Mal, dass Pitchen auf dem Pferd sitzt, ahne ich. Später möchte Pit hämmern und Nägel ins Holz schlagen. Ich muss ihm helfen, weil der Hammer unglaublich schwer ist, doch einen kleineren will er partout nicht nehmen. Und es müssen auch die längsten Nägel sein, die im Stall zu finden sind. Nach einer Weile hat Pit keine Lust mehr, und wir toben auf dem Reitplatz herum: Fangen. Kleine Hindernisse springen. „Flieger“ machen, indem ich von ihm einen Fuß und eine Hand greife, mich schnell um mich selbst drehe und ihn gut festhaltend durch die Luft sausen lasse. Pure Freude. Juchzendes Kindchen.

Mir wird abends wieder ein Reiki geschenkt. Ich fühle mich danach wie neugeboren.

Dann steht auch schon Janet in der Tür und will über unsere Kinder wachen, denn Sven und ich fahren in die Therme zum Relaxen. Sie und ihr Freund hatten mir zum Geburtstag einen Paar-Gutschein für die Saunawelt geschenkt – und das „Babysitting“ gleich dazu. Wunderbar! So haben wir einen gemeinsamen Abend nur für uns und können ihn sogar richtig genießen.

Mittwoch, 24. November

Der Blick auf den Kalender bestätigt: In einem Monat ist Heiligabend. Und Pitchen ist wohlauf. Kein Spucken, kein Taumeln. Wir schaffen das Jahr!

Heute ist wieder Badetag. Mit ungetrübter Begeisterung planscht und schwimmt Pit, spielt mit der Therapeutin und mir Ball und testet aus, mit welchen Frechheiten er bei uns durchkommt. So ein kleiner Teufel! Spritzt uns voll, lacht uns aus und nimmt einfach nicht die rechte Hand zum Werfen, weil er uns ärgern will. Wir lassen es ihm durchgehen und laben uns an seiner Freude.

Danach geht's gleich wieder zum Böten. Im Dezember werden wir die Behandlung auch wiederholen. Kann ja eigentlich nicht schaden.

Timmi hatte heute Projekttag, und wir holen ihn gleich von der Schule ab, damit er nicht so viel zu schleppen hat. Schöne Sachen hat er gebastelt: ein Kekshäuschen und ein Adventsgesteck.

Pitchen hat den feuerroten Flitzer von meiner Nachbarin mit, so lassen die Jungs in strahlender Sonne auf der Buswendeschleife das Auto sausen, während ich mich in der Schule noch etwas unterhalte und leider auch weinen muss: Ich warte regelrecht darauf, dass sich Pitchens Tumor wieder meldet. Warum kann ich nicht einfach in den Tag hineinleben? Die Angst lauert in mir wie ein Raubtier und will raus. Tim und Pit möchten dann gerne ins „Lokanta", also gehen wir heute schon wieder essen. Nicht schlecht, dass ich nicht kochen muss. Pitchen wünscht sich Spaghetti, und Timmi möchte einen Dönerteller.

Nach dem Mittagsschlaf wandern wir durch den Wald und untersuchen Spuren von Rehen, Wildschweinen und Hasen. Meine Jungs können die schon prima unterscheiden und wetteifern richtig miteinander.

Abends erzählen Sven und ich unseren Kindern, dass Papa morgen für ein paar Tage ins Krankenhaus nach N. geht. Er muss am inneren Ohr operiert werden. Schon lange hat Sven das aufgeschoben, nun aber muss es gemacht werden, damit die Probleme nicht größer werden. Pitchen weint bitterlich, hat solche Angst um seinen Papa und will ihn gar nicht gehen lassen. Wir reden zu dritt auf Pitti ein und versprechen ihm, dass wir Papa am Sonntag besuchen. So findet er langsam seine Ruhe wieder.

Ich werde Sven morgen früh in die Klinik fahren. Vorher bringen wir Pitchen zu Oma Elvi und Opa Wolfgang, und bis Tim von der Schule kommt, werde ich auch wieder zurück sein.

Noch beim Einschlafen ist Pit voller Furcht um seinen Papa. In der Nacht scheint er schlecht zu träumen.

Donnerstag, 25. November

Morgens liefern wir unseren Spatz bei den Großeltern ab und machen uns auf den Weg nach N. Wir sind etwas über eine Stunde unterwegs, und die Einweisung dort geht recht zügig. Sven wird mich anrufen, sobald er weiß, wann er operiert wird. Wir umarmen uns, und ich mache mich mit einem mulmigen Gefühl auf den Rückweg. Immerhin ist schon wieder ein Krankenhaus in unser Leben getreten. Hoffentlich geht alles gut!

Den morgigen Termin zur „Schadstoffausleitung“ bei der umstrittenen Heilpraktikerin sage ich ab. Möchte Pitchen seine Ruhe lassen. Er müsste sich schon wieder auf eine fremde Person einlassen. Und ich bin auch nicht davon überzeugt.

Nachmittags schmückt Tim mit mir Haus und Garten weihnachtlich, denn am Sonntag zünden wir ja bereits das erste Lichtlein an. Dann bringe ich Timmi auch schon zum Training, kaufe ein und hole ihn wieder ab. Wir sitzen gerade beim Abendbrot, als das Telefon klingelt und uns Papa erzählt, dass er gleich Freitag früh die OP hat. Wir drücken ihm die Daumen und küssen durchs Telefon. Für Tim ist es dann an der Zeit, ins Bett zu schlüpfen. Spät fahre ich noch zur Singprobe und kann mich mehr oder weniger von meinen kranken Männern ablenken.

Freitag, 26. November

Schon gegen Mittag ruft Sven an. Ich bin unendlich erleichtert: Er klingt noch sehr mitgenommen, doch es gehe ihm gut, und ich müsse mir keinerlei Sorgen um ihn machen. Heute würde er auch gerne noch seine Ruhe haben und schlafen. Und weil Sven weiß, dass ich mit den beiden Kindern morgen gerne zum Weihnachtsmarkt fahren möchte, erwartet er uns erst am Sonntag. Morgen telefonieren wir dann nur. Prima!

Meine Eltern bringen am Nachmittag mein Kleinchen zurück. Wieder hatten sie mit Pitchen einen tollen Donnerstag. Pitti musste nicht spucken, hat schön geschlafen und gegessen, ist fröhlich gewesen und auch heute mopsfidel. Noch lange sitzen wir beisammen, reden aber nicht über unsere Meinungsverschiedenheit vom letzten Freitag. Vielleicht lege ich auch immer zu viel Gewicht in alles hinein. Mutti und Vati wirken heute recht gelöst. Wir sprechen über dies und das, ohne in Tränen zu versinken, und vor allem nicht nur über Pitchen. Timmi spielt mit seinem Brüderchen Luftballonwerfen, und später gucken sie einen spannenden Tierfilm. Und ich trage in mir ein ganz zufriedenes Gefühl.

Ein letztes Mal: Tim und Pit planschen gemeinsam in der Wanne

Samstag, 27. November

Nach dem Frühstück telefonieren wir drei mit Papa. Wir freuen uns: Heute klingt er schon besser und hat auch weniger Schmerzen. Timmi und Pitchen möchten dann im Flur etwas mit dem kleinen Ball spielen. Die gegenüberliegenden Türen sind das jeweilige Tor. Zwar knallt und poltert es manchmal gewaltig, wenn einer von beiden einen guten Schuss oder Wurf platziert, aber ich bin froh über die gemeinsame Zeit, die beide so oft miteinander verbringen. Für mich ist es ein Geschenk, dass sie sich meist gut verstehen.

Zum Mittagessen wünschen sich meine Jungs Spaghetti mit Tomatensoße. Und während Pitchen schläft, spielt Timmi noch mit seinen Kumpels Fußball, ist aber rechtzeitig zurück, damit wir in ein Nachbardorf zum Weihnachtsmarkt fahren können. Daniela und Guido begleiten uns mit ihren Kindern.

Die kleine Kirche ist hell erleuchtet, im Kreis um sie herum stehen Buden mit Basteleien und weihnachtlichem Schmuck. Es duftet einladend nach Glühwein, nach selbst gemachtem Kuchen, Kakao und Kaffee. Der erste Zauber der Weihnacht legt sich wie von selbst über uns.

Pit und Tim finden den Bratwurststand besonders anziehend, und beide verdrücken sofort jeweils zwei Würste, sodass ich schon wieder staunen muss. Tim macht sich noch über einen dicken roten kandierten Apfel her. Wo isst er das nur hin? Jedenfalls gibt es auch ein Feuer mit Knüppelkuchen und einen herumstiefelnden Weihnachtsmann. Also viel zu sehen.

Die meisten Menschen hier kenne ich und fühle mich einfach nur wohl zwischen ihnen. Meine Kinder laufen mit anderen zwischen den Ständen herum, naschen dies und das, gucken hier und dort. Am Feuer gesellen wir uns wieder zu unseren Freunden, die dann schon bald nach

Hause fahren, weil der Lütte so müde ist. Wir aber schlüpfen noch in die Kirche, betrachten Jesus am Kreuz, albern etwas herum, treffen Pfarrer W. und singen spontan alte Weihnachtslieder, die in dem Gotteshaus auch richtig schön klingen. Wir sind gemeinsam so glücklich an diesem Tag und denken hin und wieder fest an unseren armen Papa, der so fern von uns im Krankenhaus liegt.

Ein Stand hat es Pitchen draußen besonders angetan: Dort gibt es „Glückssteine" und Schmuck daraus. Immer wieder steht er davor und findet die Anhänger in Herzform einfach entzückend. Und Timmi lässt sich anstecken: *Ja, davon sollten wir vier Herzen für unsere kleine Familie kaufen. Jeder sucht eins für einen anderen aus.* Ich kann wirklich nicht widerstehen und lasse die Jungs sorgfältig wählen. Tim nimmt nach langem Überlegen für Pit ein grünliches Jade-Herz, Pitchen für mich eines aus rotem Karneol, für Tim wähle ich den Mondstein, und gemeinsam suchen wir für Papa ein grauviolettes Amethyst-Herz aus, das wir ihm morgen schenken wollen. Jedes Herz bekommt noch ein passendes Lederband, und tiefbeglückt halten wir nun mit leuchtenden Augen das Zeichen unseres Zusammenhalts in den Händen. Ach, wie liebe ich meine Kinder! Die nette Verkäuferin schenkt uns noch ein großes Herz aus Bergkristall dazu, denn sie ist so ergriffen von unserer Geschichte, von Pittis Kampf um sein kleines Leben, und wünscht uns Glück und Kraft. Jemand hat ihr von uns erzählt.

Wieder zu Hause wird gebadet, geschmust und gemeinsam die Weihnachtsgeschichte von „Petterson und Findus" als Video angeschaut. Sorglos schlafen wir später in den Advent hinein.

Es fängt wieder an

Sonntag, 28. November – 1. Advent

Heute besuchen wir Papa!, freuen wir uns und sind bester Laune. Schon zum Frühstück zünden wir die erste Kerze an und schlendern dann etwas durch den Wald. Gleich nach dem Mittagessen steigen wir ins Auto, damit unser Papa nicht so lange warten muss. Wir sind noch keine halbe Stunde unterwegs, da übergibt sich Pitchen. Notdürftig säubern Tim und ich seine Jacke, Hose, den Autositz und können ihm gerade noch eine Tüte vorhalten, als er noch mehr spuckt und damit gar nicht mehr aufhört. Ich setze mich wieder ans Steuer, muss weiterfahren. Noch etwa eine dreiviertel Stunde, dann sind wir bei Sven. Ständiger Blick nach hinten: Timmi hält Pit die Tüte, stützt sein Köpfchen und zeigt seinen Ekel über den Geruch nicht. Er ist ganz der große Bruder, der jetzt so sehr gebraucht wird. Ich bin ihm dankbar und unglaublich stolz auf ihn.

Zu Papa auf die Station trage ich mein Schnuffelchen. Eine Weile setzen wir uns ins Wartezimmer, erzählen etwas, und Timmi schenkt Papa das Herz. Und weil ja Advent ist, habe ich ein dickes Weihnachtsbuch eingesteckt, aus dem ich Geschichten vorlese, bis Pitchen plötzlich wieder brechen muss und nun auch der Pullover total bespuckt ist. Pitti möchte sich dann unbedingt hinlegen, er ist ganz erschöpft. Sven trägt ihn in sein Zimmer. Da liegt unser armes Rübchen jetzt, nur in Unterwäsche klein und zerbrechlich in das große Krankenbett gekuschelt, wo doch eigentlich Sven hineingehört. In meinem Kopf geht alles durcheinander. Statt mich zu freuen, dass es Sven gut geht, macht sich in mir Panik breit: Verdammt, wir sind hier in einem Krankenhaus. Pit spuckt. Er hat einen Tumor im Kopf. Wenn jetzt irgendein Blutgefäß platzt, wenn er nicht mehr gucken kann, wenn er krampft oder sonst was passiert? Wir kriegen ihn hier nicht wieder raus! Wie ferngesteuert laufe ich durchs Zimmer, wasche Pitchens stinkende Sachen aus und will so schnell es geht wieder nach Hause fahren. Weg hier! Wir lassen Pitchen etwas ausruhen, Timmi sieht derweil fern, und Sven und ich flüstern uns unsere Ängste zu. Schnell machen wir uns also wieder auf den Heimweg. Weil Pittis Pullover zu nass ist, ziehen wir ihm einfach Timmis an, und Tim bekommt einen von Papa. Wenn es nicht so traurig wäre, könnte man lachen beim Anblick der beiden in ihren übergroßen Pullis.

Sven drückt mir die Daumen für die Fahrt, hofft, Anfang der Woche nach Hause zu dürfen, und bleibt mit seinen Sorgen um uns allein zurück.

Noch im Auto muss Pitchen immer wieder würgen. Timmi kümmert sich, und ich sitze tränennass, mit meinen Gedanken weit weg von dieser Straße, am Steuer und fahre im Nieselregen durch die Dunkelheit.

Völlig ermattet wünscht sich Pit nur noch in sein Bett. Armer Spatz. Timmi muss auch früh zu Bett, denn morgen ruft die Schule wieder.

Ich stecke noch die voll gespuckte Kleidung in die Waschmaschine und lege mich dann zu Pitti. Er schläft unruhig, hat oft Durst und träumt wohl wirr. Meine Nacht ist voller Angst und Fragen: Ist der gefürchtete Tag schon gekommen? Macht sich der verfluchte Tumor bemerkbar? Vielleicht bekommt Pitchen ja noch Fieber, dann wäre es eventuell auch ein Virus? Oder es ist eine simple Magenverstimmung! Pit schluckt doch so tapfer das Resveratrol! Hoffentlich ist es nicht der Tumor! Er darf es einfach nicht sein.

Montag, 29. November

Am Morgen scheint wieder alles gut zu sein: Pit wirkt munter und zufrieden, hat Appetit und behält alles drin. Gott sei Dank! Ich will ja auch gar nicht darauf lauern, dass in seinem Kopf etwas drückt. Doch es wurde mir angekündigt, und irgendwie erwarte ich es auch. Eigenartig! Aber nein, Pit ist heute wieder wohlauf. Keine Sorgen jetzt!

Und noch eine freudige Überraschung: Sven ruft an. Er darf heute schon nach Hause kommen. Sicher aufgrund unserer besonderen Situation, denn er hat in den Arztgesprächen natürlich auch Angaben zu familiären Krankengeschichten machen müssen.

Svens Eltern holen ihn vom Krankenhaus ab, und schon am frühen Nachmittag werden sie bei uns sein. Pitchen und ich malen ein wenig und spazieren dann unsere kleine Waldrunde ab. Er freut sich so auf Papa: *Trägt Papa auch sein Herz? Das muss er, damit er gesund wird.* Er wird ihn fragen, da bin ich mir sicher.

Als Pitchen schläft und Timmi seine Hausaufgaben macht, sind die drei auch schon da. Sven hat einen großen Verband am Ohr und sieht recht verwegen damit aus.

Wir decken den Kaffeetisch, und plötzlich steht auch unser Rübchen fix und fertig angezogen da. Begrüßt Papa und die Großeltern stürmisch. Ja, Sven trägt sein Herz natürlich. Und Tim, Pit und ich müssen Oma Hilli und Opa Peter unbedingt auch unsere zeigen. Schön, dass es den Jungs so wichtig ist, freue ich mich.

Eine Kollegin kommt noch zu Besuch und schenkt Pitchen einen großen Stapel neue Bierdeckel zum Kartenhausbauen. Ich hatte ihr von Rügen erzählt. Der Kleine macht sich zusammen mit Timmi gleich ans Werk: Eine Burg für die Dinos wird gebaut, was viel Geduld erfordert, und letztlich muss ich dabei helfen, weil ich, wie Timmi meint, eine ruhigere Hand habe.

Svens Eltern fahren spät wieder nach Hause und hoffen, dass sie Pit so munter wiedersehen.

Dienstag, 30. November

In der Nacht muss Pitti furchtbar brechen. Er quält sich sehr dabei, würgt von tief unten mehrmals hoch, was gar nicht hoch will und kann. Es kommt eben keine Nahrung, weil die Verdauung doch bestens funktioniert und nur der Kopf den Befehl gibt. Aber Pit macht das klasse. Er sagt trocken: *Ich muss mal spucken.* Findet und hält seinen Eimer selbst, wünscht Wasser zum Nachspülen, spuckt wieder, guckt mich an, trinkt. Bis er murmelt: *Reicht.* Dann macht er seine Augen zu und schläft bis nach 9 Uhr prima durch.

Zu dritt sitzen wir dann am Frühstückstisch, denn Timmi ist nun der Einzige mit festen Verpflichtungen und bereits in der Schule. Sven ist bis Weihnachten wegen seines Ohrs krankgeschrieben. Die Fäden werden in drei Wochen gezogen. So fühlen wir uns fast, als hätten wir Urlaub. Wir sind Frank unheimlich dankbar, dass er das alles als Arbeitgeber und Freund mitträgt. Immerhin belastet es seine kleine Firma schon sehr. Aber auch dort hofft und leidet man mit uns.

Doch nun wirkt mein Söhnchen erst mal wieder zufrieden, schluckt tapfer seine Kapseln und freut sich über seinen kleinen Weihnachtskalender, wo morgen schon das erste Türchen geöffnet wird.

Dann gehen wir nach draußen. Hier und da halten wir mit unseren Nachbarn einen Plausch und wandern etwas durchs Dorf. Ja, wir haben Weihnachten noch, glauben wir, und könnten dafür die ganze Welt umarmen. Mit unseren Freunden planen wir nun doch noch unsere traditionelle Adventsfeier in der gemütlichen Blockhütte mitten im Wald. Wir singen zusammen Weihnachtslieder, naschen leckere Plätzchen, haben Kaffee, Kakao und Glühwein dabei, das Kaminholz knistert vor sich hin, die Kinder toben im Wald herum. Am letzten Adventssamstag wollen wir dorthin. Wieder ein Ziel, welches uns guttut.

Mittwoch, 1. Dezember

Gerade munter, können es unsere Jungs gar nicht abwarten: Endlich dürfen sie das erste Türchen öffnen. Und obwohl Pitchen Schokolade eigentlich nicht mag, steckt er sie sich in dem Fall doch gerne in den Mund.

Timmi fährt wieder zur Schule, und für uns drei geht es später zum Baden. Heute kann Pit seinem Papa endlich mal zeigen, was er alles kann. Sven darf wegen des Ohrs nicht mit ins Wasser, hat aber beim Zusehen genauso viel Freude wie die Physiotherapeutin und ich mit Pit im Becken. Außerdem wird er mit einbezogen beim Ballwerfen und holt wie ein Balljunge beim Tennis das Spielzeug aus den Ecken zurück. Pitchen prahlt mit seiner Kraft, springt vom Beckenrand, taucht, zappelt wie ein Frosch durchs Wasser und lässt seine ganze Lebensfreude aus sich raus. Schön, dass Sven hier ist und ihn so erlebt. Sport macht hungrig, und so wünscht sich unser Kindlein natürlich Chicken McNuggets mit süßsaurer Soße beim großen „M".

Die junge Frau vom Sender ruft an: Morgen soll Pitchen im Radio zu hören sein. Mehrmals am Tag wird man das Interview ausstrahlen. Sie schickt uns einen Mitschnitt zu, verspricht sie. Wie seine Stimme wohl klingt? Wir sind schon ganz gespannt.

Und nach dem Mittagsschlaf sind Pit und ich wieder bei Dorit, Felix und Konrad eingeladen. Doch Pit hat eigentlich gar keine Lust, was mich sehr wundert, denn Konni ist sein bester Kumpel. Ich kann Pit überzeugen, und wir fahren los. Auf dem kurzen Weg vom Parkplatz zur Wohnung kommen wir an einem Laden vorbei, in dem Kunstblumen angeboten werden. Pitchen staunt die bunten Blüten an: *Sind die echt? Die sehen aber schön aus!* Ich muss schmunzeln, denn für mich sind derartige „Plasteblumen" der Inbegriff von Kitsch, und ich erkläre ihm, dass die nicht echt sind, sondern aus ähnlichem Material wie seine kleinen Dinos. *Aha.* Doch er guckt sich immer mal wieder um, so verzückt haben sie ihn.

Bei Dorit spielen die vier Jungs dann, und wir Frauen unterhalten uns. Timmi probiert mit Felix manches am Computer aus, und Konrad versucht, Pitchen bei der Stange zu halten, denn so richtig mit dem Herzen ist mein Kind heute nicht dabei. Aber er ist lieb, quängelt nicht, sondern bittet mich, dass wir schon um sechs Uhr wieder nach Hause fahren. Schade, aber ich füge mich natürlich.

Daheim ist auch alles wieder gut: Unsere kleine Familie ist beisammen. Pit hat Tim, Papa, mich, Nelly und Pfötchen um sich. Wir spielen Mensch-ärgere-dich-nicht und würfeln.

Donnerstag, 2. Dezember

Sven ist schon früh wach. Er will das Interview aufnehmen. Ich selbst habe in mir eine unterschwellige Angst, fürchte mich davor, es zu hören. Schon seit Tagen laufen ständig die Geschichten der anderen interviewten schwerst kranken Kinder im Radio, die mich und alle, die ich kenne, sehr aufgewühlt haben. Und heute ist Pitchens Tag. Sven hat schon geweint, ich sehe es ihm an. Pitti schläft noch, als ich es das erste Mal höre. Er klingt so klein. Und es ist so niedlich, was und wie er es sagt: *Ich möchte die Dinosaurier sehen ... Fand ich super. Fünf Stunden waren wir da ... Den Seismosaurus ... Jaha ...* Und ich höre mich sagen: *Es geht ihm so gut, dass wir hoffen, ihn für ein paar Stunden am Tag in den Kindergarten eingliedern zu können ... Im Moment haben wir unseren kleinen Jungen wieder.* Schlagartig wird mir wieder klar, dass sich unsere Situation gewandelt hat. Pit wird nicht in den Kindergarten gehen. Sein Zustand wird sich verschlechtern. Er wird sterben.

Bedrückt sitzen Sven und ich vor unserem Kaffee. Aber irgendwie ist Pitchen jetzt auch unsterblich!

Dann klingelt auch schon das Telefon: Mein Schulleiter möchte es uns persönlich sagen, wie sehr die Radiosendung heute Schüler und Kollegen betroffen gemacht hat. Spontan hat ein Teil meines Leistungskurses eine Spendenaktion zugunsten „Kinderträume e.V.“ gestartet und schon nach kurzer Zeit 600 Euro gesammelt. Seine Stimme klingt erstickt, und auch Sven und ich heulen vor uns hin. Uns fehlen einfach die Worte, kaum dass wir ein Dankeschön über die Lippen bekommen. Wir kennen schon tolle Leute! Es macht wirklich vieles leichter, wenn man sich der Unterstützung und der guten Gedanken vieler Menschen sicher sein kann.

Dann ist unser Kleinchen wach und möchte frühstücken. Wir spielen ihm die Aufnahme vor. Pit findet sie lustig und gar nicht so wichtig. Wichtiger ist ihm, dass Papa heute mit ihm zum Kindergarten fährt und er mit den kleinen Freunden spielen kann. Nach der gemeinsamen Toberei und einem langen Waldspaziergang muss Pit dann aber vor aller Augen spucken und möchte danach getragen werden. Aber er ist noch guter Dinge und freut sich auf Oma und Opa. Sven fährt ihn auch gleich zu meinen Eltern. Ein Ablenken, jetzt wo wir ein paar Stunden „kinderfrei“ haben, gelingt uns aber nicht.

Ich habe irgendwie ein ungutes Gefühl im Bauch und rufe am Nachmittag meine Eltern an. Nichts ist gut. Pit fühle sich seit dem Mittagsschlaf nicht wohl, spucke, sei schlapp und immer mehr auch wütend auf sich selbst. Trotzdem möchte und darf er bei Oma und Opa schlafen. Hoffentlich kommt er wieder auf die Beine.

Vor Timmi können wir unsere Angst um Pitti recht gut verbergen. Er spielt wieder mit seinen Freunden und später auch Tischtennis, und wir sind froh, wie er diese auch für ihn sehr schlimme Zeit bewältigt. Er kann verdrängen und vergessen. Das ist gut so, für ihn und für uns alle. Und noch wirkt Pit auf Tim ja unverändert.

Wer Pitchen im Radio hörte und uns nahe steht, ruft heute noch an. Es sind immer dieselben Gespräche, aber wir werden nicht müde, sie zu führen, sondern sind dankbar dafür.

Trotz allem raffe ich mich noch zum Singen auf. Nicht nur ich schlucke dabei den Kloß im Hals hinunter, und froh ums Herz ist trotz der Weihnachtslieder heute keinem vom kleinen Lehrerchor.

Auch Sven kann sich heute schlecht von seinen trüben Gedanken ablenken, und wir beide nehmen die Furcht mit ins Bett.

Freitag, 3. Dezember

Meine Eltern hatten mit Pitchen eine unruhige Nacht. Das Spucken hört nicht auf. Vati weint bitterlich am Telefon. Eigentlich möchten sie Pit noch eine Nacht bei sich haben, doch sie trauen es sich nicht so richtig zu. Lieber betreuen sie ihn bei uns zu Hause, wenn wir abends zum Weihnachtsessen von Svens Firma gehen, zu dem wir eingeladen sind. So werden wir es machen. Wir können sie gut verstehen.

Sven und ich fahren dann los, um Weihnachtsgeschenke für unsere Kinder zu kaufen. Tim hat auf seinem Wunschzettel einen Legoferrari, Tischtenniszubehör und eine schicke Jeans. Und Pitchen wünscht sich einen großen gelben Kran und auch einen Ferrari von Lego in der kleineren Version. Es bricht uns das Herz. Unschlüssig gehen wir stundenlang zwischen den Spielzeugregalen umher und nehmen letztlich doch, was beide Wunschzettel zeigen und noch andere Kleinigkeiten. Weihnachten liegt in naher Zukunft. Vielleicht ist das die letzte Freude für unser Kleinchen. Unter Tränen bezahlen wir und schleppen die Tüten ins Auto.

Zu Hause telefoniere ich mit Helena aus Berlin. Es sieht für Jonas überhaupt nicht gut aus. Er hat weitere Blutkonserven erhalten, leidet

Schmerzen, ist nur noch Haut und Knochen. Das arme Kind! Und Helena wird fast verrückt vor Angst. Wir versuchen vergeblich, uns gegenseitig aufzumuntern und wollen demnächst wieder telefonieren.

Gegen Abend bringen meine Eltern Pitchen wieder. Alle drei sehen furchtbar aus. Meine Eltern haben wohl kaum geschlafen und sind vor Sorge ganz grau. Pit ist sehr erschöpft. Er trinkt, isst, aber immer kommt gleich wieder alles raus. Es ist ein Jammer!!!

Sollen wir wirklich essen gehen? So richtig ist uns nicht danach. Aber wir fahren trotzdem. Und es wird sogar ein gemütlicher Abend. Zu acht sitzen wir im Restaurant und lassen uns verwöhnen. Sven und ich werden emotional bestens aufgefangen, und es ist gut zu sehen, wie andere Eltern mit dem Tod ihres Kindes weiterleben, denn Franks Bruder und seine Frau sind auch dabei. Was mit dem Mann geschieht, der ihnen den Sohn nahm, ist noch überhaupt nicht geklärt. Höchstwahrscheinlich wird er gar nicht bestraft, da Alkohol im Spiel war und die Tatumstände nicht mehr zu rekonstruieren sind. So gesellt sich zur Trauer noch der Hass auf den Menschen, der den Eltern ihr Kind entriss. Und ich bin froh, dass wir niemandem die Schuld für Pitchens Schicksal geben können.

Das Ohnmachtsgefühl ist schwer genug zu ertragen, aber es ist vielleicht leichter ohne Hass anzunehmen. Diese Eltern schaffen es aber, ihr Leben weiterzuleben und nicht zu erstarren. Es beeindruckt mich sehr.

Spät sind wir zurück und erleichtert, dass Pitchen bisher recht gut geschlafen hat. Meine Eltern machen sich müde auf den Weg nach Hause. Sie möchten, dass Pitchen ihr großes Weihnachtsgeschenk, den gelben Kran, schon am Nikolaustag bekommt. Ein guter Gedanke, denn dann kann er noch länger damit spielen oder ihn auch nur ansehen. Wir verabschieden uns für mehrere Tage, denn sie besuchen Vatis Eltern und Schwester in Sachsen und sind erst Anfang nächster Woche zurück.

Ich lege mich zu Pit und betrachte ihn, wie er in seinem Autobett schläft. Äußerlich ist ihm noch immer kaum etwas anzumerken. Kleiner Engel mit seinem blonden Haar, der so oft eher ein Bengelchen war und uns nicht selten bis aufs Blut getestet hat. Wie oft haben wir gesagt: *Pitchen wird uns beim Großwerden noch so manches Mal mächtig fordern. Mit seinem Dickkopf werden wir schwer zu kämpfen haben.* Dass er uns aber auf diese Weise fordern würde ... Es ist nur schwer zu verstehen, warum wir unser Kind hergeben müssen an diesen übermächtigen Gegner, der sich Tod nennt und eine solche Krankheit schickt. Gibt es so etwas wie ein Schicksal? Sind unser aller Wege vorbestimmt?

Samstag, 4. Dezember

Pitchen hat in der Nacht zweimal gespuckt, aber zielsicher nach seinem Eimer gegriffen und die Situation mit Bravour gemeistert. Ohne viel Aufregung schläft er nach einem Schluck Wasser gleich wieder ein. Es ist erstaunlich, mit welcher Selbstverständlichkeit er das so erledigt. Er jammert nicht, weint nicht. Nimmt einfach an, was nicht zu ändern ist.

Und beim Aufwachen streichelt er meine Hand, möchte kuscheln und von „Petterson und Findus" die Geschichte vom Hahn im Korb hören.

Und plötzlich meldet sich der Hunger. Zum späten Frühstück wünscht er sich Amerikaner. Ich fahre durch die halbe Stadt und bin immer mehr enttäuscht: Kein Bäcker scheint noch solch ein Kuchenstück zu haben. Beim sechsten Anlauf habe ich dann Glück, ergattere die letzten beiden Amerikaner und kaufe auch noch Schweineohren. Selig fahre ich wieder nach Hause und freue mich über Pitchens und Timmis Appetit. Bitte lass den Kuchen im Bauch, flehe ich in Gedanken Pittis Tumor an. Und wirklich, der Amerikaner bleibt drin. Und auch der Eierkuchen, den er zum Mittag isst. Die Kinder haben darum gebeten, dass es heute leckere goldgelbe Eierkuchen gibt, die nur Papa so toll macht. Pitti möchte beim Anrühren des Teigs immer zusehen, sitzt dabei auf dem Küchenschrank und passt genau auf, dass alle Zutaten richtig zusammengemengt werden. *Jetzt noch die Eier ins Mehl. Und Milch muss doch auch noch rein ...*

Nachmittags fährt Sven mit Pit und Tim zum Weihnachtsmarkt, während ich mich im Internet durch diverse Krebsforen klicke. Ich suche ziellos umher, aber manchmal brauche ich das einfach und hoffe auf ich-weiß-nicht-was.

Den ganzen Tag über geht es unserem Kindchen gut. Pit ist nur etwas schlapp, aber der Tumor lässt ihn heute wohl in Ruhe. Auch das Abendbrot schmeckt ihm. Hin und wieder isst er sogar mehr als sein großer Bruder und ist dann immer sehr stolz auf sich.

Wir knobeln alle noch, und ich schlage vor, dass wir morgen im Kino den Film „Polarexpress“ ansehen. Schon lange träume ich davon und bin richtig beglückt, weil meine Männer freudig zustimmen.

Die Nacht beginnt vielversprechend ruhig. Doch schon nach zwei Stunden spuckt Pit das erste Mal. Und noch dreimal wird sein Schlaf unterbrochen, weil er sich furchtbar übergeben muss. Keine Nahrung, nur „Galle“ würgt Pit hervor. Es strengt ihn so sehr an, dass ihm die Tränen in die Augen treten, doch er klagt nicht, er hadert nicht mit seinem Körper.

Und während ich den Spuckeimer und sein Köpfchen halte, ihn streichle und beruhige, frage ich mich, was er wohl denkt und fühlt. Es ist so traurig mitanzusehen. Der Hirndruck wächst durch die Vielzahl der Metastasen, die das Gute im Kopf verdrängen. Wann kommt der Schmerz hinzu, vor dem ich mich am meisten fürchte? Was wird unser Spatz noch ertragen müssen? Pitchen sieht im Halbdunkel meine Tränen: *Aber Mami, du musst doch nicht weinen. Ich habe doch den Tumor und nicht du.*

Ach, mein Kleiner. Ich hoffe so sehr, dass Pit Weihnachten noch hat und sich an seinen Geschenken freuen kann. Aber wenn er sich dafür so quälen muss? Nein, dann soll er vorher gehen dürfen, wohin auch immer …

Sonntag, 5. Dezember – 2. Advent

Von der anstrengenden Nacht ist Pit völlig erschöpft. Er spuckt immer mal wieder und hat keinen Appetit. Nur Kaugummi möchte er kauen. Und er sitzt nachdenklich da.

Allein Pfötchen kann ihn erheitern, sie springt auf Pittis Schoß und schnurrt ihm ihre Lieder vor. Auch Tim schafft es, seinem Brüderchen ein Lächeln zu entlocken, wenn er Faxen macht. Und kurz vor dem Mittagessen gibt Pit seinem Drängen nach, doch im Flur gemeinsam etwas Ballkullern zu spielen. Doch Pit spielt nur da, wo er gerade sitzt, und ist nicht in der Lage, den Ball mal aus der Ecke zu holen oder einen halben Meter zum Ball hinzukriechen. Das ärgert nun Tim, der mehr hinterherläuft, als selbst den Ball zu kullern. Und so meckert Timmi mit Pitchen, der mühsam sagt: *Ich kann nicht …* Behutsam rücken wir Timmi den Kopf zurecht, und er versteht, spielt mit Pitchen weiter und bringt eine Engelsgeduld auf. Stumm blicken Sven und ich uns an und sind einfach nur hilflos.

Vom Mittag bleibt dann zum Glück etwas Essen drin. Und Pitchen möchte, fix und fertig wie er ist, nur noch ins Bett. Bis um 15 Uhr schläft unser Kindlein sich aus und ist dann guter Dinge. Scherzt rum, schenkt uns seine kleinen Zungenküsschen und passt beim Plätzchennaschen genau auf, dass keiner mit offenem Mund spricht und niemand schmatzt. Denn er hat jetzt gar keinen Appetit und also genügend Zeit, uns reihum kritisch zu beobachten. So ein freches Rübchen!

Plötzlich ist er aber wieder ganz teilnahmslos, sinkt in sich zusammen und hat keine Kraft. Wollen wir trotzdem zu viert ins Kino? Ja, Pitchen möchte das: *Den Spuckeimer nehmen wir einfach mit.* So machen wir das und fahren los. Sven trägt Pitchen auf seinen Platz. Timmi kauft noch Chips und Cola für sich und Pit. Und dann lassen wir uns vom Film verzaubern und auf eine Reise ins Ungewisse mitnehmen. Den Eimer braucht Pit gar nicht. Und die scharfen Chips mit der Cola werden nur so weggeknabbert von beiden Jungs. Und Pit fühlt sich scheinbar wohl!

Der Film ist so schön und mein Herz einfach zufrieden, weil wir zu viert hier sind. Und doch muss ich mir ständig die Tränen verkneifen.

Die Jungs erbetteln sich jeder ein Eis und für zu Hause noch eine Cola, und dann fahren wir erfüllt wieder heim. Die Stiefel für den Nikolaus wollen ja noch geputzt werden. Wie immer sitzen beide Kinder in der Waschküche und wienern ihre Schuhe. Tim erklärt Pit, was er wie nehmen muss, und Pitchen passt genau auf, wie sein Bruder ihm das vormacht. Ich linse um die Ecke, kann mich gar nicht satt sehen und fotografiere. So süß!

Wir schaffen uns so viele Familienerlebnisse wie möglich! Das ist eigentlich unser Ziel. Das Ziel von Sven und mir, weil wir wissen, dass wir irgendwann zu dritt sind. Schon den ganzen Sonntag über habe ich immer mal ein Weihnachtslied angestimmt, bleibe aber mit meinem Gesinge allein. Ich bin traurig darüber, weil Sven nicht mitzieht. So singen auch die Kinder nicht. Als die Jungs schlafen, werfe ich Sven das vor. Auch spricht er in letzter Zeit so wenig mit mir. Alles muss ich ihm aus der Nase ziehen. Oft wirkt er so gefühlsarm, obwohl ich weiß, es sieht in ihm völlig anders aus. Aber ich fühle mich oft so allein und kann doch nicht immer der Antrieb für alle und alles sein. Oder sind meine Vorstellungen gar nicht auch die von meinem Mann? Doch, Sven meint, es sei schon so. Aber er sei oft zu träge. Lasse sich gerne

Da werden die Stiefel für den Nikolaus auf Hochglanz gebracht!

Staunende Kinderaugen: Was für ein toller Kran!

führen. Wir weinen beide. Es ist schon schwer, Normalität leben zu wollen, wenn die allgemeine Situation völlig unnormal ist.

Voller Sorge um Pit rufen meine Eltern und Großeltern aus Sachsen an. Wir heulen uns gegenseitig was vor, weil wir einfach alle verzweifelt sind und nicht wissen, wie wir unserem Kleinchen helfen können.

Ich bereite noch die Nikolausstiefel vor und hoffe auf einen erholsamen Schlaf für uns alle.

Das Sterben beginnt

Montag, 6. Dezember – Nikolaus

Timmi freut sich über den Zirkel und die Süßigkeiten. Der Nikolaus hat sogar von dem Glas Milch getrunken und einige Plätzchen probiert. Beides stellte Tim ihm gestern noch hin, wie er es in einem Weihnachtsfilm einmal sah: Wegzehr für den Nikolaus. Dann muss er auch schon zur Schule.

Pitchen erwacht matt nach einer durchspuckten Nacht, schleicht auf seinen schon dünnen Beinchen die Treppe hinunter, um zu sehen, ob der Nikolaus etwas in den Stiefel gelegt hat. Ein staunender Blick: *Da steht ja ein großes Geschenk!* Was freut er sich über seinen Kran! Aber irgendetwas stimmt mit seinen Augen nicht. Er meint, er sehe doppelt. Bitte nicht!

Mit seinem Kran auf dem Arm möchte Pit ins Wohnzimmer auf die Couch getragen werden. Nichts essen. Nichts trinken. *Dann spucke ich vielleicht nicht.* Wäre ja eigentlich logisch.

Der arme kleine Spatz. Natürlich bleiben auch die Tabletten nicht mehr drin. Alles Hoffen vergebens. Ich darf dem Arzt die Resveratrol-Kapseln zurückschicken. Das Geld werde er uns erstatten, zeigt er sich am Telefon kulant und sehr betroffen. Ich bin so dankbar für diese Menschlichkeit. Auch die Sache mit dem Ukrain verfolge ich nicht weiter. Wir müssten Pitchen ins Krankenhaus zwingen, und es wäre ja ohnehin erst im Januar möglich. Ich bin mir nicht mehr so sicher, dass unser Kind noch lange leben wird.

Sven ruft Frau Dr. L. an. In der letzten Zeit musste sie nur sehr selten nach Pit sehen. Am Abend wird sie zu uns kommen und von nun an also wieder fast täglich, wenn wir sie brauchen.

Sven und ich sind heute voller Angst. Pit igelt sich ein, wirkt apathisch, spricht kaum, kann schlecht gucken. Als Luchsi wieder anruft, rappelt er sich für wenige Minuten auf, um dann noch erschöpfter in sein Kissen zu sinken. Am kommenden Montag wird Frau D. mit Luchsi zu uns kommen. Still lächelt Pit vor sich hin, als ich es ihm erzähle.

Mit Mühe können Sven und ich Pitchen überzeugen, doch einen kleinen Schluck Milch zu trinken. Timmi bringt irgendwann die Cola. Damit klappt es besser. Mit Genuss trinkt Pit über den Nachmittag verteilt fast ein Glas. Das Würgen bleibt. Es ist so beängstigend.

Frau Dr. L. ist überrascht, Pit doch noch so wach und beieinander zu sehen. Aber auch sie meint, es werde wohl nicht mehr lange dauern … Und sie spricht leise mit ihm, dass er trinken müsse, sonst müsse er künstlich ernährt werden. Trinken. Sonst bekäme er Schläuche in den Körper. Pit trinkt, sagt aber nichts dazu.

Er wünscht sich nur in sein Bett. Und möchte etwas alleine sein mit seiner Kuschelmaus, den Kran in Sichtweite. Ich lege ihn in sein Autobett. Flüsternd empört er sich über die angekündigte künstliche Ernährung: *Ich will keine Schläuche. Die reiße ich mir alle raus.* Ich weiß, dass er das machen wird. Er hat das schon mal getan. Er wird trinken, verspricht er mir. Wenigstens ein bisschen.

Unsere Kinderärztin hat Zeit mitgebracht. Sie weiß, wie es in Sven und mir aussieht, welche Befürchtungen und Ängste wir haben. Sie kann verstehen, dass wir auf das, was noch kommen mag, vorbereitet sein möchten. Wir müssen mit Pitchens baldigem Tod rechnen – das wissen wir, das weiß sie. Und sie spürt, dass uns schon länger etwas bedrückt. Es sind Fragen, die wir in unseren Herzen schon häufig bewegt haben, aber noch nie so richtig ansprechen wollten. Zu schlimm waren und sind die Gedanken daran. So schwer uns das Gespräch auch fällt: Sven und ich haben die Worte des Vaters, der seinen kleinen Jungen auch an den ATRT verlor, noch im Sinn. Er gab uns genau diesen Rat, und wir glauben, dass unsere Überlegungen richtig sind: Um alles werden wir uns in dieser Woche noch kümmern. Wir möchten Zeit haben, lange bei ihm sein und uns in Ruhe von ihm verabschieden können, wenn unser kleiner Pit seine Augen für immer schließt. Wir versuchen, unsere Beherrschung nicht zu verlieren, als wir über Pitchens Sterben sprechen und das, was dem unmittelbar folgt: Bestattung, Rede, Papierkrieg ... Und wir möchten Pitchens letzte große Feier so gestalten, dass sie ihm gefällt. Wir haben doch seine Ankunft vor fast fünfeinhalb Jahren fröhlich begrüßt und werden nun auch seinen Abschied feiern. Ja, wir werden alles vorbereiten ...

Frau Dr. L. hat dann auch noch den Mut, mit Timmi über Pitchens baldigen Tod zu reden. Sie ist ganz feinfühlig und geht behutsam auf ihn ein. Timmi weiß, aber er verdrängt. Es ist schlimm ...

Immer wieder sehen Sven oder ich nach Pit. Er ist kaum ansprechbar. Wirkt schon so entrückt. Ob er heute ...? Ich mag den Gedanken nicht zu Ende führen.

Heulend telefoniere ich mit unseren Eltern und Freunden. *Nein, ihr müsst nicht kommen. Ich möchte nur reden. Vielleicht stirbt Pit heute Nacht ...* Kurz darauf steht Michael in der Tür. Er hat es nicht ausgehalten und möchte uns trösten.

Nachts ruhe ich wieder bei Pit. Lange schläft er nicht ein, wälzt sich hin und her, muss immer wieder würgen. Trinkt etwas und hat manchmal lichte Momente. Wir halten Händchen, er möchte gestreichelt werden, streichelt auch mich. Ich nehme einmal meinen ganzen Mut zusammen: *Pitchen, möchtest du immer noch als Blümchen wiederkommen?* Er denkt etwas nach: *Kann ich denn auch als was anderes kommen, wenn keine Blümchen wachsen?* Ich schlucke: *Natürlich, mein Schatz, du kannst dir aussuchen, als was du uns besuchst.* So genau wisse er es noch nicht und möchte ein paar Tage überlegen. Und ich frage ihn leise: *Hast du Angst vorm Sterben? – Nein,* antwortet er bestimmt. *Sei doch nicht traurig. Es ist doch nicht schlimm, Mami. – Ich weiß,* flüstere ich, *vielleicht kommst du auch mal in den Himmel. Und es wird dir jedenfalls nur noch gut gehen, dort, wo du hingehst. Nichts wird dir wehtun. Musst nicht mehr spucken. Du kannst treffen, wen du willst.* Und Pitchen schmunzelt: *Wenn ich mal im Himmel bin und spucke, dann regnet es auf euch herab.* Wir kichern beide leise. Dann schläft er friedlich ein, während ich ihn streichle. Dabei entdecke ich eine Beule im Nacken, dort wo die Narbe ist.

Dienstag, 7. Dezember

Wir haben eine anstrengende Nacht. Der Tumor lässt Pitchen einfach keine Ruhe. Dieses Scheißding! Immer wieder ist Pit wach, muss würgen. Wie es ihn quält! Doch er nimmt es klaglos hin. Schenkt mir sogar hin und wieder ein Lächeln, als würde er mir Mut machen wollen. *Trägst du auch immer dein Herz?*, fragt er mich. Ich versichere es ihm und sage, dass er für immer in unseren Herzen wohnen wird und uns in unseren Träumen gerne besuchen kann, wenn er es möchte. *Ich weiß, Mami,* flüstert er mir zu und: *Ich kriege schon einen Schulzahn!* Den zeigt er mir dann stolz, wobei ich mit der Taschenlampe in seinen Mund leuchten muss. Ja, da kommt der erste bleibende Zahn. *Bist schon ein großer Junge, mein Spatz.*

Morgens klagt Pit dann über Kopfweh und will gar nicht aufstehen. Irgendwann verlangt er nach Papa, der Geschichten vorlesen soll: „Petterson und Findus“, aus dem dicken Dinobuch oder auch von Max und Moritz.

Andrea fängt heute später an und geht noch mit mir laufen. Wie aufgezogen könnte ich rennen, rennen, rennen. Heule meinen Schmerz, meine Angst und meine Wut aus mir raus. Doch auch die kalte Dusche spült mir den Kopf nicht frei. Wie auch. Der Tod steht vielleicht schon vor der Tür.

Im Moment ist es aber Heike, die klingelt. Sie bringt mühsam um Fassung ringend den symbolischen Scheck von der Sammelaktion der Schule vorbei. Sie weiß: So viele Menschen denken an Pitchen und uns und bangen um sein kleines Leben. Tut so gut! Ach, wenn es doch nur helfen würde …

Ich löse Sven wieder ab. Er ruft jetzt bei der Gemeinde an: Am Donnerstag können wir uns auf unserem kleinen Friedhof eine Ruhestätte für Pitchen aussuchen. Man geht höflich und verständnisvoll mit uns um.

Pitchen liegt still in seinem Bett und spuckt hin und wieder. Essen möchte er nicht, aber Cola trinken. Cola ist seit Sonntag der Hit. Entgegen unserer sonstigen Einstellung werden wir nun immer welche zu Hause haben. Wenn Pit schon kaum noch etwas isst, soll er wenigstens genug trinken. Und Cola schmeckt ihm einfach immer. Außerdem ist Zucker drin, den er braucht. Tim darf natürlich auch zugreifen. Wir werden nicht zweierlei Maß anlegen.

Gegen Mittag möchte Pitchen nicht mehr liegen, und ich kann ihn sogar ermuntern, etwas mit seinem tollen Kran zu spielen und mit Papa und mir ein Haus aus Bauklötzen zu bauen. Unvermittelt sagt er dabei: *Ich kann schon wieder bis acht zählen!* Und er zählt stolz vor. Wie schaffen wir es nur, nicht in Tränen auszubrechen und uns sichtbar zu freuen? Es geht einfach. Und wir freuen uns auch wirklich: Pitchens Lebensgeister kehren zurück. *Ich möchte nachher noch fernsehen. Und wir wollten doch noch mal zu McDonald's!* Und gleich darauf spuckt er wieder. Er ist so erleichtert, wenn er es immer rechtzeitig mit seinem Eimer schafft. Das bisschen, was er zu sich nimmt, kommt jetzt auch immer mit raus. Wird er verhungern? Die Verdauung kommt dem Tumor nicht mehr zuvor. Er gibt seinen „Befehl" an das Brechzentrum einfach zu schnell. Pit kann fast nichts mehr bei sich behalten.

Nach dem Spucken rappelt er sich meist schnell wieder auf. So ein tapferer kleiner Mann. Dann isst er etwas Apfel, eine Milchschnitte und möchte „Findet Nemo" gucken, wie vor einigen Wochen.

Der Mittagsschlaf fällt aus. Pit meint, er habe genug im Bett gelegen und sei nicht müde. Das ist in Ordnung. Wir werden keinen Druck mehr ausüben. Kopfweh hat er nicht mehr, und er scheint auch gut sehen zu können. Gott sei Dank.

Oma und Opa sind aus Sachsen zurück und sehen gleich nach uns. Pit freut sich und verkündet prompt, dass wir noch zu McDonald's fahren. Als Timmi am Nachmittag aus der Schule kommt, soll es auch sofort losgehen. *Aber Pit spuckt doch dauernd. Wie soll das gehen?*, macht sich Oma Elvi Sorgen. Der Eimer muss eben mit. Kein Problem. Und die „Leute" sollen uns nicht kümmern! Mutti schafft es nicht mitzufahren, und ich bleibe bei ihr, während Sven und mein Vati mit den beiden Jungs samt Eimerchen in die Stadt fahren. Pitchen isst wie Timmi mit großem Appetit, aber leider nur wie ein Vögelchen. Sein kleiner Magen ist wohl schon geschrumpft. Doch er ist glücklich. Den Eimer braucht er nicht! Doch kaum zu Hause, spuckt Pit alles wieder aus. Auch die Tablette, die eigentlich seine Speiseröhre vor der Magensäure schützen soll. Mist. Aber egal. Pit hat wieder Erlebnisse gehabt und ist den Rest des Tages recht munter. Fernsehen mit Timmi. Cola trinken und Apfel essen. Kuscheln mit Oma. Eimer in greifbarer Nähe. Die Welt ist in Ordnung.

Das kann ich auch beruhigt Frau Dr. L. sagen, als sie anruft. Ich telefoniere zitternd auch gleich mit Pfarrer W. Heute muss ich ihn fragen, was ich Ende September noch nicht wagte. Weinend schildere ich ihm Pitchens Zustand. Er kann es gar nicht glauben: Vor zehn Tagen haben wir doch noch in der Kirche zusammen gesungen! Natürlich wird er für uns da sein und auch Pittis Rede halten.

Oma und Opa fahren nach Hause, und für morgen laden wir Svens Eltern ein.

Papa bringt Pitchen ins Bett. Und ich soll bitte nachher bei ihm schlafen. So machen wir das seit Tagen. Ich bin heilfroh, dass es mit Svens Ohr so gut geht. Bislang hat er keine Probleme. Es ist ein Segen, dass Sven auch tagsüber an meiner Seite ist. Alles ist zu zweit viel leichter zu tragen. Zweisamkeit haben wir dennoch überhaupt nicht. Ich kann mich nicht fallen lassen. Bin überhaupt nicht in der Lage, auch nur kleinste sexuelle Zärtlichkeiten auszutauschen. Sven leidet darunter, aber er hält das aus, versichert er mir. Zum Glück können wir auch darüber sprechen.

Ich kann mich nun noch für ein Stündchen Timmi widmen. Er erzählt etwas von der Schule und seinen Kumpels, freut sich, dass ich mit ihm zusammen „Große Pause“ anschaue und einfach nur bei ihm bin.

Vor dieser Nacht fürchte ich mich nicht so wie vor der letzten. Es scheint Pitchen auch besser zu gehen. Noch hat er nicht gespuckt.

Mittwoch, 8. Dezember

Und er bricht auch während der ganzen Nacht nicht. Pit findet also heute endlich etwas Ruhe. Ich freue mich so. Bis gegen 8 Uhr morgens schläft er. Dann möchte er kuscheln, dann Papa haben und Geschichten aus dem dicken Dinobuch hören. Etwas essen und trinken. Dann doch wieder spucken. Pitchen hat etwas Bauchweh, aber ein Zäpfchen möchte er nicht: *Das lasse ich nicht zu!*, sagt er bestimmt und möchte immer wieder ausruhen. Gegen 10 Uhr wünscht er sich ins Wohnzimmer und möchte gerne „Findet Nemo“ sehen.

Wir beobachten unseren Sohn, wie er sich hin und her dreht und doch keine richtige Haltung findet. Wütend über sich schreit er uns an: *Ich kann nicht mehr richtig sitzen! Der Po tut mir weh!* Ich schluchze los, und er schimpft mit mir: *Ich will nicht, dass du heulst! – Ich weiß, Pitti, ich würde dir nur so gerne helfen!*, rechtfertige ich mich, und er schenkt mir ein Lächeln. Wir betten ihn auf weichere Kissen. Spucken.

Ich rufe unsere Physiotherapeutin im Kreiskrankenhaus an. Ob sie vielleicht einen Schwimmring bringen könnte, auf den wir Pitchen setzen können. Vielleicht tut ihm dann der Po nicht so weh? Sie kommt gleich morgen vorbei.

Pitchen ist matt und sieht müde aus. Hat er Schmerzen? Er schüttelt den Kopf, als wir ihn fragen, und möchte mit uns spazieren gehen. Waschen, Zähne putzen, anziehen – alles wie immer klaglos.

Pitti sitzt in der Karre, den Eimer auf dem Schoß, und erfreut sich an der Natur. Begeistert staunt er über die dicken Knospen, erzählt sprudelnd von seinen Erlebnissen im Wald, an die er sich noch so deutlich erinnert, und möchte nach mehr als einer Stunde wieder heim, weil er müde vom Gucken und Spucken ist. *Ich möchte aber nur ruhen, keinen Mittagsschlaf machen,* bittet er uns. Wir geben nach und legen ihn ins Wohnzimmer, wo er sich auf der Couch Pfötchens Schnurrlieder anhört.

Dann sind Svens Eltern da. Zum Kaffee schauen auch Daniela und Guido mit den Kindern rein und bringen sogar Kuchen mit. Pitchen möchte zwar seine Ruhe haben, aber Moritz und Vanessa schaffen es, ihn etwas aufzumuntern und an den Tisch zu locken, wo er mit Lust ein halbes Schweineohr verputzt, das den Tumor sogar „überlistet" und im Magen bleibt. Ein kleiner Sieg. Danach wünscht sich unser Kleinchen in sein Autobett. Ruhen.

Abends fahren Oma Hilli und Opa Peter traurig wieder nach Hause und geben sich mit Svens Geschwistern die Klinke in die Hand. Wir sitzen mit Karsta, Annette und Ole vor Pitchens Tür auf dem Boden und reden, weinen und lachen.

Tim hat sich vor den Fernseher zurückgezogen. Er weiß, warum die Stimmung im Haus so ist, aber nicht, wie er damit umgehen soll. Er möchte im Moment auch gar nicht darüber sprechen. Armer Junge. Er ist doch auch noch klein und braucht uns und unsere Zuwendung. Hoffentlich finden wir den Weg zu ihm und in seine Seele. Nicht, dass auch er uns noch verloren geht, weil er bescheiden ist und nichts von uns einfordert.

Gegen 20 Uhr fahren die Geschwister heim. Am Samstag werden sie uns wieder besuchen. Wir drücken uns und wünschen uns gegenseitig Kraft. Plötzlich ruft Pitchen aus seinem Zimmer: *Ich möchte gerne noch „Harry Potter" gucken.* Na so was! Sven trägt ihn runter, Timmi legt die DVD ein, und gemeinsam schauen wir in die Zauberwelt. Auch Timmi darf noch aufbleiben, obwohl er morgen in die Schule muss. Wir haben jetzt anderthalb Stunden Familienzeit zu viert, die wir dringend brauchen und wirklich genießen. Pit kaut Kaugummi, trinkt Cola, spuckt, kaut Kaugummi. Aber er ist gut drauf und hält abwechselnd Händchen mit Tim, Papa und mir. Für kurze Zeit sind seine Lebensgeister zurückgekehrt, und wir sind zufrieden.

Mittlerweile wölbt sich aber Pits Kopfhaut über seinem Rickham-Reservoir bedrohlich weit vor. Eine große Beule mit einer kleinen Blutblase in der Mitte. Was, wenn sie aufgeht? Pit hat dort keine Knochendeckung mehr! Und die Beule im Nacken ist ebenfalls größer geworden. Auch dort fehlt Schädelknochen. Was fühle ich da? Hirnwasser oder Tumor? Ich will es eigentlich gar nicht wissen. Doch morgen rufe ich Dr. A. in Berlin an. Was kann passieren, wenn die Blase aufgeht? Ich kann meine Furcht nicht abschütteln.

In der Nacht träume ich ständig, dass Pit morgens mit aufgeplatztem Schädel in seinem Bett liegt. Auch Pitchen schläft schlecht. Ist er wach, schläft er lange nicht ein und sagt mir so oft unter Tränen: *Ich kann einfach nicht einschlafen, Mami. Ich möchte so gerne schlafen, aber ich kann nicht!* Ich singe ihm leise Lieder vor und lese, selber lautlos weinend, im Schein der Taschenlampe die Geschichten vom „Maulwurf mit der blauen Hose", vom „Kater Moritz" und vom „Abschied von der kleinen Raupe" – ein schönes Buch, das uns eine nette Bekannte brachte.

Irgendwann findet Pit dann in den Schlaf, unruhig zwar und immer wieder mit kurzen Spuck- und Durstunterbrechungen. Einmal schreckt er mit einem spitzen Schrei hoch: *Durst. Cola. Hunger. Banane. Bitte Mami.* Nur zwei Häppchen. Schluck Cola trinken. *Kein Spucken jetzt,* flehe ich den Tumor an. Als hätte er es gehört, bleibt für den Moment alles drin.

Wir halten oft Händchen. Und zwischen meinen schlimmen Träumen lausche ich ständig, ob Pitchen noch atmet, und hoffe nicht selten, dass er nun für immer friedlich einschlafen möge. Was bedeutet jetzt noch Weihnachten! In diesem Zustand hätten wir und vor allem Pitti auch kein frohes Herz mehr dabei.

Donnerstag, 9. Dezember

Gegen 4 Uhr morgens lässt ihn der Tumor endlich zufrieden. Fast fünf Stunden schläft Pitchen tief und fest, bis er vom Nasenbluten geweckt wird. Das hat er nun schon ein paarmal gehabt, was sicher an den trockenen Schleimhäuten liegt. Sein Körper verändert sich langsam. Pit popelt auch viel und pult ständig mit der linken Hand an seiner Lippe und der Nase herum. Es ist eine Ersatzhandlung. Die Hand will beschäftigt werden. Wenn er mich lässt, creme ich die schon wunden Stellen ein. Hunger. Zwei Stückchen Apfel. Eine viertel Banane. Spucken. Cola. Ausruhen. Fernsehen.

Ich frage Frau Dr. L., als sie nach Pitchen sieht, ob ich ihm etwas zum Schlafen geben könnte. Sie rät mir zu Tropfen, die ich schon habe. Immer ein paar davon heimlich in die Cola. Vielleicht bleibt genügend im Bauch, um zu wirken. Es wird schwierig, wenn wir nun Medikamente verabreichen müssen. Geschluckt kommt fast alles wieder raus. Zäpfchen möchte ich nicht geben, weil Pitchen sich wehrt. Was ist, wenn Schmerzen dazukommen? Wie können wir verhindern, dass unser Kindlein sie fühlt? Ich habe besonders davor furchtbare Angst.

Und die Beule? Frau Dr. L. ist auch ratlos. Ich telefoniere mit dem Onkologen Dr. A.: So einen Fall habe man in der Klinik noch nicht gehabt. Das Implantat sei mehrmals im Kopf angenäht und könne eigentlich nicht aus seiner Verankerung reißen. Die Kopfhaut könne sich sehr stark dehnen. Es werde Liquor sein, also Hirnwasser, welches nicht mehr abfließen könne und sich im Köpfchen ansammle. Es suche sich seinen Weg und dort, wo der Knochen fehle, sammle es sich unter der Haut. Und Pit habe noch keine Schmerzen? Kaum vorstellbar. Normal wären unerträgliches Kopfweh, starke Sehstörungen und motorische Probleme. Wir dürfen kommen, wenn wir keinen anderen Ausweg sehen. Ich weiß ja, aber wir halten das hier aus und stehen zu Hause alles durch, was noch kommt. Wir haben es Pit versprochen! Warum hat man ihm damals bei der OP eigentlich keinen Shunt gelegt? So ein Schläuchlein reguliert bei vielen Kindern den Hirndruck. Ich erhalte aber keine Antwort – was habe ich erwartet? Und ich male mir alle möglichen Szenarien aus, während Pitchen fernsieht und trotz allem noch ein kleines Stückchen Zufriedenheit in sich trägt. Und er hat keine Schmerzen! Er müsste sie aber haben! Ob ihm dieses Geschenk der Heiler Herr D. gemacht hat? Ich möchte es glauben, und es lässt sich wohl nicht anders erklären.

Cola trinken. Keks essen. Spucken. Cola. Bananenstückchen. Spucken. Kaugummi. So wiederholt sich das, bis Pit zum Mittag um Chicken McNuggets bettelt. Na gut. Papa soll bei ihm bleiben. Ich fahre los und hole auch gleich noch Cola und Amerikaner. Mit Genuss stopft sich Pitchen drei Fleischstücke mit süßsaurer Soße in den Mund. Trinkt Milch und Cola. Freut sich, als Tim von der Schule da ist und ihn herzlich begrüßt. Und es bleibt alles im Bauch! Aufatmen. Kraft tanken.

Oma Elvi kommt und schaut mit unseren Kindern einen Tierfilm an, als Sven und ich uns auf den Weg zum kleinen Friedhof machen. Er liegt nicht einmal fünf Minuten von unserem Zuhause entfernt, von drei Seiten eingebettet in den Wald.

Die beiden Leute von der Gemeinde kennen unsere Geschichte und nehmen sich Zeit für uns. Wo legen wir nur unser Kindchen in die Erde? Wir laufen hin und her. Es soll ihm doch gefallen! Und irgendwann finden wir eine schöne Stelle, etwas erhöht, neben einer schützenden Hecke. Wenn Pitchen möchte, dann sieht er im Sommer von dort aus die Pferde auf der Weide ... Und es liegen andere Kinder in der Nähe. Vielleicht ist Pit dann wirklich nicht allein ... Wenn man doch nur wüsste, ob da noch etwas kommt nach dem Tod.

Ob wir Pitchen auch mit Hund und Katze besuchen können, wenn er hier begraben liegt? Er möchte doch manchmal seine Tiere sehen! Man hat nichts dagegen, und wir verabschieden uns unter Tränen. Sven und ich gehen den Umweg durch den Wald zurück. Brauchen ein paar Minuten für uns zum gemeinsamen Nachdenken. Ist unser Weg der richtige? Hoffentlich schaffen wir das alles. Und hoffentlich zerbrechen wir nicht daran. Wie stark sind wir? Und was können wir den Menschen um uns zumuten? Wir machen uns Mut. Wir werden das durchstehen. Wir müssen es einfach und können es auch, sind wir uns sicher.

Zu Hause erwartet uns ein schönes Bild: Timmi, Pitchen und Pfötchen sitzen vor der Flimmerkiste und sind richtig fröhlich dabei. Mutti selbst ist zwar traurig und unsicher, aber sie kann ihre Gefühle zügeln. Vati bringt Tim zum Training.

Die Physiotherapeutin kommt vom Krankenhaus mit ein paar Dingen vorbei, die noch nützlich sein könnten: ein Schwimmring zum Sitzen und ein Schaffell, das gegen Wundliegen helfen soll. Und eine kleine Schar von handlichen Dinosauriern, die von lieben Schwestern für Pitchen gesammelt wurden. Kathrin und Dennis klingeln und bringen das Video „König der Löwen“, das Pit schon immer mal sehen wollte. Pitchen freut sich und möchte gleich mit Dennis gucken. Pit sagt immer *„Löwen der König“*. Niedlich, er kann sich den Titel einfach nicht merken.

Alle heulen ein bisschen mit mir, was auch immer guttut. Geteiltes Leid eben. Aber Pitti ist wirklich prima drauf und hat seit Mittag nicht gespuckt. Etwas Erholung für den kleinen armen Körper. Ja, so wäre Weihnachten noch schön ...

Schlafenszeit. Ich darf heute auch wieder singen, Sven bleibt bei Pit, bis ich zurückkomme, dann soll ich bitte wieder bei ihm liegen. Opa holt Tim vom Training ab, Oma bringt ihn ins Bett. Spät fährt Sven zum Reden zu seinen Volleyballfreunden. Er braucht auch unbedingt mal Abwechslung. So haben wir einen fast normalen Donnerstag.

FREITAG, 10. DEZEMBER

Schlimme Nacht. Pitchen schläft schlecht und findet keine Ruhe. Er weint, weil er nicht einschlafen kann. Die Tropfen scheinen nicht zu helfen. Tablette oder Zäpfchen lehnt er strikt ab: *Das lasse ich nicht zu!* Was soll ich nur tun? Mein Kleiner ficht innere Kämpfe mit sich aus. Er hat keine Schmerzen, zumindest sagt Pit mir das. Oder hat er schon keine Empfindungen mehr dafür? Aber wenn Pfötchen ihn kratzt, dann jammert er *Aua!* und schimpft mit ihr, also muss er noch fühlen können. Nein. Schmerzen hat er nicht.

Lieder singen. Geschichten lesen. Streicheln. Schlückchen trinken. Mal spucken. Dann lege ich die Meditations-CD vom Heiler ein, die wir auf Rügen bekamen, und irgendwann träumt Pitchen sich weg. Immer mal für ein bis zwei Stunden, dann wiederholt sich alles.

Um 8 Uhr soll Papa zu Pitchen kommen, und ich jogge durch den anbrechenden Wintertag. Frostig. Sonnig. Wunderschön. Ich singe die

Weihnachtslieder vor mich hin, die unser Lehrerchor auf der Schulgala vortragen wird, und hoffe, dass ich das emotional schaffe. Ich will es. Möchte das für Pit tun. Er ist so stark und tapfer, da werde ich doch das bisschen Singen schaffen!

Als ich zurück bin, sitzt Pitti vor dem Fernseher: „*Löwen der König*". Und ich muss ihm unbedingt erzählen, was ich beim Laufen alles gesehen habe, wie immer, seit er sprechen kann: *einen Fuchs, drei Rehe, ein Häschen und einen Specht.* Mit leuchtenden Augen hängt er an meinen Lippen und ist so neugierig auf die Natur. Dann schließt er die Augen und ruht sich aus. Bis Mittag hat er wieder viel gewürgt und noch nichts gegessen. Doch etwas Cola hat den Tumor wohl überlistet. Wenn er wenigstens Flüssigkeit bei sich behält.

Telefonate: Katja bitte ich innigst, für Pitchens letzte Feier die Musik zu organisieren. Wir möchten Dinolieder aus dem Film „In einem Land vor unserer Zeit" spielen, weil Pit die so liebt. Unsere Freundin scheint sich richtig zu freuen, endlich wirklich etwas für uns tun zu dürfen. Ich sorge mich aber um sie und hoffe, dass das Ganze nicht zu sehr auf ihre eigene sehr angegriffene Gesundheit geht. Doch Katja hat viele Kontakte und wird sich Hilfe holen, bin ich mir sicher. Die beiden Lieblingsschlaflieder von Pitchen kennt sie leider nicht. Darum werde ich mich selbst kümmern.

Helena aus Berlin ruft an und klingt so erschöpft. Bei Jonas sieht es sehr kritisch aus. Er hat wieder eine Bluttransfusion erhalten, aber ist auch schon so geschwächt und ausgezehrt. Er wird nicht mehr lange durchhalten. Wir trösten uns, so gut es geht, aber es ist alles einfach nur traurig und aussichtslos. Warum können wir überhaupt nichts für unsere Kinder tun? Sie sterben uns unter den Händen weg! Es ist so ungerecht. Sind wir alle nur Gast in dieser Welt? Wir lieben unsere kleinen Jungs doch so, sie sind behütet, werden geherzt, waren willkommen auf dieser Erde. Aber sie gehören uns ja nicht. Wir müssen loslassen können. Müssen uns verabschieden und unseren Kindern diesen Abschied leicht machen. Wenn es nur nicht so verdammt schwer wäre …

Frau D. ruft an. Sie möchte gerne wissen, wie es um Pitti steht. Traurig hört sie mir zu, macht mir Mut und sagt, sie komme am Montag mit Luchsi. Das hat auch Pitchen gehört, und Freude huscht über sein Gesicht.

Frau Dr. L. sieht nach unserem Kindlein und ist noch sehr zufrieden mit seinem Zustand. Ich bedränge sie, etwas gegen mögliche Schmerzen aus dem Ärmel zu schütteln. Dass Pit keine Zäpfchen duldet, weiß sie, aber sie meint, ich müsse mich dann mal durchsetzen. Doch ich weigere mich, werde keinen Zwang ausüben! Ich möchte Schmerzpflaster haben, ich weiß, dass es so etwas gibt. Sie lehnt es ab, doch vermag mir den Grund nicht zu erklären. Für den Fall der Fälle schreibt sie Schmerztröpfchen auf. Besser als Tabletten und Zäpfchen, aber was, wenn sie nicht im Magen bleiben? Und das Implantat macht mir Sorgen, und ich sehe auch ihren unsicheren Blick auf die gewaltige Beule, die sich über Pitchens Stirn auftürmt. Was muss das für ein ungeheurer Druck in seinem Kopf sein? Irgendwie habe ich doch alle möglichen Szenarien durchträumt, wie das Sterben sein wird, aber eine solche fast schon Deformation des Kopfes sah ich dabei nicht. Es kommt doch immer anders, als man sich die Dinge vorstellt.

Ach, ich würde Pitchen gerne beim friedlichen endgültigen Einschlafen helfen dürfen. Wie gerne würde ich Pit ersparen, was da vielleicht noch auf ihn zukommt: körperliche Qualen, Todesängste, seelischer Schmerz. Aber ich kann nur bei Pit sein und ihm die Hand halten. Und wenn er unter Schmerzen krampft, weint, geschüttelt wird? Wenn er sich tagelang windet und der Tod nicht kommen will? Ich denke, ich wäre imstande, Pitchen in seinem Todeskampf zu helfen. Es wäre doch nur meine mütterliche Pflicht! Das viel diskutierte Thema um aktive Sterbehilfe hat jetzt für mich eine ganz andere Bedeutung erlangt und wird mich mein Leben lang begleiten. Niemand kann eigentlich darüber urteilen, wenn er noch nicht selbst an der Schwelle zum Tod gestanden hat oder einen geliebten Menschen bis dahin durch alle Qualen begleitete.

Frau Dr. L. geht, Oma Elvi kommt, und muntergekitzelt von den durchs Fenster fallenden Sonnenstrahlen möchte Pitchen mit uns spazieren gehen. Eine gute Stunde schieben wir mit ihm, warm eingemummt, durch den frostigen Herbst-Winter-Wald. *Wie dick schon die Knospen sind! Sieh mal, Mama. Bald wird es wohl Frühling?* Pit freut sich so, dass er draußen ist und im Moment auch nicht spucken muss. Kleiner Schatz! Er genießt die Natur in vollen Zügen. Ein Sonnenuntergang wie aus dem Bilderbuch geleitet uns nach Hause, und ich bin für den Augenblick getröstet.

Ausruhen möchte Pit wieder im Wohnzimmer, wo gleich auch „Findet Nemo" laufen soll. Aber eigentlich schließt er fast immer die Augen und hört den Film nur. Ab und zu spucken, bisschen trinken, nichts essen. Wie dünn er schon ist. Ein Häufchen Elend, aber immer noch etwas zufrieden. Oma Elvi sitzt bei ihm, Sven beschäftigt sich mit Timmi.

Urplötzlich wünscht sich Tim, jetzt gleich zum Tischtennistraining gefahren zu werden, obwohl sein Trainingstag der Donnerstag ist. Wir lehnen ab, weil es auch schon zu spät ist. Tim rennt heulend auf sein Zimmer, schreit wütend und ist unglaublich enttäuscht. Wir aber stehen verwirrt herum: Es ist Timmis erster Gefühlsausbruch, den er uns so offen zeigt. Ich schleiche ihm hinterher, lasse ihn erst bitterlich weinen, streichle ihn und merke, dass er sich seiner Gefühle furchtbar schämt. Nach und nach entlocke ich ihm seine Gedanken. Er fühlt sich doch zurückgesetzt und weniger wichtig für uns. Pitchen sei eben die Nummer Eins in unserer Familie. Nie hätten wir Zeit für Tim. Immer nur gehe es um Pit. Tief betroffen nehme ich diese Vorwürfe hin und spreche behutsam mit meinem großen Jungen. Es sei nicht richtig, wenn er meint, wir würden uns nicht um ihn kümmern. Ich zeige Beispiele auf. Ein fast schon hilfloser Versuch, mich zu rechtfertigen. Zugegeben, in der letzten Woche haben wir uns mehr auf Pitchen konzentriert, und das hat Tim zu spüren bekommen. Leise reden wir miteinander über Familie, Verantwortung, Verständnis, Krankheit und Sterben. So dringe ich langsam zu ihm vor. Und Tim offenbart mir seine Angst, Pit zu verlieren, seinen kleinen Bruder nicht mehr zu haben, ein Einzelkind zu werden. Vielleicht ist es zu hart, doch ich frage ihn, ob er mit Pit tauschen würde, um mehr Zuwendung von uns zu bekommen. Weinend schüttelt er den Kopf und versteht, dass wir alle für Pitchen nichts weiter tun können, als in dieser letzten Lebenszeit bedingungslos für ihn da zu sein. Und ich bitte Tim, wenigstens für eine halbe Stunde jeden Abend mit Pit gemeinsam auf der Couch beim Fernsehen zu kuscheln. Ja, das will er gerne tun.

Einige Zeit möchte Timmi noch alleine in seinem Zimmer sein. Ich soll bitte den anderen nichts sagen, er möchte auch nicht von Papa oder Oma angesprochen werden. Wir werden das respektieren, und so setzt sich Tim nach etwa einer viertel Stunde zu Pitchen auf die Couch. Händchen haltend sehen beide später noch einen Trickfilm. Ein vertrautes Bild, und ich bin glücklich, dass all das aus Tim herauskam, was er schon so lange mühsam unterdrückte.

Sven bringt meine Mutti nach Hause, ich die Kinder zu Bett. In der Nacht soll Papa bitte bei Pitchen schlafen. Immer abwechselnd wünscht er sich das ab heute. Ich kann allein in meinem Bett keinen klaren Gedanken fassen und komme nicht in den Schlaf. Diese große Beule! Was soll daraus noch werden?

Samstag, 11. Dezember

Mir geht ständig durch den Kopf, was aus unserer Familie wird, wenn Pitchen nicht mehr lebt. Unser Lebenstraum, unsere Hoffnung auf ein vierköpfiges Glück ... Verloren.

Schon im August, als man uns Pits Tod voraussagte, stellte ich mir heimlich vor, ein drittes Kind zu bekommen. Sogar geträumt habe ich oft davon. Es war ein Mädchen, eine kleine Emily. Niemanden weihte ich ein, weil ich diesen Traum nicht begriff, ihn Pitchen gegenüber auch gemein fand. Dann lernte ich Helena kennen und flüchtig auch andere Eltern, denen zwei Kinder an Krebs starben oder die ein zweites schwer krankes Kind daheim betreuten. Die Ursachen für Pitchens Tumor sind unklar. So selten auch das Unglück eine Familie doppelt trifft, so deutlich sehe ich doch die mir bekannten Familien vor mir. Und mir wird klar, dass ich das Schicksal nicht herausfordern will. Nie könnte ich mir verzeihen, wenn noch ein Kind aus meinem Schoß nicht lange leben darf und sich durch seine letzten Wochen bitter kämpfen muss.

Da oben bei Pit und Sven heute alles ruhig ist, schlafe ich über meinen Gedanken ein – bis ich gegen 7 Uhr hochschrecke, da überhaupt nichts zu hören ist. Unheimliche Stille. Angstvoll schleiche ich mich in Pitchens Zimmer und wage einen Blick. Mein Kleinchen schläft tief und fest, atmet gleichmäßig. Sven lächelt mich an und gibt mir zu verstehen, dass Pit nicht gespuckt hat und es ihm besser geht. Die Beule ist weg, das Kopfkissen dafür pitschnass. Die Membran im Implantat hat dem Hirndruck nachgegeben und lässt Liquor durch. Es tropft unentwegt vor sich hin. Während Sven und ich Pit beobachten, wacht er langsam auf und wünscht sich dann ein Brötchen mit Nutella. Pitti sieht richtig gut aus. Irgendwie erholt und längst nicht mehr so elend. Er scheint Entlastung dadurch zu haben, dass das Wasser aus dem Kopf kann. Nun ist also das Rickham-Reservoir doch noch zu etwas nütze.

Zum Frühstück ist auch Timmi wach, und heute planen wir wieder etwas: Wir wollen zum Baumfest und uns selbst einen Weihnachtsbaum schlagen. Und zum Abend kommen Svens Geschwister wieder. Wir freuen uns.

Schön warm anziehen, und dann geht's auch schon los. Im Auto spuckt Pitchen doch noch, aber er wirkt nicht so erschöpft und freut sich wie wir alle, dass so viele unserer Freunde und Bekannten beim Baumfest sind. Auch Oma Elvi und Opa Wolfgang. Es erweist sich leider als absolut unmöglich, mit der Karre in die Baumplantage zu gelangen, so bekommt Pitchen also den Platz auf Papas Schultern, wo er tapfer aushält und recht zufrieden wirkt. Zusammen suchen wir unseren Weihnachtsbaum aus, Tim und Sven machen beim traditionellen Baumweitwurf mit, Oma lädt die Kinder zum Tee ein, von dem Pit aus der Erinnerung noch genau weiß, dass es „Geistertee" ist. Seine Kräfte schwinden aber merklich.

Mitleidige Blicke um uns. Manch einer traut sich, uns anzusprechen. Man hatte uns im Radio gehört. Pitchens Schicksal berührt viele Herzen. Zwischen Weinen und Lachen nähern wir uns dem 3. Advent, die guten Wünsche und die Hoffnungen all der netten Menschen um uns im Gepäck.

Pits Zipfelmütze verdeckt die kleine Wunde über der Stirn, aus der es tropft. Aber über ihrer Stelle gefriert der durchfeuchtete Stoff zu glitzerndem Rauhreif. Unser Kleinchen ist nun sehr erschöpft. Und langsam macht sich die Kälte breit, die auch das Lagerfeuer nicht aufhält.

Auf dem Rückweg holen wir für unsere Kinder die heiß geliebten Chicken McNuggets. Zu Hause hat Pitchen dann aber doch keinen Appetit und möchte lieber ausruhen. Bisschen spucken. Cola trinken.

Schon heute bauen wir den großen Weihnachtsbaum auf. Katja brachte uns auf die Idee. Warum auch nicht? Wir holen das Fest eben näher zu uns heran. Sven stellt den Baum im Wohnzimmer auf und soll sich dann zu Pitchen setzen, während Tim und ich die vielen Lichter platzieren und die Zweige schmücken. Papa ist heute Pitchens *Allerliebster* und damit unheimlich froh. Und unser Rübchen spart nicht mit Lob: *Ich bin so stolz auf euch, wie schön ihr den Baum geputzt habt. Und wie schön unser Wohnzimmer ist. Wir haben so ein feines Haus!*

Das rührt uns zutiefst. Und ich liebkose Pit und lächle ihn an: *Ach, du süßes Kindlein!* Worauf er erwidert: *Ach, du süße Frau!* Wir lachen alle vier und sind glücklich im Schein der vielen Kerzen unseres frühen Weihnachtsbaumes.

Gemeinsam gucken wir einen Tierfilm. Pit summt und singt leise vor sich hin, freut sich wie immer über die drolligen Tierbabys und weiß noch so viel. Doch hin und wieder sagt er Dinge, die wir nicht verstehen. Worte, die nicht in den Zusammenhang gehören. Oft sucht er auch lange nach dem passenden Ausdruck und meint, dass sich seine Stimme verändert. Ja, wir bemerken diese Veränderungen auch. Doch Pitchen hat keine Schmerzen, alles andere ist nebensächlich. Etwas Sorge machen mir seine wunde Nase und die rissigen Lippen. Deutliche Zeichen von Ersatzhandlungen, die nicht zu unterdrücken sind. Stets pult er daran herum oder popelt, bis alles blutet. Nicht immer duldet Pit die lindernde Creme. Mehrmals wechseln wir das Handtuch unter Pitchens Kopf, das völlig durchtränkt vom Hirnwasser ist. Wie kleine Wassertröpfchen perlt es nicht versiegend die Stirn oder Schläfe hinab. Es stört Pit nicht, im Gegenteil, er wirkt munterer, und das Spucken lässt merklich nach. Wenn Pit ruht oder schläft, dann knirscht er nun auch mächtig mit den Zähnen. Ein Zeichen innerer Anspannung? Vielleicht denke ich aber auch zu viel, suche in allem eine Antwort, worauf auch immer.

Dann erwarten wir Svens Geschwister. Heute ist auch Karstas Freund dabei. Sie sind schon in der Dämmerung bei uns. Immer im Advent treffen wir uns zum gemeinsamen Entenessen. Wir kochen aber heute nicht, sondern wollen Essen bestellen und bringen lassen. Doch Pitchen ist empört: *Wir wollten doch essen gehen!* Wir bezweifeln, dass er das kräftemäßig durchhält, und versuchen, ihn von unserem anderen Plan zu überzeugen. Doch unser Kindlein bleibt eisern: *Bitte, wir fahren in die Gaststätte. Den Eimer nehmen wir mit, und wenn ich keine Kraft mehr habe, dann lege ich den Kopf auf den Tisch.* Wir sind entwaffnet und überwältigt von so viel Lebensmut und möchten Pit das bisschen Normalität nicht vorenthalten. Damit wir im „Lokanta“ aber nicht so lange warten müssen, bestellen wir telefonisch und steigen nach einer Weile in die Autos. Pit hat schon solchen Hunger! Er hält es kaum aus und wird weinerlich, fast wütend, bis das Essen dampfend auf dem Tisch steht. Mit Begeisterung machen sich Tim und Pit über Döner und Spaghetti her. Pit isst nur wie ein Spatz, aber mit Genuss. Bis dann sein Kopf schwer wird und wir nach zwei Stunden nach Hause fahren.

Gerade in der Tür kommt mit einem Rülpser alles Essen wieder raus, und Sven, der Pitchen trägt, hat seinen Pullover voller Nudeln mit To-

Innig kuschelnd lauschen die Brüder dem Fernsehprogramm

Favorit beim Spieleabend: „Mensch ärgere dich nicht“

matensoße. Trotzdem ist es ein schöner Abend. Wir sind noch einmal essen gewesen! Müde sinkt unser Kindlein in sein Bett und hat nichts dagegen, dass es alleine einschläft und wir anderen in der Küche noch lange erzählen.

Tim sieht noch eine Weile fern und wirkt den ganzen Tag schon recht ausgeglichen. Unser Gespräch gestern hat ihm wohl auch richtig gutgetan. Er wusste vielleicht nicht, wie er sich Pitchen gegenüber verhalten soll. Hat eben auch Angst, dem Tod ins Auge zu sehen und zu erleben, wie sein kleiner Bruder täglich etwas mehr entschwindet. Liebevoll hat er Pit heute wieder umsorgt, und nichts deutet darauf hin, dass er sich verpflichtet fühlt und widerwillig der große Bruder ist. Tim merkt sehr wohl, dass wir auch ihn sehr lieben. Genauso wie wir Pitchen lieb haben. Man sollte sich das eigentlich viel öfter sagen.

Spät reisen die Geschwister wieder ab. Wir drücken uns, wünschen uns Kraft und Mut auf Pitchens letztem Weg und hoffen, dass wir uns in dieser Runde noch einmal wiedersehen.

Bisher hat Pit friedlich geschlafen. Der Tumor gönnt ihm eine Auszeit. Morgen zünden wir schon drei Lichter an. Mit großen Schritten nähert sich Weihnachten. Das Fest der Liebe. Das Fest der Familie. Und wir sind noch zu viert! Heute bleibe ich wieder bei Pit. Er ist zwar unruhig, wirft sich viel hin und her, knirscht mit den Zähnen, hantiert mit seiner Kuschelmaus umher, aber er wacht nicht auf.

Sonntag, 12. Dezember – 3. Advent

Ein Lichtblick! Pit hat wirklich durchgeschlafen und erwacht bei bester Laune auf seinem durchweichten Kissen. Möchte zuerst mit mir, dann mit Tim und Papa „schmuseln“ und zum Frühstück ein Ei und ein halbes Brötchen essen. Dann etwas fernsehen, am besten einen Tierfilm, wo er wieder verzückt das Leben der Tierbabys verfolgt. Oma Elvi und Opa Wolfgang sind eine Weile da und freuen sich mit uns über Pitchens fröhliches Geschnatter. Und es ist ganz egal, dass er manchmal Kauderwelsch spricht. Ihm geht's heute gut. Spuckt selten, hat prima Appetit und trinkt ausreichend. Kleines großes Glück.

Mittags hat Pit Lust auf etwas Spaghetti mit Tomatensoße, dann möchte er ruhen und von mir die lustigen Geschichten von „Petterson und Findus" hören. Er findet es immer witzig, wenn manche Sätze falsch gelesen werden oder unvollendet bleiben. Dann verbessert er mich oder ergänzt richtig und ist so wach und fit, wie lange nicht.

Plötzlich wünscht sich Pitchen Kuchenteig und Apfelmus. Na toll! Wo kriegen wir jetzt Apfelmus her? Telefonieren. Ein Glas hat Daniela noch, und Sven rennt los. Mit Genuss ein paar Löffelchen in den Mund. *Danke. Sacken lassen!* Den Kuchenteig vergisst er, denn Silke und Julian kommen gerade vorbei und bringen Kuchen mit. Ich weiß nicht, wie er es geschafft hat, von der Couch auf die Füße zu kommen, aber Pitchen ist neugierig, wer da geklingelt hat, und wackelt auf seinen dünnen Beinen in die Küche. Ich bin schon sehr erschrocken, denn Pit schwankt wie ein Blatt im Winde, weil er schon so schwach ist. Aber ich lobe ihn, weil der kleine Kerl so mutig ist.

Nun möchte er also in der Küche mit uns allen Kaffee trinken. Isst Apfelmus und Kuchen und hat danach Lust, zum Stall zu fahren. Papa soll schieben. *Julian, kommst du mit? Eier suchen!* Natürlich geht Julian mit. Und Papa steckt heimlich zwei Eier ein, damit die Jungs auch welche finden, denn die Hühner legen in der Kälte nicht mehr. Und wir möchten die Kinder nicht enttäuschen. Tim ist mit ein paar Freunden draußen noch länger unterwegs.

Zu Hause spuckt unser Schnuffelchen leider wieder. Wasser trinken. Hunger auf Kaugummi. Und Julian, Timmi, Pitchen, Sven und ich verfolgen später zusammen noch „Die unendliche Geschichte" im Fernsehen.

Zwischendurch möchte Pit Julian von den Erlebnissen im Dinopark erzählen, will ihm die Fotos zeigen. Angestrengt sucht Pitchen nach Worten: *Wie lang war noch mal die Kralle von... äh... äh...* Und er weint herzzerreißend: *Warum vergesse ich das immer? Ich wusste das doch mal!* Wir trösten ihn, auch uns würde das manchmal so gehen, doch es hilft nichts, er ist wütend über sich selbst und beschimpft sich: *Ich bin dumm. Gar nichts weiß ich mehr.* Alle Dinos, die Sven, Tim und mir einfallen, nennen wir mit einem Kloß im Hals, bis dann endlich der richtige Name fällt: *Ja der, der hatte eine sooo lange Kralle,* was Pit mit weit ausgebreiteten Armen zeigt. Ich freue mich über Julian, der wirklich staunt, was Pit mit Stolz erfüllt. *Ja, das hab ich erlebt!*

Julian muss dann nach Hause, und Pits Hunger meldet sich wieder: Toffifee, Tictac. Dann leckeren Kartoffelbrei aus der Tüte, Bratwürstchen und genau eine Erbse. *Sacken lassen.*

Pitchen ist immer sehr artig dabei und bittet stets zuckersüß um Erfüllung seiner kleinen kulinarischen Wünsche, die spontan aus ihm heraussprudeln. Wenn ihn seine Gelüste zu sehr übermannen, dann kann es manchmal auch gar nicht schnell genug gehen. Und dann kommt es auch vor, dass Pitchen ungeduldig weint, weil ihn sein verwirrter Magen wohl fast zur Verzweiflung bringt.

Wir alle tun, was wir können, und das wirklich gerne. Denn Pitchen isst! Kaugummi. Tictac. *Bitte, Mami, machst du mir Senfei?* Lächelnd bereite ich ihm ein halbes Senfei zu. Ein Häppchen. *Dankeschön. Liebe Mami. Sacken lassen.* Kurz darauf fleht er Papa an: *Ich möchte so gerne ein Spiegelei.* Sven brät die andere Hälfte. Es lohnt einfach nicht, richtige Mengen zu kochen, denn unser Wohnzimmertisch ist voll von verschiedensten Speisen, Getränken, Obst, Naschereien, die bei Pit urplötzlich begehrt sind. So können wir schnell reagieren. Jeder von uns greift also auch zu, worauf er gerade Lust hat. Hunger kommt nicht wirklich auf. *Danke, lieber Papa, so ein schönes Spiegelei.* Eine Gabel voll. *Sacken lassen.* Manchmal scheint ihm schon das Schnuppern zu genügen. Essen möchte Pitchen immer noch selber vom Teller mit dem Löffel oder der Gabel. *Du brauchst mich nicht füttern. Ich kann das alleine!*

Aber jetzt jammert er, als er sitzt, weil ihm der Rücken wehtut und er im Moment wohl nicht richtig gucken kann. Sofort bin ich mit den Nerven runter und habe Tränen in den Augen. Und Pit hört es an meiner Stimme und meckert mit mir, weil ich nicht weinen soll.

Etwas später spielen wir zu viert Mensch-ärgere-dich-nicht. Wieder haben unsere Jungs unverschämtes Glück und würfeln Papa und Mama gegen die Wand. Auch Pitchen lacht aus voller Kehle, wenn ihm ein toller Wurf gelingt. Kraftlos schon, aber fröhlich. Eine schöne Runde nach einem erfüllten Tag.

Morgen kommt Luchsi, den Pit schon sehnsüchtig erwartet. Noch nie hat er sich auf Besuch so gefreut. Nun aber ist er müde und möchte schon um kurz nach 18 Uhr zu Bett. Papa liest bitte eine Geschichte vor, ich soll bei ihm schlafen.

Timmi bringe ich ins Bett. Er wünscht sich auch noch seine Streicheleinheiten. Sven liest neben Pit in einem dicken Buch, bis ich ihn ablöse, denn so früh kann er nicht in den Schlaf finden.

Unser Schnuffelchen ist ruhig, träumt wohl auch. Keine Spuckerei. Nur einmal wacht er auf und möchte ein Stück Banane und zwei Scheibchen Apfel essen, etwas trinken, pullern. Und ich möchte bitte Petterson-Geschichten lesen, bis er einschläft.

Montag, 13. Dezember

Bis gegen 5 Uhr hat Pitchen seine Ruhe, dann will der Tumor, dass er spuckt. Die Hand findet den Eimer nicht gleich, der erste Schwall geht vorbei. Also das Bett neu beziehen.

Schlückchen Wasser trinken. Laut seufzend sieht mich mein Schnuffelchen an, und ich weiß gar nicht, was ich ihm sagen soll. Wir halten fast eine Stunde lang Händchen, bis er wieder brechen muss.

Dann muss Timmi auch schon zur Schule. Hoffentlich wird er nicht krank, er hustet sehr, hat aber tief und fest geschlafen.

Zum Frühstück bleibt Pitchen noch liegen, möchte Kraft sammeln und fragt ständig nach Luchsi. Am späten Vormittag will er bei uns sein, also haben wir noch etwas Zeit.

Heute duschen wir unser Kleinchen. Sven hält ihn aufrecht, ich seife ihn etwas ein. Pit hat immer gerne geduscht und gebadet, aber jetzt zittert er wie Espenlaub, kann sich alleine nicht mehr halten und jammert, er möchte gerne raus aus der Wanne. Wir beeilen uns, müssen aber mal das Köpfchen waschen, weil sich durch das stets auslaufende Hirnwasser eine talkige Schicht auf der Kopfhaut abgelagert hat. Sie riecht nicht, aber der Kopf scheint zu jucken. Deshalb muss es also sein. Es schmerzt uns sehr, Pitchen so zu sehen: Mager sind schon seine Beine, kein Bäuchlein mehr, Pit wirkt ausgezehrt, ist schwach und friert, weil er nichts mehr zuzusetzen hat. Wir wickeln ihn in ein großes Handtuch und wärmen ihn schnell auf. Auf meinem Schoß kuschelt er sich an mich, während Sven die blonden Haare fönt.

Heute vor fünf Monaten haben wir zukunftsfroh und unbeschwert

Pitchens fünften Geburtstag gefeiert. Und nun wird er bald sterben und dann nie wieder auf meinem Schoß sitzen. Wie gerne würde ich die Zeit anhalten … Aber was hätte Pit davon?

Oma Elvi und Opa Wolfgang kommen. Sie möchten Frau D. und Luchsi kennenlernen. Hübsch gemacht und duftend erwartet Pitchen seinen Freund, der endlich in der Tür steht. In diesem Moment ruft Helena weinend an: Jonas ist gestorben. Wir bringen beide nicht viele Worte zustande und werden in den nächsten Tagen noch telefonieren. Ich muss meine Gedanken umlenken. Pits Besuch ist da. Ich kann jetzt nicht mit dieser schlimmen Nachricht in die liebevolle Stimmung stoßen und schlucke meine Tränen hinunter.

Pitchen ist selig und rührend um Luchsi bemüht. Frau D. lässt sich ganz auf ihn ein und spürt, wie wichtig Pit der kleine flauschige Freund ist. Er setzt Luchsi neben sich zu Pfötchen und möchte ihm dann sein Zimmer und den Kran zeigen. Sven trägt Pit hoch, alle anderen marschieren hinterher. Wir sollen mit dem Kran etwas bauen, Pit sitzt mit Luchsi im Arm dabei und guckt. Er kann noch immer ein wenig lächeln und packt ungeduldig den kleinen Schatzbeutel aus, den Frau D. ihm schenkt. Er dreht die kleinen Schätze hin und her: blaugrüne Glückssteine aus Glas, glitzernde Dinoaufkleber, einen Zauberfingerring.

Nach ein paar Minuten ist er aber schon sehr erschöpft und wünscht sich in sein Bett. Opa soll aus dem dicken Dinobuch vorlesen, wir anderen möchten bitte drum herum sitzen und unseren Tee bei ihm trinken. Eingekuschelt in sein Kissen, mit geschlossenen Augen auf der Seite liegend, lauscht Pit, was Opa vorliest, und passt richtig auf, dass auch ja keine Seite überblättert wird, denn er kennt das Buch ganz genau. Luchsi sitzt neben Pitchens Kopf. Immer wieder streichelt Pit das Plüschfell. Ab und zu etwas Cola trinken.

Dann hat Pit wieder Kraft und möchte spazieren gehen. Mit Luchsi in der Karre zum Stall und auch noch die kleine Wiesenrunde wandern. Oma und Opa fahren heim, als Frau D., Pit und ich losschieben. Sven wartet auf Timmi, der bald aus der Schule kommt. Pfötchen und Nelly begleiten uns, was unseren Gast unglaublich fasziniert. Die Wiese vor unserem Haus ist nur noch ein bisschen grün, aber in der Sonne glitzern die Frostkristalle, und es ist nicht schwer, sich vorzustellen, wie schön das hier im Sommer aussieht. Pitchen schwärmt: *Das hier ist meine schöne Wiese. Im Sommer habe ich Mama jeden Tag Blümchen gepflückt. Gelbe wachsen hier besonders gut.* Mir kullern die Tränen bis zum Stall. In der Tasche habe ich vorsorglich ein Ei, das ich heimlich schnell verstecke, damit Pit auch eines findet. Er nennt Frau D. und Luchsi die Namen unserer Pferde. Bisschen streicheln, und weiter geht's den holprigen Pfad an der Wiese entlang. Plötzlich muss Pitchen furchtbar brechen. Das Eimerchen hält er fest in den Händen, aber er wird so geschüttelt, dass er fast aus der Karre fällt und wir ihn im letzten Moment halten können. Tapfer möchte er aber weiter. Pitchen hält still Eimer und Luchsi im Arm, während wir Frauen reden. Ich erzähle ihr von Nelly, wie sie so traurig war, als wir im Krankenhaus waren und sie die gedrückte Stimmung fühlte. Wie verstört sie war und nicht fressen wollte und sich gar nicht freuen konnte, als wir endlich wieder daheim waren. Und Pit sagt leise: *Das war ganz allein meine Schuld.* Es trifft mich wie ein Schlag. Pit fühlt sich schuldig. Um Himmels willen! Frau D. meint, es sei die Schuld vom Krankenhaus, weil doch da keine Tiere erlaubt seien und es viel besser wäre, wenn auch Hund und Katze Kinder besuchen könnten. Und ich schiebe die Schuld auf den Tumor. *Aber der gehört doch auch zu mir,* wirft Pit ein, und wir beide sind erschüttert. Jedenfalls versuchen wir nach Kräften, Pit seine Traurigkeit zu nehmen und diese Last. Denn Pitchen ist nicht schuld. An gar nichts. Ach, es hat ihn wohl schon länger bedrückt, und ich bin froh, dass er es nun ausgesprochen hat und wir ihn beruhigen können. Wir haben es wohl auch geschafft, denn mit einem *Dann ist es ja gut.* wendet er sich wundernd den dicken Knospen der Büsche zu, bis er völlig ermattet nach Hause möchte, sich auf der Couch einigelt und nichts mehr wünscht. Nicht essen, nicht trinken, nicht sprechen.

Nun gestehe ich Frau D. meine Ängste. Was wird da noch auf Pit zukommen? Ob sie wisse, wie das Sterben ist? Einfühlsam tröstet sie mich und versucht mich zu überzeugen, dass Pit uns nicht überraschen wird. Sein Sterben wird so sein, wie er sich jetzt zeigt. Ganz zufrieden, ganz ruhig. Behütet, umsorgt, angstfrei. Er packt schon seine Sachen, ist schon so manches Mal auf der „anderen" Seite zu Besuch. Er macht sich bereit für seine letzte Reise. Und wenn wir weiter so für ihn da sind, weiter auf ihn hören, dann wird er nicht leiden. Sie hält Pitchen und uns für sehr stark. Schon oft habe ich das in den letzten Wochen gehört, und es irritiert mich immer wieder. Was ist denn daran stark? Dass man das Sterben eines geliebten Menschen aushält? Gibt es denn

Pit verpasst kein Wort, wenn Papa aus dem Dinobuch vorliest

einen anderen Weg? Ja, sie hat Kinder erlebt, die im Krankenhaus nie Besuch bekamen. Viele Menschen sind beim Sterben mutterseelenallein. Niemand hält deren Hand, flüstert ein Wort. Die Angehörigen sind feige, weil sie schwach sind. Passiert das Sterben in der Ferne, dann lässt man es auch nicht so dicht an sich heran. Sich dem Tod zu stellen, das ist Stärke. Er gehört eben auch zum Leben.

Lächelnd, aber mit einem Glitzern in den Augen wünscht Frau D. uns weiterhin Kraft, Mut und Liebe. Pitchen hat sein Leben in vollen Zügen genossen. Ihm fehlte es an nichts, er war und ist sich vor allem stets unserer Liebe bewusst. Und er geht doch auch nicht verloren! Es gibt dort irgendetwas in einer anderen Welt. Sie ist sich ganz sicher. Pitchen sagt es ja selbst und wird sich zurechtfinden. Er ist ein ganz besonderes Kind. Charakterstark und wissend, dass wir es hier auf Erden auch ohne ihn schaffen, ohne zu zerbrechen. Deswegen darf er gehen, weil wir ihn loslassen. Hoffentlich hat Frau D. recht.

Als sie sich mit Luchsi von ihm einfühlsam verabschiedet, da ist es wirklich, als ob Pit in sich zusammenfiele und nun alles geschafft hätte, was er sich vorgenommen hat. Immer wieder setzt sich Pfötchen zu ihm und schnurrt ihm liebevoll ins Ohr.

Sven bleibt bei Pitchen, Tim geht spielen, und ich fahre zum Fotogeschäft und bestelle die großen Fotografien von Pit, die wir zu seiner letzten Feier aufhängen wollen. Hoffentlich werden sie noch rechtzeitig fertig. Wie viele Tage haben wir noch?

Nachmittags spricht Pit mit schwachem Stimmchen eine fremde Sprache. Kauderwelsch. Er trinkt Cola zwischen seinen Spuckattacken, zwar nur wenig, aber immerhin.

Liebe Bekannte besuchen uns kurz, Nachbarin Regina bringt einen Weihnachtsstern, unser Tierarzt sieht nach den Pferden und umarmt mich mit feuchten Augen, und Michael drückt mir Katjas Kassette mit der Dinomusik in die Hand. Alle sind so lieb, so um uns bemüht. Die Anspannung, die Angst ist allen anzumerken, und doch lässt man uns nicht allein.

Dann bringe ich Pitchen ins Bett. Händchen halten. Streicheln. Gute-Nacht-Lieder singen. Geschichten vorlesen. Sein Blick hellt sich hin und wieder auf, und dann spricht er auch verständlich. Irgendwann fragt er mich leise: *Mami, wird es denn mit meiner Krankheit überhaupt nicht mehr besser?* Ich muss schon all meinen Mut zusammennehmen, um ihn nicht zu belügen. *Nein, Pitchen, der Tumor ist zu stark. Er lässt nicht mehr zu, dass es dir besser geht.* Pit sieht meine Tränen, schimpft mich aber nicht aus. *Dann werde ich wohl bald sterben.* Wie selbstverständlich sagt er das. Mir tut es einfach nur weh. Möchte mit Pitchen aber noch darüber reden, weil er sich mir so öffnet. Vielleicht wünscht er sich das. Und ich flüstere ihm zu, dass er sicherlich bald fest einschläft und stirbt und seine kleine Seele überall hineinschlüpfen kann, wo er möchte, um uns oder andere zu besuchen. Und er kann all die Menschen treffen, die schon gestorben sind und denen es gut geht in der Welt, in der sie jetzt wohnen. Wir können sie nicht sehen, aber manchmal vielleicht spüren. Auch viele Kinder werden dort sein. Und auch Jonas, den wir vor einem Monat in Berlin besucht haben, denn der ist nun auch gestorben und hat kein Aua mehr. *Dann kann ich doch auch Katze Susi treffen. Und das Pferd, von dem wir die Knochen gefunden haben, frage ich, woran es gestorben ist.* Natürlich kann er das. *Und wir tragen dich in Gedanken und in unseren Herzen immer bei uns.* Pit lächelt mich müde an, dann spuckt er noch mal furchtbar und möchte schlafen. Sein von Liquor durchweichtes Kissen wechsle ich noch einmal, wische ihm die nasse Stirn ab und streichle seine Augenbrauen, wie er es so gerne hat. Auch Tim liebt diese Geste über alles. Beide ähneln sich doch sehr.

In der Nacht soll Papa bei ihm schlafen, und Pit wünscht mir: *Gute Nacht und träum' was Schönes, meine liebe Kuschelmama.* Unter Tränen erzähle ich Sven schnell, was wir besprochen haben. Er kann gar nichts erwidern, drückt nur stumm meine Hand, und mit Blicken wünschen wir uns eine ruhige Nacht.

Dienstag, 14. Dezember

Nachts prasselt der Regen aufs Dach, aber alles andere ist ruhig. Pit hat nur einmal gespuckt. Er wirkt abwesend, als er erwacht, trinkt aber etwas, lässt sich Bananenhäppchen in den Mund schieben und sich im Wohnzimmer auf die Couch legen. Sven und ich tun, als sei das alles normal. Wir sprechen mit Pit, lesen Geschichten vor, bieten hin und wieder Essen und Trinken an. Doch es liegt eine eigenartige Stimmung in der Luft.

Ich habe irgendwo gelesen, dass Todgeweihte das Weggehen üben. Ob Pitchen genau das gerade tut? Schon mal ins Jenseits blicken und sich umsehen?

Wir warten auf meine Eltern, die Pitchen gleich hüten werden. Heute fahren wir nämlich zum Bestattungshaus. Wir haben das Gefühl, dass wir uns nun um einen kleinen Sarg für Pit bemühen müssen. Liebevoll kümmern sich Oma und Opa um Pitchen. Sie finden es zwar merkwürdig, dass wir Pits Beerdigung so planen, aber sie zeigen Verständnis und drängen uns nicht zu Erklärungen.

Etwas befremdet ist auch die Frau vom Bestattungsinstitut. Aber wir liegen richtig mit der Annahme, dass ein kleiner Kindersarg nicht vorrätig ist. Er müsse bestellt werden, was einige Tage dauern werde. Und nun versteht sie, was wir meinen, wenn wir vorbereitet sein wollen. Nächste Woche ist Weihnachten, und wenn Pitchen in der Zeit stirbt, dann würden wir unmöglich so schnell einen Sarg bekommen. Und wir könnten es nicht ertragen, Pitchen in eine Blechkiste legen zu lassen, aus der er dann wieder raus müsste. Nein! Wir möchten ihn selbst in sein letztes Bett legen und ihm Kleinigkeiten mitgeben, die er auf seiner letzten Reise noch brauchen könnte. Und keine fremde Hand soll unser Kind noch einmal berühren. Es soll dann seine Ruhe haben. Wir sprechen alles ab, was nötig ist. Nein, wir werden auch keine Träger brauchen. Unsere Freunde werden das für uns tun, sind wir uns sicher. Und wenn nicht, dann fasse ich auch selbst mit an. Bitte keine fremde Hand!

Danach fahren wir zum Blumenladen. Auch dort kennt man unsere Geschichte schon. Nirgends geht es ohne Tränen, aber auch das gehört dazu und muss ausgehalten werden. Wir möchten für Pitchen nur Blumen, die er von Herzen liebt. Wilde Wiesenblumen gibt es in einer Gärtnerei leider nicht, aber Primeln, Tulpen, Hyazinthen werden

Halle und Sarg schmücken, Flieder kommt dazu und einige Rosen. Bitte keine Chrysanthemen, die haben für uns zu viel mit typischen Friedhofsblumen zu tun.

Wir haben jetzt alle Wege erledigt. Auch wenn es schwer war: Wenn es so weit ist und der Engel Pitchen abholt, dann müssen wir nur noch einmal telefonieren und haben Zeit für Pit, können bei ihm sein, wenn sich seine Seele auf den Weg macht.

Erleichtert fahren wir nach Hause und freuen uns, dass Pitchen nun wieder ganz „wach" ist und um sich herum alles bewusst wahrnimmt. Kleiner Schatz, siehst schon so durchsichtig aus, denke ich.

Meine Eltern bleiben noch, und nachmittags klingeln Leni und Julian und möchten zu Pitchen. Kran und Bauklötze holen wir in die Stube, und die Kinder spielen. Trotz Schneidersitz muss Pitchen gestützt werden, und er hält auch nicht lange durch. Ihm tut der Rücken so weh, meint er, und möchte lieber liegend zusehen. Leni und Julian lassen sich nicht stören und beziehen unser Kindlein auch immer mit ein. Wirklich schön für Pit, auch wenn er so traurig wirkt. Natürlich möchte er lieber richtig mitspielen. Natürlich möchte er herumtollen. Natürlich Fußball spielen. Aber es geht einfach nicht. Er fühlt seine Kraft schwinden und weiß, es wird nicht mehr besser. Aber er ist nicht allein. Vielleicht zählt wirklich nur das. Und daraus müssen auch wir unseren Trost nehmen.

Gegen 18 Uhr ist unser Kleinchen dann fix und fertig. Hat aber nur sehr selten gespuckt und brav seine Cola getrunken. Wenn Pitchen pullern muss, dann ist es, als ob er uns wie ein Würmchen durch die Hände gleitet. Er hat keinerlei Körperspannung mehr. Und doch möchte er noch vieles alleine erledigen. Er hilft beim Ausziehen, bemüht sich, beim Zähneputzen mitzumachen, hält seinen Trinkbecher am liebsten selbst. Ein tapferes Kerlchen. Er lässt sich nicht hängen. Papa liest Geschichten vor, Tim und Pit hören eng aneinandergeschmiegt zu. Ein Bild, wie ich es so sehr liebe und welches es bald nur noch in unserer Erinnerung geben wird. Aber diese Erinnerungen kann uns kein Tod nehmen. Wir haben Pitchen kennenlernen und mit ihm fast fünfeinhalb Jahre den Weg teilen dürfen. Das ist viel, wenn man bedenkt, dass manche Eltern ihre Kinder schon gleich nach der Geburt wieder verlieren. Wir hatten eine schöne Zeit. Sie war reich für uns alle. Und Pit ist auch noch bei uns. Er verschwindet täglich etwas mehr, aber er ist noch in dieser Welt.

Ich gehe noch zu Daniela und Guido, in der Hoffnung, dass sie mir helfen können, im Internet die beiden Schlaflieder zu finden, die ich Pit mit den Dinoliedern auf der Beerdigung vorspielen möchte. Ich selbst habe alle Quellen angezapft und keinen Erfolg gehabt. Wir suchen und suchen vergeblich. Niemand scheint diese Lieder zu kennen, das Lied von den kleinen Pferdchen und das von den müden Augen. Ich werde es aber nicht schaffen, auf der Trauerfeier selbst zu singen. Nur Dirk aus Berlin fällt mir ein, der mir da noch helfen kann und vielleicht noch weitere Quellen kennt, denn er ist in der Branche tätig. Also telefoniere ich mit Catrin und Dirk und weiß, sie werden alles versuchen. Am Freitag kommen sie zu uns. Sie möchten Pitchen so gerne noch mal sehen und machen uns damit überglücklich. Und ich spüre, wie sehr sie der Gedanke schmerzt, nicht mehr für ihn tun zu können.

Ich löse dann Sven ab. Spucken musste Pit noch nicht. Er wirft sich aber ständig hin und her und schlägt mit Kopf, Händen und Füßen oft gegen die Bretter seines feuerroten Autobetts. Mühsam polstere ich mit Handtüchern die Seiten ab. Mal hat Pit Nasenbluten vom Popeln, mal deckt er sich total ab, mal hantiert er mit seiner Kuschelmaus herum, dass er sie nicht wiederfindet und *Meine Maus!* ruft. Richtig aufwachen tut er dabei nicht. Ich löse irgendwann eine kleine Schlaftablette auf, und sie rutscht mit hinunter, als er ein Schlückchen Wasser fordert. Ich glaube nicht, dass sie viel wirkt, denn die Wühlerei hält an bis zum Morgengrauen.

Mittwoch, 15. Dezember

Gegen 6 Uhr morgens wacht mein Spätzchen auf. Pit spricht klar und möchte erzählen. Er erinnert sich an Legoland in unserem Dänemark-Urlaub, an unser Osterfeuer, an die Kremserfahrt zur Rieselei, an unser Wildschweinabenteuer. Ich höre ihm so gerne zu.

Dann sagt er mir voller Überzeugung, dass er nun wisse, als was er uns im Winter besuche. *Ich komme als Rehlein zu euch, wenn keine Wiesenblümchen wachsen.* Ich freue mich, finde das unglaublich tröstlich und meine, dass es wirklich schön wäre, ihn so zu sehen, und wir ja alle irgendwann sterben würden und uns dann mit Sicherheit wiedersehen. *Ja, Mami, und dann könnt ihr doch auch ein Rehlein werden. Papa ist dann mein Rehpapa, Tim mein Rehbruder und du bist dann meine Rehmama, und wir sind wieder eine Familie in unserem Wald.*

Das ist schön. Ich küsse Pitchens Stirn, und er gibt mir sein freches Zungenküsschen. Wieder sitzt mir ein Kloß im Hals, als ich sage, dass wir uns ein Glöckchen umhängen müssen, damit uns der Jäger nicht schießt. *Ja, Mami, so wollen wir das machen.*

Hoffend frage ich mein Kindlein leise: *Hast du deinen Engel schon gesehen?* Er schüttelt den Kopf: *Noch nicht.* Er hinterfragt aber nichts, als wäre das durchaus selbstverständlich. Also werde ich ihn irgendwann noch einmal fragen, nehme ich mir vor. Es war gar nicht so schwer, es über die Lippen zu bringen.

Dann soll Papa zu ihm kommen und aus dem Dinobuch vorlesen. Timmi darf noch schlafen. Er hustet sehr und wird ein paar Tage zu Hause bleiben. Mit Sven redet Pitchen nicht so. Überhaupt mit niemandem sonst. Und wieder fürchte ich, dass mir nicht geglaubt wird. Aber Sven vertraut mir. Er spricht selbst nicht so viel, und das ist vielleicht auch der Grund, warum Papa lieber die Geschichten lesen soll.

Zum Frühstück sitzen wir alle vier am Tisch. Pitchen hat wirklich einen guten Tag und hält sich einige Minuten tapfer auf dem Stuhl, bis er keine Kraft mehr hat und auf die Couch möchte. Getrunken hat er gut, wie ein Spatz gegessen und noch nicht gespuckt. Ich bin wirklich froh, dass das Implantat Hirnwasser durchlässt. Sonst hätte Pit bestimmt starke Schmerzen oder wäre schon längst am Hirndruck gestorben. Es ist noch immer geschenkte Zeit und in einem Zustand wie heute auch erträglich.

Das findet auch Frau Dr. L., die heute wieder nach Pitchen sieht. Unser Schnuffelchen erzählt ihr von seinen Dinos und vom Kran und dass Leni und Julian gestern da waren. Sie ist noch sehr zufrieden mit ihm und untersucht auch gleich Timmi, verordnet etwas Medizin und hält es für richtig, ihn für vier Tage aus der Schule zu nehmen. Uns soll es recht sein. Neben der Genesung ist es wertvolle Familienzeit, die wir miteinander verbringen dürfen.

Heute scheint wieder die Sonne. Tim möchte mit Papa dann zum Stall. *Suchst du mir bitte Eier, Timmi?* Pitchen will nicht mit, bittet aber Tim mit seinem schönsten Lächeln darum.

Zum Mittagessen wünschen sich die Kinder Fischstäbchen mit Kartoffelbrei und Erbsen. Bis 14 Uhr hat Pit erst zweimal gespuckt. Dann möchte er den Joghurt mit den kleinen Schokoperlen. Und Chicken McNuggets, die wir nun immer vorrätig haben und schnell aufwärmen können. Aber ein Löffelchen und ein Bissen reichen. *Erst mal sacken lassen.* Und wenn ich ihn sonst wiederholt frage, ob er noch ein Häppchen möchte, dann sagt er meist mit fester Stimme: *Nein.* Aber heute sagt er: *Wenn du nicht gleich aufhörst zu quasseln, dann brülle ich dir das Nein ins Ohr, bis du taub wirst und auch stirbst.* Erst bin ich verblüfft und sprachlos. Wir schauen uns beide an – ich ihn abwartend, er mich prüfend. Doch dann müssen wir beide laut lachen. *Du bist schon so ein Rübchen!* Ich kann ihm nicht einmal böse sein und glaube, dass ich ihn mit meiner Fürsorglichkeit manchmal ganz schön nerve.

Oma Hilli und Opa Peter kommen und sind froh, Pit bei so guter Laune zu sehen. Mich holt Andrea zum Laufen ab. Tolles Wetter, und ich bin irgendwie beseelt, zufrieden und könnte die ganze Welt umarmen. Warum nur? Und Pitchen möchte wieder wissen, was wir alles gesehen haben. Heute waren es nur ein Fuchs und ein Reh. Aber er freut sich. Auch wie immer.

Später sind auch meine Eltern hier. Pit und Tim sehen sich „Meister Dachs und seine Freunde" an, und ich bin dankbar, dass die Großeltern ihren Wunsch respektieren, sich doch in der Küche zu unterhalten. Zwischendurch befriedigen wir die kleinen kulinarischen Wünsche unserer kranken Kinder. Apfelstücke, rote Paprika, Birnenscheiben. Cola, Cornflakes und was Weißes, was gesund ist. Timmi isst gut, hustet viel, hat aber kein Fieber. Pit schnuppert manchmal nur am Essen, was ihm schon völlig genügt.

Vorsorglich löse ich in Pitchens Becher wieder eine Schlaftablette auf. Dann will er ins Bett, und Papa soll Geschichten lesen und auch bei ihm schlafen.

Mit unseren Eltern spreche ich die Beerdigung durch. Und ich hoffe, dass sie uns Geld borgen können für die Bestattungskosten. Mit ein paar Tausend Euro, so vermutet man in der Familie, werden wir wohl rechnen können. Wir haben nicht das gesamte Geld flüssig nach diesem halben Jahr. Natürlich werde man uns helfen, keine Frage, auch wenn man sich wundert, dass wir so abgebrannt sind. Wir haben aber in der letzten Zeit nicht auf den Euro geschaut. Medikamente, Center Park, Fliegen, Rügen. Das haben wir uns alles einfach so nebenher geleistet. Was sein musste, musste eben sein. Punkt. Wir können zum Glück auf Unterstützung bauen. Befremdlich, dass wir daran jetzt schon denken. Aber wir kommen nicht drum herum. Und wenn uns der Gedanke daran Angst machen würde, wie sollten wir dann im Moment des Todes ruhige Minuten bei unserem Kind verbringen? Das Leben ist seltsam, aber es ist so.

Als alle weg sind, tritt Ruhe ein. Es ist schon sehr anstrengend. Aber wir wollen und müssen den Großeltern ihr Verlangen nach Pitchen zugestehen. Sie sorgen sich sehr und möchten seine Nähe noch ein wenig genießen. Timmi ist recht genervt, aber er hält seine Gefühle zurück. Hält aus, was sein muss. Ich streichle seine Stirn und lobe ihn für seine Stärke. Er kuschelt sich an mich, seufzt und möchte wohl gar nicht immer der große Bruder sein. Lange sitzen wir so, bis ich ihn ins Bett bringe und wir uns schöne Träume wünschen.

Ich schaue noch in Pitchens Zimmer. Sven liest im Schein der Nachtlampe und Pitchen schnuffelt mit halb offenen Augen fast zufrieden vor sich hin. Hat noch nicht wieder gespuckt, wühlt aber viel. Auch Sven bekommt seinen Gute-Nacht-Kuss.

Und ich entschließe mich zu dem schon längst überfälligen Telefonat mit meiner Kollegin. Sie verlor im vergangenen Jahr etwa zu dieser Zeit ihre Tochter durch einen Autounfall. Sie saß selbst am Steuer, hatte ihre beiden Töchter im Wagen und auf wegen Blitzeis glatter Straße keine Chance. Schwer verletzt überlebte sie, eine Tochter ebenso, die andere war auf der Stelle tot. Ich war erschüttert wie alle meine Kollegen. Aber ich bin auch verstummt. Ich konnte ihr nichts sagen, habe ihr nicht geschrieben, sie nur einmal stumm gedrückt und gehofft, dass wir nicht reden müssen. Ich schämte mich dafür, konnte aber nicht aus meiner Haut. Heute kann ich sie anrufen, weil ich zu wissen glaube, was sie fühlt. Und sie freut sich. Sie glaubt, Schuld zu tragen, und niemand vermag ihr das auszureden. Schlimm. Und doch scheint es ihr zu helfen, als ich ihr erzähle, wie Pit dem Tod ins Auge sieht, welche Bilder er uns schenkt und dass er sich überhaupt nicht fürchtet.

Sven und ich haben uns schon so manches Mal gefragt, was wohl leichter zu ertragen ist – sein Kind durch ein langes Sterben hindurch zu begleiten oder es auf der Stelle entrissen zu bekommen. Wir würden nicht tauschen wollen, denn wir haben die Chance, Abschied zu nehmen und nichts unerledigt zu lassen. Bei aller Traurigkeit liegt auch darin für uns großes Glück. Und mir kommen Menschen in den Sinn, die uns sagten, dass man im Glauben an Gott wahrscheinlich besser mit dem nahenden Tod umgehen könne, man würde wohl eher getröstet werden. Aber wir haben unseren Glauben an die Allmacht der Natur. Wir lieben den Wald, die Wiesen und haben noch einen Blick für die kleinen Wunder dieser Welt, die uns täglich umgeben. Was kann tröstlicher sein, als so wiederzukommen, wie Pit es tun wird? Er hat uns reich beschenkt mit diesen Bildern. Kein Trost könnte größer sein.

Übermorgen kommen Dirk und Catrin. Am Samstag feiern wir mit unseren Freunden Advent in der Rieselei. Ein paar kleine Pläne haben wir noch. Wie oft wandelt Pitchen noch zwischen den Welten und findet in diese hier zurück?

Donnerstag, 16. Dezember

Pitchen hat neben Sven in dieser Nacht bis auf eine Stunde gut geschlafen. Aber er hat viel gewühlt. Der Tumor lässt ihm etwas Ruhe, doch es tritt mehr Hirnwasser aus. Ich habe schlecht geträumt, was mit der Öffnung in Pittis Kopf zu tun hat. Habe mir regelrecht panisch ausgemalt, dass mein Kindlein auch noch eine Hirnhautentzündung bekommt. Immerhin ist für Erreger doch nun eine Tür offen! Warum nur ist mir das nicht schon vorher durch den Kopf gegangen? Erkrankt Pitchen an Meningitis, dann muss er wieder ins Krankenhaus und wird dann dort sterben. Ich recherchiere im Internet über ansteckende und nicht ansteckende Krankheitsbilder und werde nicht schlauer. Frau Dr. L. hat diesbezüglich noch nichts gesagt. Am liebsten würde ich jemanden sprechen, der uns gar nicht kennt, und anonym bleiben. Unberechtigte Sorgen mache ich mir sicher nicht, denn wenn sich in Pitchen eine ansteckende Meningitis einnistet, dann sind auch wir anderen gefährdet. Ich verfluche meine Gedanken. Warum muss ich nur immer so viel denken? Ich werde am Abend Andrea bitten, ihre Bekannte zu fragen, die praktizierende Ärztin ist. Ich will diese Furcht ausschließen.

Tagsüber geht es Pitchen gut. Er spuckt nur einmal nach dem Frühstück, isst dann aber gleich noch ein viertel Brötchen und trinkt seine Milch. Timmis Husten wird schon weniger, aber morgen lassen wir ihn noch zu Hause. Papa muss ja morgen auch zum Ziehen der Fäden nach N. Ihm geht es mit seinem Ohr zum Glück gut. So weit ist alles komplikationslos verlaufen. Volleyballkumpel Exe wird Sven fahren. Praktische Hilfe. Auch unsere Eltern haben sich angeboten, doch sie tun schon so viel.

Von so vielen Freunden bekamen wir Hilfe angeboten. So auch von Exe. Und er macht es gern.

Immer wieder erzähle ich Pitchen und Timmi, dass morgen unsere Berliner Freunde kommen. Ich merke gar nicht mehr, wie oft ich mich wiederhole. Doch meine Jungs sind genervt: *Mama, wir wissen das. Das hast du uns heute schon dreimal gesagt!* Wir haben immer wieder Anlass zum Lachen. Und das tut gut!

Pitchen möchte heute noch mal zum Stall. Papa soll mit. Natürlich wird Pit wieder ein Ei finden ... Es nieselt, hat nachts auch geregnet, aber bekanntlich gibt es ja kein schlechtes Wetter, und es hat uns noch nie etwas ausgemacht. Tim und Pit haben Gummistiefelgetrappel immer geliebt. Die Pfützen konnten nie tief genug sein. Und wenn ich mit zornigem Blick vor einem Schritt weiter gewarnt habe, dann wich Tim zurück, während Pit diesen Schritt meist ganz bewusst setzte, mich aus den Augenwinkeln mit frech blitzenden Äuglein beobachtend. Pitchen war nie leicht zu lenken und hat die ihm gesteckten Grenzen stets ausgelotet. Aber seit seiner schweren Erkrankung ist er fast nur noch lieb. Er fordert kaum etwas, ist höflich, mit Wenigem zufrieden. Vielleicht neigt man in so einer Situation zur Glorifizierung, aber er hätte auch ungnädig sein können, ständig hadernd mit seinem Schicksal, vielleicht ungerecht uns gegenüber. Nein. Er ist einfach nur lieb. Fast dankbar.

Die Postfrau bringt ein Päckchen von unseren süddeutschen Freunden. Ein gläserner Schutzengel ist drin und ein Brief. Jutta schreibt, Pitchen werde seinem Engel bald gegenüberstehen. Ich möge ihm den kleinen Schutzengel einfach in die Hand drücken. Pitchen werde wissen, was er damit tun soll. Pitchen liegt auf der Couch, als ich ihm den Engel bringe. *Danke, Mama.* Er betrachtet das Engelchen, hält es ganz fest. Erst am Nachmittag, als Papa die Pferde füttert und Timmi am Computer spielt, schenkt er mir den Engel: *Ich brauche ihn nicht mehr. Du sollst den haben, Mama.* Das Engelchen ist ganz warm von Pitchens Hand. Natürlich werde ich ihn nehmen. Er kommt von meinem Kind. Ein Küsschen auf die Stirn, wir lächeln uns an, brauchen keine Worte mehr.

Eine liebe Bekannte klingelt und ringt mühsam um Fassung. Sie reicht mir noch eine CD mit Dinoliedern. Sie hat Plätzchen gebacken und ein Tütchen mit Süßigkeiten für jedes Kind gefüllt. Auch kleine Geschenke bringt sie für Timmi und Pitchen mit und verabschiedet sich mit einer Umarmung wieder.

Anne-Kathrin von nebenan schenkt Pitchen ein Plüschtier. Ein ganz niedliches Mäuschen, aber Pit möchte es nicht haben. Na, so was. Sie verbirgt ihre Enttäuschung, weil sie weiß, dass sich ein anderes Kind gewiss noch darüber freut. Und dafür bin ich dankbar, bin gerührt und bewundere jedes Mal den Mut der Menschen um uns, wenn sie uns besuchen. Ich weiß nicht, ob ich das so gekonnt hätte. Vielleicht würde es mir heute gelingen, weil ich nun zu wissen glaube, was Schwerkranke oder Sterbende und deren Angehörige fühlen.

Pitchen hat noch nicht wieder gespuckt. Und abends isst er sogar eine ganze Stulle mit Jagdwurst. Er spricht völlig klar mit uns, und wir hoffen, dass er so Weihnachten noch mit uns verleben darf. Oft bestaunt er unseren schönen geschmückten Lichterbaum. Das Fest ist auch schon ganz nahe.

Meine Eltern haben heute die großen Fotos abgeholt und gebracht. So richtig können sie nicht verstehen, warum wir sie in der Trauerhalle aufhängen möchten. Wir denken uns aber, dass wir alle Pitchen so in Erinnerung behalten, wie wir ihn dort sehen. Fröhlich. Enten fangend. Im warmen Sand buddelnd. Aus vollem Herzen lachend. Und nicht matt, krank, sterbend. Denn der Tumor veränderte unser Kind.

Ich darf abends wieder singen. Doch vorher bin ich noch bei Andrea wegen der vielleicht doch drohenden Hirnhautentzündung. Aber ich kann beruhigt sein. In weitem Umkreis sei kein Fall mit ansteckender Meningitis bekannt, und wir bräuchten uns nicht zu sorgen, erfahren wir und atmen auf.

Vom Chor zurück, geben Sven und ich uns die Klinke in die Hand. Er möchte sich noch ein bisschen mit den Volleyballern zusammensetzen und reden. Pit und Tim schlafen. Bisher verlief der Abend friedlich. Pit hat noch schön getrunken, nicht gespuckt und viel erzählt. Sven und ich tauschen Gute-Nacht-Küsse aus. Ich schleiche mich in Pittis Zimmer und bewache seinen Schlaf. So unruhig wie in den letzten Nächten wirkt er nicht. Ein wenig Erholung für den kleinen Spatz. Fast möchte ich dem Ding in seinem Kopf danken und schlafe über seichten Grübeleien ein.

Freitag, 17. Dezember

Tatsächlich war unsere Nacht richtig erholsam. Timmis Husten lässt merklich nach, Pitchen fühlt sich wohl, und miteinander kuschelnd und sich neckend beginnt ein neuer Tag.

Catrin und Dirk werden gegen Mittag bei uns sein. Ich bekam ausdrückliches Kochverbot: Ein großer Gulaschtopf mit Rotkohl wird mitgebracht. Nur Kartoffeln sind zu schälen.

Hungrig machen sich unsere Kinder übers Frühstück her. Sie dürfen ihr Brötchen gemeinsam im Wohnzimmer essen, denn zum Sitzen reicht Pittis Kraft nicht mehr.

Frau Dr. L. klingelt und findet es großartig, wie Pitchen sich hält. Es ist kaum zu glauben. Er ist heute putzmunter. Na gut, er rennt nicht herum und mag nicht spielen, aber er liegt fröhlich auf der Couch, hat seit gestern noch gar nicht gespuckt. Er plappert und lacht leise glucksend und hat viel für kleine Späße übrig. Mit Timmi knuddelt er rum. Beide sind ein Herz und eine Seele. Für Timmi ist die Zeit zu Hause auch sehr gut. Es gibt noch einmal so viel liebe Nähe zwischen den Jungs. Und wir fühlen wohl alle in uns eine eigenartige, nicht zu erklärende tiefe Zufriedenheit. Wie ist das nur möglich?

Sven und ich bereden mit Frau Dr. L., dass wir doch unbedingt die Schmerzpflaster haben wollen. Für alle Fälle! Sie druckst herum, kommt dann aber mit der Sprache heraus. Pit würde „stillgelegt" werden. Neben dem Schmerz würden dann wohl auch andere Empfindungen ausgeschaltet werden, und eine schnelle Erhöhung der Dosierung sei meistens nötig. Wir möchten die Pflaster trotzdem haben. Wenn Schmerzen kommen, dann darf Pit sie nicht empfinden, dann legen wir ihn doch lieber schlafen! Streicheln können wir ihn doch dann auch noch. Aber ihn vor Schmerzen krampfen zu sehen, ihn vielleicht schreiend durch das Haus zu tragen – nein, das werden wir ihm und uns nicht antun! Unsere Kinderärztin versteht uns und will heute mit Dr. A. sprechen. Es wird schon gehen.

Frau Dr. L. wirkt traurig. Auch sie möchte etwas loswerden, was sie bedrückt. Vor ein paar Tagen starb plötzlich eine alleinerziehende Mutter, die zwei kleine Mädchen hinterlässt. Kein Vater, der bekannt ist. Die Großeltern sind auch schon verstorben. Keine für die Erziehung infrage kommenden Angehörigen. Die Kinder sind allein und werden nun vorübergehend in einer Pflegefamilie untergebracht. Das weitere Schicksal der Mädchen ist ungewiss. Beide tun mir so leid. Spontan möchte ich rufen, dass wir diese Mädchen sofort nehmen würden. Das kann doch kein Zufall sein! Aber ich halte mich zurück. Wie kann ich nur solche Gedanken haben? Mein eigenes Kindlein kämpft mit dem

Tod, und ich denke an zurückgebliebene Mädchen. Aber ich kann es nicht abstellen. Wie unberechenbar doch das Leben ist. Und der Tod gehört dazu, auch wenn wir ihn möglichst zu verdrängen suchen.

Als Frau Dr. L. geht, wird Sven gerade von Exe abgeholt. Wir wünschen Papa ganz viel Glück und wenig Aua beim Fädenziehen und hoffen, dass er bald wieder in der Tür steht und Catrin und Dirk noch sieht.

Für die Dauer eines Tiervideos sind wir zu dritt und lümmeln auf der Couch herum. Hin und wieder wechsle ich Pitchens durchgeweichtes Handtuch unterm Kopf. Nach Kräften hilft er mit, sich hochzustützen, doch seine dünnen Ärmchen schaffen es kaum noch. Egal, er ist zufrieden. Und Tim ist es auch. In letzter Zeit gibt es Fernsehen ohne Ende. Es ist das Einzige, was Pitchen noch begeistern kann. Ob er zwei, drei oder sechs Stunden vor der Glotze sitzt ... Wir sind zusammen. Und über Probleme beim Sehen klagt Pit nicht. Er sieht keine Doppelbilder. Das trat nur einmal auf. Auch tut ihm sein Po oder Rücken nicht mehr weh. Ob er vielleicht den Schmerz ausgeschaltet hat? Ob so etwas geht? Aber er sagt *Aua!*, wenn Pfötchen ihn kratzt.

Dann hören wir auch schon die Autotür klappen. Endlich sind die Berliner da. So eine Freude, und doch rollen uns erst mal die Tränen. Einmal schütteln und ab zu den Kindern. Die kleine Maria haben die zwei daheim gelassen und die Oma um Betreuung gebeten.

Im Wohnzimmer wird schön erzählt. Schnell ist das Mittagessen fertig. Pitchen ist wie wir alle wirklich gut drauf, aber heute möchte er zum ersten Mal mit dem Löffel gefüttert werden. Die Hand wird einfach zu schwer. Er hat Hunger und isst mit Bärenappetit. *Ich habe noch nie so leckeres Gulasch gegessen!*, schwärmt er einer strahlenden Catrin vor. Immerzu mampft er Fleischstücke in sich hinein, sodass selbst Timmi staunt. Cola trinken. *Sacken lassen. Ich habe heute noch nicht gespuckt!* Und wir freuen uns alle.

Eine Nachbarin klingelt und bringt Pitchen eine Kleinigkeit. Schwups ist sie wieder weg. Ganz unkompliziert gehen die Menschen mittlerweile mit uns um, und das gefällt uns gut.

Catrin spielt etwas mit den Kindern, Dirk nimmt mich wegen der Musik zur Seite. Auch er hat die Schlaflieder nicht auftreiben können. Aber er hat eine Lösung. Als ich ihn letzte Woche bat, danach zu suchen, kannte er die Lieder auch nicht. So habe ich sie ihm auf den Anrufbeantworter gesungen, was angeblich nicht schlecht klang. Er hat heute etwas Technik mitgebracht und würde mich gerne aufnehmen, alles in Berlin abmischen und mir schnellstens die CD schicken. Etwas komisch komme ich mir schon dabei vor, aber persönlicher kann ein letztes Lied nicht sein, und ich willige gerne ein. Nun haben wir alle Vorbereitungen getroffen, damit Pitchens letzte Feier für ihn schön wird. Ich bin seltsam beruhigt. Wieder fällt eine Last von mir.

Dirk spielt mit Timmi noch Tischtennis, und als Sven kommt, erzählen wir noch lange. Sven hat einiges durchlitten beim Fädenziehen im Ohr und schildert uns seine Höllenqualen. Hören kann er aber momentan auch noch nicht besser als vor der Operation, und so haben wir viel zu lachen. Es ist ein wunderschöner Nachmittag. Abends verabschieden wir uns traurig und haben alle das Gefühl, dass bei unserem nächsten Wiedersehen jemand aus unserer Familie nicht mehr dabei sein wird.

Wann feiern wir in der Rieselei? Pitchen hat es nicht vergessen. Für morgen Nachmittag haben wir uns dort verabredet. Unsere Freunde werden Timmi beizeiten abholen und die Hütte schmücken. Wir anderen fahren hinterher. Und am Vormittag besucht uns noch der Hamburger Teil unserer Familie mit meinen Eltern. Wir werden erste Weihnachtsgeschenke austauschen. Wir können es kaum glauben, aber das vierte Adventwochenende ist zum Greifen nah. Pit wird es schaffen!

Wir „schmuseln" unsere Kinder ins Bett und sind unglaublich erleichtert, dass Pitchen noch immer nicht brechen muss. In der Nacht schläft er gut, wühlt aber. Ich decke ihn ständig zu.

Samstag, 18. Dezember

Zwar hat Pitti nicht würgen müssen, aber er wirkt erschöpft und apathisch. Er hat keinen Hunger, trinkt nur wenig. So traurig sieht er heute aus, aber er schüttelt den Kopf, wenn ich ihn danach frage. Und flüstert kaum hörbar: *Keine Kraft.* Armer Spatz.

Timmis Husten ist überstanden, und er freut sich auf die Rieselei. Und auch Pitchen möchte dorthin. Er macht es uns unmissverständlich klar.

Unser Kleinchen liegt den ganzen Morgen wieder auf der Couch, hält seine Augen geschlossen und hört Videos von Littlefoot „In einem Land vor unserer Zeit".

Immer sitzt jemand bei ihm. Ab und zu streicheln, Essen und Trinken anbieten. Wir halten ihm einfach einen Strohhalm vor sein Mündchen, und fast reflexhaft saugt er ein paar Schlucke Cola ein.

Oma Elvi und Opa Wolfgang kommen mit den Hamburgern gegen 11 Uhr. Alle sind doch erschüttert, Pitchen so zu sehen, halten sich aber vor ihm sehr gut zurück. Wir versuchen unsere Traurigkeit zu überspielen und machen die kleine Bescherung. Pitchen nimmt kaum etwas wahr und träumt sich woandershin. Aber Timmi packt neugierig Geschenke aus. Meine Mutti hat Mittagessen mitgebracht, sodass wir noch gemeinsam essen. Pit wünscht sich leise in sein Autobett und möchte wohl allein sein. Unter Tränen verabschieden sich Tante, Cousine und meine Eltern wieder. Ja, es ist schwer. So ungewiss sind die nächsten Tage, aber gewiss ist der Tod.

Kathrin und Dennis holen Timmi und den Schlüssel für die Rieselei bei uns ab. Sven und sein Freund waren gestern beim Eigentümer vorbeigefahren und hatten ihn mitgebracht. Pit hört Kathrins Stimme, bittet sie nach oben und möchte ihr gerne seine Dinos zeigen. Er scheint im Moment wieder etwas kräftiger zu sein, denn er spricht recht viel mit ihr und freut sich auf unsere Adventfeier in der Blockhütte.

Etwa eine Stunde später fahren Sven und ich mit Pitchen auch schon hinterher. Warm eingepackt in seinem Schneeanzug möchte Papa ihn gerade ins Auto tragen, als er sich furchtbar übergibt. Es ist so schade. Wir hatten gehofft, dass ihm der Tumor einen weiteren Tag Pause gönnt. Also müssen wir ihm noch einmal die anstrengende Umzieherei zumuten. Vorsorglich nehme ich noch weitere Wechselsachen mit.

Auf dem Weg zur Blockhütte durch den dichten Winterwald sehen wir Rehe. Pitchen freut sich und lächelt beseelt. Unsere Freunde sind schon alle in der Hütte. Sie ist so schön geschmückt, der Kamin spendet Wärme. Leckere Plätzchen, Naschkram, Kaffee, Kakao, Glühwein und Tee lassen den Raum nach Weihnachten duften. Wir legen Pitchen auf die Bank, haben sein dickes Bettzeug mit, in das er sich mollig mit seiner Maus im Arm einkuschelt. Wir singen Weihnachtslieder, lesen weihnachtliche Geschichten vor, können auch lachen. Und doch ist die Stimmung natürlich eine andere als in den letzten Jahren. Pit ist jedoch zufrieden. Er sagt zwar nichts, dreht sich nur hin und wieder von einer Seite auf die andere, aber ich spüre seine stille Freude, dabei zu sein. Manchmal trinkt er ein Schlückchen, aber essen möchte er nichts. Eine

Zeit lang hält er Danielas Hand. Ob er nicht mehr richtig wahrnimmt, wer bei ihm ist? Wir werden es nicht ergründen.

Die Kinder toben ausgelassen draußen umher, kommen aber immer wieder in die Hütte, sehen nach Pitchen, sprechen ihn immer wieder an, obwohl er nicht antwortet. Timmi kuschelt mit ihm, zeigt ihm seine Liebe. Schön, dass Pit nicht erleben muss, dass er gemieden wird.

Gegen 19 Uhr sind wir zu Hause. Pit hat noch nicht wieder gespuckt. Wir betten ihn auf die Couch. Ab und zu greift er nach einer Hand, bleibt aber stumm.

Mit großen Augen schaut Pitchen in die Welt und gleicht wirklich immer mehr einem Rehlein in seinem Ausdruck. Wie vor einigen Wochen im Krankenhaus. Er wirkt entrückt. Reagiert auf keine unserer Fragen. Bald schon bringen wir ihn in sein Bett. Pullern geht heute zum ersten Mal nicht. Aber er hat ja auch kaum etwas getrunken. Seine Zähne putzen wir ihm nicht mehr, weil ihm das Ausspucken nicht mehr richtig gelingen will. So kaut er Zahnpflegekaugummi. Doch beim Ausziehen und Waschen macht er nach Kräften mit. Er schwankt wie ein Blatt im Winde. Wie dünn er ist. Erschreckend. Nimmt jeden Tag etwas mehr ab…

Uns zerreißt es das Herz. Pit verhungert, aber er will keine Schläuche in den Körper. Das hat er mir vorgestern wieder gesagt. *Die reiße ich mir raus.* Und was würde ihm eine künstliche Ernährung bringen? Ein paar Tage Leben vielleicht … Aber er möchte es wohl auch nicht mehr. Wir können den Tod doch nicht aufhalten. Pitchen hat ein Recht darauf, den Zeitpunkt zu bestimmen, an dem er uns endgültig verlässt und sein irdisches Dasein aufgibt. Ich bin mir so sicher, dass er schon weiß, wohin er gehen wird, und fühle ganz deutlich, dass er überhaupt keine Angst davor hat. Und doch muss ich so oft weinen, weinen, weinen. Weil wir hier zurückbleiben und ihn nicht mehr streicheln können, sein Lachen nicht mehr hören werden und ihn nicht mehr riechen können. Vielleicht können wir Pitchen aber spüren? Es soll so etwas geben.

Gestern war ich mir noch so sicher, dass Pit Weihnachten mit uns verbringen darf. War es das letzte Aufbäumen, von dem man schon oft gehört hat? Wollte unser Kindlein den Nachmittag in der Rieselei noch mit uns allen verleben? Haben wir noch ein Morgen?

Papa bleibt bei Pitchen, während Timmi und ich eng aneinandergekuschelt etwas fernsehen. Später löse ich Sven ab. Pit greift hin und wieder nach meiner Hand. Er wirft sich unruhig im Bett herum und knallt wieder oft gegen die abgepolsterten Seitenbretter. Sein Mäuschen hält er ganz fest. Immer wieder streichle ich Pits nasses Köpfchen oder seine Hand. Wenn es ihm zu viel wird, wehrt er mich ab, bis er die Nähe wieder sucht. Er spricht nicht, trinkt nicht.

Gegen 4 Uhr früh löst Sven mich ab, damit ich noch etwas schlafe. Nur schwer finde ich zur Ruhe, weil ich glaube, dass Pitchen in den nächsten Stunden aufhört zu atmen.

Sonntag, 19. Dezember – 4. Advent

Erschrocken fahre ich aus meinem Traum hoch. 8 Uhr! Schon so spät? Ich lausche angstvoll nach oben, höre Sven vorlesen und auch Pitchens Stimme. Er ist also wieder bei uns. Und ja, Pit hat noch recht gut geschlafen und scheint heute wieder wache Sinne zu haben.

Mit einem leisen Lächeln begrüßt er mich. Auch Timmi kommt aus seinem Zimmer, um nach Pitchen zu sehen. Wir sind alle sehr erleichtert und auch hungrig. Sven macht Frühstück, ich ziehe unser Schnuffelchen an und trage es auf seinen Stammplatz ins Wohnzimmer. Ein Krümelchen vom Brötchen reicht schon. *Danke. Erst mal sacken lassen.* Pitchen ist schwach, wirkt aber zufrieden und beobachtet uns. Wir sitzen dann zu viert eine Weile zusammen auf der Couch, erzählen etwas, machen die vier Kerzen an und gucken die Weihnachtsgeschichte von „Petterson und Findus“ an. Pitchens Zustand gefällt uns gut, und wir fragen ihn, ob er gerne mit in den Theaterkeller möchte, denn wir sind dort mit unseren Freunden zum Weihnachtsbrunch verabredet. *Nein, ich möchte nicht mit.* Gar nicht schlimm. So fahren erst Timmi und Sven ins Restaurant, und ich bleibe bei meinem Kleinchen.

Wir reden über Katze Susi und die Pferdeknochen im Wald, über wilde Rehe, über die vier Jahreszeiten. So vieles möchte Pit erzählen. Und sagt mir: *Es war so schön gestern in der Rieselei. Ihr habt so fein für mich gesungen. – Ja, Pitchen, es war wirklich ein schöner Tag!*, gebe ich zurück. Verstohlen wische ich mir am Fenster eine Träne ab und entdecke im Garten die erste Primel in sattem Gelb. Schnell pflücke ich ihm die größte Blüte ab. Er freut sich: *Die ist ja niedlich. Danke, Mami.* Eine so kleine Vase habe ich leider nicht, doch in einem Schnapsglas voll Wasser findet das Blümchen seinen Platz bei Pit. Und wie beiläu-

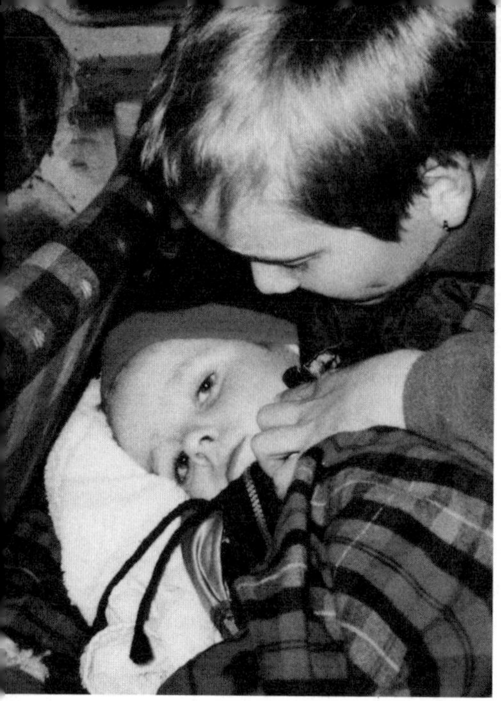

Adventfeier in der Blockhütte

fig erwähnt er: *Nun habe ich meinen Engel schon gesehen.* Ich drücke seine Hand und würde so gerne wissen, wie sein Engel aussieht. Aber ich wage es einfach nicht, ihn zu bedrängen und antworte leise: *Das ist gut, mein kleiner Junge. Der wird dir helfen.* Pit nickt. *Hast du Angst?*, frage ich ihn flüsternd. *Nein!*, flüstert Pitchen zurück und lächelt mich an. Seltsam. Mich erfüllt eine tiefe Dankbarkeit.

Pitchen möchte dann etwas Cola trinken und scherzt mit mir herum. *Machst du mir denn jetzt Kuchenteig?* Ich rühre ihm zwei Teelöffel voll an und freue mich über den Genuss, mit dem er den Löffel abschleckt. Und er schenkt mir wieder seinen kleinen Zungenkuss.

Sven kommt, und nun fahre ich zum Brunch, lenke mich mit unseren Freunden ab. Und ich bin erstaunt, dass es auch noch andere Themen in unserem Leben gibt als Pitchens Sterben, was die Gedanken der uns umgebenden Menschen ohnehin beherrscht. Doch wir schaffen es, die Traurigkeit auch mal auszublenden.

Als ich mich mit Timmi auf den Heimweg mache, wandelt sich das Wetter. Den klaren und sonnigen Winterhimmel überziehen alsbald dunkle Wolken, aus denen nach Minuten schon dicke Schneeflocken fallen. Aus den Wohnzimmerfenstern kann auch Pitchen sie von seinem Platz wunderbar sehen. Ich fange einige Flocken auf und lasse sie auf seiner Nasenspitze auftauen. Still lächelnd träumt er sich wohl hinaus. Ich glaube aber nicht, dass er draußen noch einmal den Schnee fühlen wird.

Timmi geht mit Freunden noch auf den Spielplatz. Schneematschweitwurf spielen.

Am späten Nachmittag sind meine Eltern wieder da. Pitchen hat heute auch noch gar nicht gespuckt, was er richtig froh verkündet. Und er möchte auch noch mal bei Oma Elvi und Opa Wolfgang schlafen.

Meine Eltern sind überglücklich. Ja, am Dienstag! Morgen werden sie erst noch den Weihnachtsbaum aufstellen und schmücken, damit Pitchen sich so richtig freuen kann.

Apfelstücke, Kaugummi, den Rest vom Kuchenteig. *Reicht. Sacken lassen.* Meine Eltern sind so erleichtert, weil es Pit gut geht. Und sie haben keine Angst, mit ihm alleine zu bleiben, denn Sven und ich möchten gerne etwas durch den Winterabend spazieren gehen. Wir laufen, über unsere Gefühle redend, durch das ganze Dorf, sehen durch geschmückte Fenster, hören leise Klänge von Weihnachtsmusik und können den Winter riechen. Es riecht nach Schnee, der immer noch fällt und das Dorf so friedlich und festlich aussehen lässt.

Wenn Pitchen in diesem Zustand noch Weihnachten hätte, dann würden wir uns freuen. So wäre er dabei, würde alles wahrnehmen und auch noch etwas genießen können. Es wäre noch einmal ein kurzes Glück, dessen sind wir uns bewusst. Ich finde es schon erstaunlich, dass Pit noch so zufrieden wirkt. Manchmal blicken seine Augen auch traurig, aber verzweifelt oder ängstlich empfinde ich seinen Blick nicht, und nur deshalb kann ich das alles wohl auch ertragen.

Ob wir in das schon oft beschriebene Loch fallen, wenn Pit nicht mehr bei uns ist? Wir glauben eher nicht. Denn wir durften Pitti begleiten, uns vorbereiten auf diesen Abschied. Nichts würden wir anders machen. Sind uns sicher, dass es für Pit keinen besseren Weg gegeben hat. Und wir werden trotz unserer Trauer noch immer glücklicher sein als die Menschen, die stets pessimistisch durch die Welt gehen, kein Lächeln für andere übrig haben und verbittert sind, weil sie vereinsamt sind und nicht aus ihrer Haut können. Wir werden es bestimmt schaffen, das Tief gemeinsam durchzustehen, malen uns auch noch die nächsten Tage aus und sind zwischen Hoffen, Bangen und Wissen seltsam beruhigt.

Nach mehr als einer Stunde sind wir wieder zu Hause, verabschieden meine Eltern bis morgen und sehen mit den Jungs noch „Harry Potter“.

Wir haben einen guten Tag gehabt, und Pitchen lässt sich von Papa zufrieden zu Bett bringen. Die Nacht soll ich bitte neben ihm schlafen. Eben immer abwechselnd. Timmi muss morgen auch wieder zur Schule. Die beiden Jungs schmusen noch ein wenig, und dann ist wieder Stille im Haus.

Ich telefoniere mit Helena. Sie erträgt das Weihnachtsfest in Deutschland nicht, weil einfach alles sie an Jonas erinnert. Mit ihrer Familie wird sie in den Süden fliegen und hofft auf ein wenig Ablenkung. Sie ist völlig am Ende, besucht nun zwei Kinder auf dem Friedhof. Wie soll ich sie trösten? Pitchens Bilder sind nicht die von Jonas. Im Sterben hat Jonas nur immer gesagt, er möchte nach oben, nach oben. Obwohl er schon oben in seinem Zimmer war, oben in seinem Hochbett lag, wollte er immer noch weiter nach oben. Ob Jonas ein Himmelskind wurde?

Ich werfe noch mal einen Blick ins Hirntumorforum im Internet, habe aber wieder keine Antwort auf meine Fragen. Dafür eine E-Mail von einer Mutter, die mich vor ein paar Wochen über das Forum ausfindig machte. Ihr Söhnchen hat auch Pittis Tumortyp und erduldet seit fast einem Jahr die aggressive Chemotherapie und Bestrahlungen. Es geht ihrem kleinen Jungen jetzt sehr schlecht. Die Nebenwirkungen machen ihm furchtbar zu schaffen, und er ist außerordentlich infektanfällig. Und der Tumor bleibt stark. Sein Wachstum scheint durch die Behandlungen etwas verlangsamt, doch er dehnt sich weiter aus. Die Frau ist so verzweifelt. Sie haben nun schon so lange gekämpft. Sollte das alles umsonst gewesen sein? Wir schreiben uns zwar eher unregelmäßig, sind uns aber sehr nahe, und ich wünsche ihr von Herzen alles Glück dieser Welt.

Spät erst löse ich Sven ab. Pit hat bisher sehr viel gewühlt, aber geschlafen. Wir wünschen uns eine gute Nacht.

Montag, 20. Dezember

Einmal nur wacht Pitchen auf und guckt mit großen Augen durch sein Zimmer. Kein Wort. Ich biete ihm mit dem Strohhalm ein Schlückchen Wasser an. Wie ein Vogel trinkt er winzigste Mengen. Dann schläft er gleich weiter und hantiert wie ferngesteuert mit seiner Kuschelmaus herum. Die ist schon ganz kaputt und zerschlissen, genau wie Pitchens armer kleiner Körper, mit dem er sich unaufhörlich hin und her wirft.

Morgens reagiert er überhaupt nicht, ist nicht ansprechbar. Pullern kann er aber. Sven und ich ziehen ihn um, wobei unser Kindlein automatisch mitmacht, seine dünnen Ärmchen in den Pulli steckt. Aber er ist ganz entrückt und hat wieder diese Rehaugen. Sven trägt ihn hinunter ins Wohnzimmer. Heute ist vielleicht wieder so ein Tag, wo er dem

Tod sehr nahe ist. Welch ein Segen, dass Pitchen keine Schmerzen hat. Und er scheint noch immer ein Stück Zufriedenheit in sich zu haben. Timmi ist schon zur Schule, und Sven fährt einkaufen. Wir brauchen eigentlich nur ein paar Kleinigkeiten, und er wird schnell zurück sein.

Ich sitze bei meinem Kindlein und lese ihm leise aus dem dicken Dinobuch vor. Plötzlich wird Pit unruhig, und ich streichle sein nasses Köpfchen, bis ich bemerke, dass er in die Hose gemacht hat. Ach je! Er sagt aber nichts und zeigt überhaupt keine Regung. So ziehe ich mein liebes Schnuffelchen aus, erneuere das Bettzeug, in dem er auf der Couch liegt, und wasche ihn vorsichtig. Es ist ganz warm im Raum, und ich hoffe, er wird nicht frieren. Mir kullern unentwegt die Tränen, während ich liebevoll mit ihm spreche. Auf seiner Haut zeigen sich Veränderungen, wohl Liegestellen, obgleich er sich noch immer selbst von einer Seite auf die andere dreht. Pit ist nur noch Haut und Knochen. Die Kniegelenke und Beckenknochen stehen hervor, die Schlüsselbeine, das kleine Rückgrat. Alles so schön gewachsen … und darf nicht groß werden. Wie sehr wünsche ich ihm, dass ihn sein Engel nun abholt.

Beim Anziehen rutscht er mir durch die Hände. Ich kann ihn kaum halten. Als ich fertig bin, ihn hinlege und frage, ob so alles in Ordnung sei, da nickt er aber schwach. Ich stelle ihm ein paar kleine Dinos aufs Kopfkissen, die er mit schon gebrochenem Blick ansieht und auch mal in die Hand nimmt. Noch ist Pit wohl ein bisschen bei uns.

Papa hat ihm vom Einkaufen einen kleinen Sammel-LKW mitgebracht und zaubert damit ein schwaches Lächeln auf Pittis Gesichtchen. Sven liest nun Geschichten von „Petterson und Findus“ vor, und ich sitze dabei und muss dauernd daran denken, dass es in unserem Haus schon bald keinen kleinen Jungen mehr geben wird, dem diese Geschichten so viel bedeuten.

Timmi möchte, als er von der Schule kommt, in die Stadt. Er braucht etwas für die Schule und will für Pit zu Weihnachten Hot Wheels kaufen. Timmi freut sich so auf das Fest, ist lieb und aufgedreht. Ich sehe überall gesunde Kinder, und es bricht mir das Herz, während ich Tim ein Lächeln schenke. So ist das eben.

Frau Dr. L. und meine Eltern sind schon bei Pitchen, als wir nach Hause kommen. Oma und Opa können es nicht fassen, wie sich Pitchen im Vergleich zu gestern verändert hat, und sind tief erschüttert.

Gestern wollte er doch noch bei ihnen schlafen! Der Weihnachtsbaum wartet nun vergeblich auf einen kleinen staunenden Jungen. Timmi schenkt Pitchen gleich heute noch einen Hot Wheel, küsst ihn auf die Stirn und geht spielen: *Tschüss, mein lieber Pitti.*

Unsere Kinderärztin ist überaus dankbar, dass Pit so friedlich wirkt, dass seine Organe noch funktionieren, dass er wenigstens etwas trinkt, sie nicht gegen ihren hippokratischen Eid verstoßen muss und ihrem und unserem menschlichen Wollen nachgeben kann. Sie meint auch, dass Pit in den nächsten Tagen seine letzte Reise antritt. Vielleicht auch schon heute Nacht. Pitti reagiert nun überhaupt nicht mehr auf uns. Seine Äuglein blicken mal weit geöffnet, dann wieder halb geschlossen in die Welt. Was wissen wir schon, was er sieht? Ich hoffe, es ist schön ... Seine Hände sind stets in Bewegung, er wirft sich auf seinem Lager umher, hält meist einen unserer Finger fest mit seiner kleinen Hand umklammert.

Weinend verabschieden sich meine Eltern, traurig geht unsere Kinderärztin. Sie hat uns Schmerzpflaster dagelassen. Dr. A. hat nun zugestimmt. Sven bringt Pit ins Bett. Wie eine Puppe bewegen wir ihn. Timmi geht auch bald schlafen, und ich weine mich durch etliche Telefonate.

Gegen 22 Uhr schleiche ich mich in Pitchens Zimmer und erschrecke. Sven liest beim Licht der Nachttischlampe, und Pit liegt mit weit aufgerissenen Äuglein still auf seinem Kissen. Er hat noch überhaupt nicht geschlafen, gibt mir Sven zu verstehen. Pittis linke Hand hält Svens rechten Zeigefinger ganz fest. Scheu und ängstlich empfinde ich nun seinen Blick aus den tiefen Augenhöhlen. Die Lippen sind rissig. Nur einen kleinen Schluck Wasser nimmt er mir mit dem Strohhalm ab. Ich kuschle mich an ihn in seinem Autobett. Sven will sich unten hinlegen, kommt aber kurze Zeit später wieder hoch, weil er keine Ruhe findet und lieber auch bei Pit sein möchte.

Wir sind ganz dicht bei unserem Kind, halten Körperkontakt. Gegen 3 Uhr morgens tauschen Sven und ich die Plätze, weil mir vom stundenlangen starren Liegen der Rücken wehtut. Bis in den frühen Morgen hinein machen wir alle drei kaum ein Auge zu. Pit spricht nicht, trinkt nicht, kann nicht mehr schlucken. Auch nicht seinen Speichel. Sein Köpfchen drehen wir vorsichtig etwas zur Seite, damit er sich nicht an seiner Spucke verschluckt. Er atmet zunehmend schwerer und manchmal auch schon rasselnd. Tut uns so leid.

Sein Engel holt Pit ab

Dienstag, 21. Dezember – Winteranfang

Sven quält sich gegen halb sieben aus dem Bett und bringt dann Timmi zur Schule. Seine Eltern wollen am späten Vormittag zu uns kommen.

Unverändert ist Pitchens Zustand auch noch gegen 9 Uhr, und wir tragen ihn vorsichtig nach unten auf die Couch. Betten ihn dort höher, damit ihm das Atmen leichter fällt. Wir beide sind mit Tränen in den Augen ganz dicht bei ihm. Sven streichelt sanft sein Köpfchen oder Füßchen. Wir flüstern mit Pit: *Du hast es nun bald geschafft. Keine Angst.*

Er sieht furchtbar aus. Tief liegen seine Augen in den Höhlen, sind halb geschlossen. Rissig sind Pits Lippen, die ich ständig eincreme und befeuchte. Von der Popelei in den letzten Wochen sind seine Nasenflügel wund. Sein Gesichtchen ist schmal, und seine Händchen greifen immerzu nach unseren. Er atmet schwer, manchmal röchelnd. Ein Speichelfaden rinnt stets aus seinem Mundwinkel, den ich ihm immer abtupfe. Liquor tritt in großen Mengen aus dem kleinen Loch über der Stirn. Hin und wieder hole ich trockene Tücher und sehe einmal durchs Fenster unsere Nachbarin Regina mit dem Hund gehen. Ich bitte sie panisch herein. Sie möge sich doch Pitchen ansehen: *Hat er Schmerzen? Was fühlt er?* Wir sind so unsicher. Ich habe das furchtbare Sterben, das lange Dahinsiechen anderer Krebskranker im Kopf. Ich hoffe so sehr, dass unser Kind das nicht erleiden muss. Regina arbeitete lange auf der Intensivstation und kennt sich aus. Und sie beruhigt mich. Es gehe Pit mit Sicherheit gut. Definitiv habe er keine Schmerzen, sonst würde er sich winden oder fiepen. Er sei zufrieden und schon weit weg von uns. Wie lange dieser Zustand noch andauern könne, das vermag sie nicht zu sagen. Das sei bei jedem Sterbenden anders. Mich stumm umarmend geht sie traurig wieder.

Aus lauter Angst, was da noch kommen könnte, hole ich ein Schmerzpflaster. Sven nickt mir zu, und wir machen an Pittis schmalem Leib eine Stelle frei, auf die wir das Pflaster kleben. Ach Gott, es soll zwölf Stunden dauern, lese ich, bis eine Wirkung einsetzt. Gegen 11 Uhr sind Svens Eltern da. Sie wirken tapfer und sind selbst sehr mitgenommen. Ich rufe auch noch meine Eltern an. Ich habe das Gefühl, dass sie nun kommen müssten, doch ich erreiche sie leider nicht.

Wir sind zu viert bei Pitchen. Sein Atem geht stoßweise, und das kleine Herz rast, als würde es ein ganzes Leben aufholen wollen. Hin und wieder rollt ein Tränchen aus seinen Augen. Und es zerreißt uns fast die Brust. Warum nur diese Tränen? Hat unser Spatz doch noch Todesangst? Ist es die Angst des Körpers, die Seele gehen zu lassen? Vielleicht weint er, weil er uns verlassen muss? Für diesen Moment gibt es keine Worte! Mühsam ringen wir um Fassung, würden wohl am liebsten schreien, immer nur schreien. Aber wir bleiben stumm, sind einfach nur für unser Kind da. Hoffentlich währt sein Todeskampf nur kurz, denn wir sind uns sicher, dass die Stunde nun gekommen ist.

Dann klingelt der Paketdienst. Dirk und Catrin haben die Musik geschickt. Was ich mich freue! *Pitchen, die Schlaflieder sind da. Komm, wir hören sie gleich an.* Ich lege die CD ein. Wir lauschen, dicht an unser Kind gekuschelt. Nun kommt Svens Volleyballfreund Exe, der heute aus Gefälligkeit Futter für die Pferde holen wird. Sven spricht gerade mit ihm, als Pitchen plötzlich laut aufwimmert, sich aufbäumt und hohe Töne von sich gibt. Sofort stürzt Sven wieder ins Wohnzimmer. Wir halten Pitchen beide fest umschlungen, Oma Hilli und Opa Peter halten uns. Pit atmet unglaublich schwer. Wie gerne würden wir ihm diese Last abnehmen. Aber wir können ihm nur zuflüstern: *Gleich hast du es geschafft, bist gleich in der anderen Welt. Nimm deinen Engel an die Hand und geh mit ihm. Wirst immer unser Kindlein bleiben.*

Und als das Schlaflied von den kleinen Pferdchen spielt, stirbt Pit. Zwei Tränen kullern noch über seine Wange. Und wir sind erleichtert und rufen: *Er hat es hinter sich.* Doch da macht er noch zwei letzte tiefe Atemzüge und erschlafft. Außer Weinen bleibt uns nichts.

Sven kümmert sich nach ein paar Minuten um seinen Freund, der schluchzend alleine im Flur steht und alles mitangehört hat. Wie mag er sich fühlen?

Noch lange halte ich mein Kind im Arm, bin tieftraurig und seltsam befreit. Nun ist auch der Tumor tot. Pit hat doch gesiegt. Denn er kommt ja wieder.

Wir informieren Frau Dr. L., erreichen auch meine Eltern und erste Freunde, die wir von Herzen bitten, die Nachricht zu verbreiten. Der Bestatter soll bitte den Sarg bringen.

Unsere Kinderärztin muss Pitchen unbekleidet sehen. Die Haut zeigt den Tod schon deutlich an. Eintritt des natürlichen Todes um 12.10 Uhr wird auf dem Totenschein stehen. Auch sie ist erleichtert und erledigt still die Formalitäten.

Als ich Pitchen ein letztes Mal wasche, bin nur ich mit ihm in der Stube. Ein letzter intimer Moment, den ich sehr dankbar mit ihm allein erleben darf. Ein letztes Mal mache ich ihn nun hübsch. Seine grüne Unterwäsche und sein schönstes rotes Sweatshirt ziehe ich ihm an. Auch die schicke schwarze Skater-Jeans, geringelte Kniestrümpfe und seine schwarzen Stiefel, die er mit Timmi zusammen noch so eifrig zum Nikolaustag geputzt hat. Und das geliebte blaue Tüchlein mit den vielen bunten Figuren schmückt seinen Hals. Sven drückt ihm noch einen schönen Dino in die Hände und wiegt Pit in seinen Armen, während ich weitere Menschen anrufe und sie bitte, sich nun für immer von Pitchen zu verabschieden.

Wieder halte ich Pit auf meinem Schoß und möchte ihm die Äuglein schließen, aber es ist nicht so leicht, wie man es im Film immer sieht. Pits Augen möchten nicht geschlossen werden. Durch einen kleinen Spalt wollen sie noch immer weiter sehen. Oma Hilli bindet ihm ein Tuch um den Kopf, damit der Mund sich schließt. Der Liquorstrom ist schon längst versiegt. Pits blondes Haar trocknet schnell. Das alles kommt mir so unwirklich vor. Und wir funktionieren.

Meine Eltern können gar nichts sagen, als wir uns umarmen. Sie wären sehr gerne bei uns gewesen in der Minute von Pitchens Tod. Aber sie halten sich tapfer, denn Pit hat sich gestern von ihnen verabschiedet.

Daniela steht dann tränenüberströmt im Zimmer. Sie war eigentlich jeden Tag bei uns, wollte Pitchen sehen oder rief an. Nun kann sie kaum ihr Erschrecken verbergen. Zu verkrampft wirken Pitchens Züge. Er sieht im Moment richtig tot aus, und kaum getröstet geht sie wieder.

Es ist ein merkwürdiges Gefühl, als Sven mir sagt, dass wir Pit nun bald in den kleinen Sarg legen müssen. Ich möchte ihn gar nicht hergeben. Ist doch mein Kind. Aber Sven hat recht.

Der Sarg sieht so furchtbar groß aus, und das mitgelieferte harte kalte Spitzenkissen tun wir gleich zur Seite. Pitchens Schmusedecke legen wir ihm unter. Er hat sie schon, seit er ein Baby war. Gemeinsam tragen wir unser Kind in sein letztes Bett. Eine Haarsträhne schneide ich ihm ab. Ein Zeugnis seines Seins, denn wir haben ja noch nicht einmal ein Zähnchen von Pit. Ein blutrotes Herz male ich auf seine Stirn und schenke seinen Lippen ein wenig Farbe, denn er wurde doch so gerne „geschmückt".

Wir legen ihm in seinen Sarg vieles, was er so sehr liebte, auf der Reise vielleicht noch brauchen könnte und auch Erinnerungen an sein Leben hier: ein Hühnerei, Kaugummis, Tictac, eine Flasche Cola und Apfelschorle, eine Birne, einen Apfel, Butterkekse, zwei frische Blüten der Primel aus unserem Garten, sein Mäuschen, einen Schutzengel, seine Lieblingsdinos, Papas Sammeltruck von gestern und den Hot Wheel von Tim, sein dickes Dinobuch, das Buch von „Findus und Petterson" mit der Geburtstagstorte, ein Glöckchen zum Umhängen, wenn er ein Reh wird, Fotos von uns und einen Abschiedsbrief, ein Schnurrhaar von Nelly und eines von Pfötchen, Glückssteine, Blumen und noch vieles mehr.

Und es ist, als würden sich Pitchens Gesichtszüge nach und nach entspannen. Ein Lächeln liegt um seinen Mund, und er sieht aus, als würde er in seinem Sarg vor dem leuchtenden Weihnachtsbaum schlafen. Um ihn herum stellen wir viele Kerzen auf.

Wir sagen unseren Freunden am Telefon, sie bräuchten keine Angst zu haben, sich zu verabschieden, denn Pit sehe nun richtig hübsch aus. Ja, sie werden kommen.

Als Timmi von der Schule zurück ist, fangen wir ihn an der Tür ab. Die Großeltern bitten wir, nach oben zu gehen, denn wir möchten das mit Tim allein durchstehen. Es ist ganz schlimm für ihn. Er fällt in sich zusammen, weint, schreit und möchte Pitchen dann sehen. Pit hat sich auch von Timmi schon gestern verabschiedet, bin ich mir sicher.

Timmi setzt sich weinend zu seinem Brüderchen auf den Boden, streichelt ihn und bleibt noch lange so bei ihm. Die beiden Hot Wheels, die er ihm gestern zu Weihnachten gekauft hat, soll ich Pit bitte auf die Brust legen. Stille. Wärme durch die Kerzen.

Irgendwann zieht sich Tim beobachtend in den Sessel zurück. Unsere engen Freunde und liebe Nachbarn schleichen angstvoll ins Haus, verabschieden sich liebevoll und weinend. Ein stilles Kommen und Gehen. Janet sagt Pit Lebewohl und versorgt dann tieftraurig die Pferde. Jeder bringt Pit eine Kleinigkeit mit. Es ist so friedlich und feierlich in unserem Haus.

Pfarrer W. wird gleich da sein, verspricht er erschüttert am Telefon und nimmt uns eine große Last ab: Pitchen wird übermorgen beerdigt werden können. Welch ein Segen. Wir hätten es auch überhaupt nicht ertragen, wenn Pitchen über die langen Weihnachtsfeiertage irgendwo in einem kalten dunklen Raum hätte liegen müssen. So dürfen wir ihn noch am Tag vor Heiligabend in die Erde geben, und er findet seine Ruhe. Was, wenn wir keine Vorbereitungen getroffen hätten?

Die Anzeige muss noch in die Zeitung. Ich habe den Text schon formuliert. In einer Nacht, in der ich nicht schlafen konnte. Zunächst aber möchten die Eltern meinen Entwurf sehen. Es gibt etwas Diskussion, was wie zu formulieren wäre, wer wo aufgeführt werden müsste. Und die Anzeige sei zu groß und zu teuer… Doch Pitchen hatte in seinem kurzen Leben so wenig Möglichkeiten, Spuren zu hinterlassen. Diese Spur ist seine letzte. Also darf sie so sein, finden Sven und ich.

Meine Nachbarin Anne-Kathrin fährt mit mir in die Stadt. Irrwitzig, wie das in der Anzeigenannahme ist. Kein bisschen Mitgefühl. *Was, die Anzeige soll morgen schon in der Zeitung stehen? Warum sind Sie denn nicht schon am Vormittag gekommen? – Weil mein Kind erst vor drei Stunden starb. – Ach so. Ihr macht ja Sachen. Das wird heute nichts mehr. – Das muss was werden, sonst braucht die Annonce gar nicht mehr rein, denn am Donnerstag wird Pit beerdigt. – Gut, dann sehen wir mal nach dem Text. Ach, schon fertig? Muss aber noch hier in das Formular übertragen werden. Und ich muss in der Redaktion anrufen.* Zuletzt greife ich mir den Hörer und kläre alles mit der netten Frau von der Zeitung, die mitfühlend reagiert und dafür sorgt, dass die Anzeige morgen zu lesen ist. Anne-Kathrin macht sich noch Luft: Unglaublich, mit welcher Art man uns hier begegnet. Der Mitarbeiter versteht nicht einmal, was sie meint. *Ich kann doch auch nichts dafür, dass das Kind gestorben ist.* Fast 160 Euro lege ich auf den Tisch.

Als ich zurückkomme, sind auch Svens Geschwister da. Und Pfarrer W., der ganz zurückhaltend und ergriffen von der Atmosphäre in unserem Haus sehr tröstende Worte findet. Die letzte rote frosterstarrte Rose aus seinem Garten legt er Pitchen in den Sarg. Und unser Kind sieht so schön aus. Das Haus ist kerzenwarm, und auch Pit selbst ist es noch bis auf seine Händchen, denn er hat die Wärme der Lichter angenommen. So fällt es uns auch leicht, ihn noch zu küssen und zu streicheln. Und jeder im Raum hat das gute Gefühl, er sei noch da, unser Pit.

Timmi will noch eine Zeit lang allein in seinem Zimmer sein und geht dann spielen. Seinen Kumpels sagt er kein Wort. Aber sie wissen es sowieso schon alle.

Die Sonne lacht von Westen her durch unser Fenster und taucht Pits Gesichtchen in ein rotoranges Licht. Pitchens Lieblingsfarben. Er sieht aus wie ein Engelchen und ist in diesem Moment vielleicht auch eines geworden. Pit hat sich zum Sterben den kürzesten Tag des Jahres ausgesucht. Ein sonniger strahlender Tag ist es. Und ab morgen werden die Tage wieder länger, und die Erneuerung der Natur beginnt. Wie passend. Heute fangen die Barbarazweige an zu blühen, die wir ihm Anfang Dezember in sein Zimmer stellten, weil wir Pit den Frühling hereinholen wollten.

Ich bin felsenfest überzeugt, dass Pit den Zeitpunkt seines Todes bestimmt hat. Er wollte sich noch von Oma Hilli und Opa Peter verabschieden und wusste, dass seine Musik noch fehlt. Kleiner großer Junge. Er ging tapfer durch sein Leben, seine Krankheit und seinen Tod.

Heike und Andrea kommen noch. Und Andrea, die immer so stark war, mich all die Zeit über beim Laufen ertragen hat, Höhen und tiefste Tiefen mit mir durchlebte, bricht vor Pitchens Sarg fast zusammen. Ich habe richtige Angst um sie.

Irgendwann sind dann alle aus dem Haus. Und Sven, Tim und ich genießen die Zeit, die wir mit Pitchen noch alleine haben. Wir sitzen bei ihm, sprechen mit Pit, streicheln ihn. Und selbst jetzt ist er auch Timmi nicht fremd. Wir sind unglaublich froh darüber, dass auch Tim keine Berührungsängste hat. Er flüstert mir zu: *Mama, den einen Hot Wheel möchte ich doch gerne behalten.* Ich nicke ihm lächelnd zu, und er nimmt das kleine Auto behutsam von Pitchens Brust. Es kommt von Pit zu Tim zurück. Schön.

Wir sagen Pit immer wieder, dass er uns stets besuchen kann, er so lange wir leben in unseren Herzen wohnt und wir von ihm träumen werden. Nie werden wir unseren kleinen Spatz vergessen. Lieben ihn doch so sehr.

Sven ruft das Bestattungshaus an. Gegen 20 Uhr wird man Pitchen abholen. Für die kalten Nächte legen wir unserem Kind seine grüne Zipfelmütze, seinen warmen grünen Schal, die braunen Tatzenhandschuhe von Oma Elvi und den bunten Anorak in den Sarg, den schon Timmi trug, und der ihm erst in diesem Winter passte. So niedlich sah er damit aus. Unser Wald- und Wiesenkind in herbstlichen Wald- und Wiesenfarben.

Timmi schlägt vor, den Sargdeckel noch zu bemalen. Eine sehr schöne Idee, wie wir finden. Wir malen viele rote Herzen und schreiben die Kosenamen auf das Holz, welche wir Pit immer gaben: *Pitchen-Schnittchen, Pittilein, Pitti, Schnuffelchen, Schnuff, Rübchen, Pitchen, Kleinchen, Lüttchen, Liebchen, Süßing, Spätzchen, Spatzelein und Kleiner Lockenvitz.*

Ein letzter Blick. Ein letztes Küsschen für unser Kind. Und gemeinsam legen wir den Deckel auf den Sarg, schrauben ihn zu. Niemand wird Pittis Körper mehr berühren. Es schmerzt, aber es ist zu ertragen, denn wir durften uns lange verabschieden. Auch als die Herren in Schwarz unseren Jungen wegtragen, kann ich es aushalten. Ich verspüre nicht den Drang, mich auf den Sarg zu werfen und weinend, schreiend den endgültigen Verlust aufhalten zu wollen. Es ist, als sei Pit noch im Haus. Er ist präsent, überall. Wir spüren ihn noch. Nacheinander und abwechselnd pusten wir alle Kerzen aus. Bis auf die Kerze, die Pfarrer W. für Pit entzündete.

Timmi möchte heute nicht alleine schlafen, morgen aber zur Schule gehen. Seine Klasse hat Weihnachtsfeier. Papa soll nachts bitte bei ihm sein. Beide schlafen im Ehebett.

Ich wünsche mir noch etwas Stille, mache mir leise die Musik mit den Schlafliedern an und liege auf der Couch. Dort, wo Pit starb. Will sehen, ob ich das kann. Ich drücke den grünen Plüschdino an mich, den mir Pit zum Geburtstag schenkte und versuche mein Kind zu fühlen.

Irgendwann gehe ich auch ins Bett. Nach oben in Pits Zimmer. Ich möchte neben seinem Autobett schlafen, so wie fast immer in den letzten Monaten. In der Nacht sucht meine Hand oft unwillkürlich nach Pitchen und wird stets enttäuscht.

Lang und tief ist unser aller Schlaf nicht. Aber die Angst ist weg.

Zu dritt mit Pitchen im Herzen

Mittwoch, 22. Dezember

Wir sitzen müde am Frühstückstisch. Es ist still in unserem Haus. Sven bringt Timmi gleich zur Schule, und wir haben Formalitäten im Bestattungsinstitut zu erledigen und auch noch eine Verabredung mit Pfarrer W. wegen Pits Beerdigung morgen.

In der Zeitung lesen wir in großen Lettern Pitchens Namen. Schwarz auf weiß verbreitet sich nun die Nachricht von seinem Tod. So oft ich die Anzeige auch lese, so oft verschwimmt mein Blick. Zu unfassbar ist es, dass er nicht mehr lebt. Mein Kleinchen, wo bist du? Bist du hier bei uns, ganz leise, unbemerkt? Dein lieber kleiner Körper liegt im Sarg in einem dunklen kalten Raum fern von uns. Aber deine Seele hat sich auf den Weg gemacht.

Ich schreibe „Gedanken an unser Pitchen und woran wir uns so gerne erinnern“ nieder. Das soll bitte hinein in die Trauerrede des Pfarrers. Auch die großen Fotos nehmen wir mit.

Ganz herzlich werden wir im Pfarramt aufgenommen. Unter Tränen lassen wir die letzte Zeit noch einmal an uns vorüberziehen. Dass unser kleiner Spatz nun nicht mehr bei uns ist, können wir kaum begreifen. Wir fühlen ihn doch noch! Und ja, er kommt doch wieder. Und er ist doch auch immer in uns ... Damit müssen wir uns trösten.

Wir reden sehr lange mit Pfarrer W. Und was er uns sagt, erfüllt uns mit Trost, aber auch mit Stolz und Zufriedenheit. Wir hätten ihm gestern gezeigt, was es heißt, Leben und Tod zusammenzuführen, und was es bedeutet, das Leben in all seinen Facetten zu gestalten. Er habe von uns gelernt, habe solch ein liebevolles, friedliches Abschiednehmen noch nicht erlebt. Und auch als Atheisten trügen wir mehr Glauben in uns als manch einer, der sich Christ nennt. Man müsse Glauben nicht bezeichnen, man müsse ihn leben.

Die Fotografien zeigen Pitchen in all seiner Freude und Lebenskraft. Alle stammen aus den letzten Monaten seines kleinen Lebens. Gar nicht krank sieht er aus. Ein fröhliches Energiebündel. Und doch spricht aus einem Bild, auf dem er stolz sein Kartenhaus betrachtet, eine unglaubliche Reife. Pit wirkt so wissend um sich und die Welt. War er ein weises Kind? Kinder, die sterben, sind weise. Sie haben fertig gelebt. Haben nichts mehr zu tun auf dieser Erde, haben ihre Botschaft schon erfüllt. Ich habe es schon so oft gelesen. Wir weinen und lachen gemeinsam.

Um 14 Uhr wird morgen die Trauerfeier sein. Am Tag vor Heiligabend, der mir so unglaublich fern erscheint. Gerade jetzt findet die Schulweihnachtsgala statt, und der Lehrerchor hat seinen Auftritt. Andrea und Heike sagten, sie würden für Pit singen. Ich denke an sie.

Dann fahren wir noch zu unserer Töpferin. Wir bitten sie, einen Kerzenhalter für unser Kindlein zu gestalten. Einen ganz allein für Pit. In seinen Lieblingsfarben: Rot, Orange, Gelb. „Pitchen" soll darauf stehen. Wir werden ihm täglich wenigstens ein Lichtlein anzünden. Ein Seelenlicht, dort kann er hineinschlüpfen und dicht bei uns sein. So stellen wir uns das einfach vor. Niemand kann etwas anderes beweisen.

Timmi hat gleich Schulschluss, wir holen ihn ab. Er hat den Tag ganz gut überstanden, denn es sprach ihn wohl niemand auf Pittis Tod an, wofür er dankbar ist. Ab heute sind Ferien, also auch keine Hausaufgaben zu erledigen. Und es hat angefangen zu schneien, sodass er bis zum Dunkelwerden gleich zu seinen Kumpels zum Spielen möchte.

Sven und ich gehen Hand in Hand mit Nelly durch den verschneiten Winterwald. Eine eigenartige Spannung steckt in uns. Aber auch ein Gefühl von Ruhe. Es ist nicht zu beschreiben. Und da begegnet uns Pitti auch schon: Ein Reh huscht über die Wiese und blickt zu uns zurück. Da ist er also! Und uns wird ganz warm ums Herz.

Wieder zu Hause suchen wir etwas Spielzeug zusammen, an dem Pitchen nicht sehr hing. In den vergangenen Jahren haben wir das immer vor Weihnachten mit den Kindern gemacht und gespendet. Und wir werden heute noch ins Kinderheim fahren und ein wenig Freude schenken. Pit hat meistens auch sehr gerne abgegeben und sicher nichts dagegen.

Es ist schon dunkel, als wir mit Timmi zum Einkaufen fahren, um über die Feiertage zu kommen. Danach essen wir Döner am Stand. Und irgendwie spüre ich ständig Blicke auf mir oder ich bilde es mir ein: *Die Familie da hat gestern ihr Kind verloren. Wie furchtbar. Gerade jetzt vor Weihnachten.* Seltsam. Unser Tag scheint ein ganz stinknormaler zu sein. Man sieht uns unseren Verlust nicht an. Manchmal lachen wir mit Tim sogar. Wie geht das?

Das Spielzeug bringen wir zusammen dann ins Kinderheim. Eine gute halbe Stunde sind wir mit dem Auto unterwegs. Im Radio laufen viele Songs, die wir in den letzten Wochen lauthals mitsangen, wenn wir nach Berlin fuhren oder sonst unterwegs waren. *Juli* singen „Geile Zeit" und „Die perfekte Welle", *Silbermond* „Symphonie", *Rosenstolz* „Liebe ist alles" und „Willkommen". Es sind „unsere" Lieder. Und mir laufen die Tränen, denn Pitchen sang immer so schön mit, wie Timmi jetzt, und er war stolz, wenn er die Bands genauso wie sein großer Bruder erkannte und mitreden konnte. Und nun sitzt er nicht mehr mit uns im Auto. Er ist woanders unterwegs.

Komme ich, kommen wir jemals darüber hinweg? Wir hatten zwei schöne Kinder und nun nur noch eins. Wir hatten einen schönen Lebenstraum und müssen uns nun neu orientieren. Was bringt uns die Zukunft? Es ist jetzt alles anders für uns. Und die Leere in meinem Herz, die ich empfinde, obwohl doch Tim und Sven auch noch da sind, beginnt sich auszubreiten.

Im Kinderhaus freut man sich, und wir haben danach auf der Rückfahrt ein richtig gutes Gefühl.

Unser Abend endet vor der Glotze, und Tim möchte in der Nacht an meiner Seite schlafen. Ich habe das Dinobaby und damit auch Pit im Arm. Meine Gedanken kreisen um Pittis Beerdigung. Habe Angst.

Donnerstag, 23. Dezember

Wir sind früh wach, liegen aber noch lange im Bett und reden. Ich bin verwundert, dass ich gut schlafen konnte. Seit Langem traumlos, tief, fast komatös. Wäsche machen, Frühstück. Timmi geht spielen. Sven und ich nehmen Pittis Stimme vom Mitschnitt des Interviews auf. Wir möchten, dass alle ihn noch einmal auf der Beerdigung hören.

Ich packe dann die Fotos ein und gehe die drei Minuten zum Friedhof, wo sich die Leute vom Blumengeschäft schon bemühen, aus der nüchternen kleinen Halle ein buntes Blumenmeer zu zaubern. Schon jetzt sieht es wunderschön aus. So viele Farben, so wunderbare Blumen. Ja, Pitchen wird sich freuen. Und da ist sein kleiner Sarg. Da soll mein Kind drinliegen? Ich weiß es, habe doch den Deckel mit draufgelegt, doch wirklich erscheint es mir jetzt nicht mehr. Ich sehe Pitchen vor mir, mein fröhliches Kindlein: *Wann gehen wir zum Stall?*

Die Fotos bekommen einen guten Platz und lassen Pit wieder richtig lebendig werden. Als würde er mitten in einer Wiese stehen, lugt er auch jetzt zwischen den Blumen hervor: als stolzer Entenfänger, als tollkühner Motorradfahrer, als mutiger Tierbändiger, der dem großen Hund etwas ins Ohr flüstert, als zufriedener Buddelfink mitten in der Sanddüne liegend, als weiser Baumeister mit dem Kartenhaus, als liebevoller Katzenfreund, der Pfötchen herzt und ihr das ausgegrabene Dinoskelett aufs Fell legt. Und ein Foto zeigt unsere kleine glückliche Familie im Center Park.

Durch den Regen gehe ich nach Hause zurück. Ich hätte Pit einen sonnigen Beerdigungstag gewünscht, doch nun weint auch der Himmel um ihn.

Sven und ich warten auf unsere Familien. Von zu Hause aus wollen wir gemeinsam zu Pitchen gehen. Catrin und Dirk sind vor allen anderen da, und wir haben noch etwas Zeit für uns. Dann füllen sich das Haus und unsere Einfahrt mit Menschen, und wir machen uns auf den schweren Weg. Unter Regenschirmen warten bereits viele Trauernde vor der kleinen Halle. Schon aus der Ferne sind die vielen Kerzen zu sehen, die dem Raum sogar etwas Wärme verleihen. Ich lege die Kassette mit Pitchens Stimme und den Schlafliedern ein und nehme dann Platz. Pfarrer W. sagt mir, er sei vor einer Trauerfeier noch nie so angespannt gewesen. Es sei eben ein Kind ...

Timmi sitzt zwischen Sven und mir. Weil er mich beim Anziehen danach fragte, erklärte ich ihm, warum man bei uns schwarze Kleidung trägt und weshalb Menschen kommen, die nicht zu unseren Familien und Freunden gehören. Wir drei haben einen roten Schal umgelegt. Das ist wichtig für uns, denn Pitchen liebte Rot.

Der Raum ist so schön geworden durch die Tulpen, die Primeln, die Rosen und den Flieder. Immer wieder schweifen Blicke vom Sarg zu den Fotos. Die Schlange der Menschen, die Pit die letzte Ehre erweisen möchten, ist lang. Der Platz für die Blumensträuße und Gestecke reicht gar nicht. Viele Leute müssen draußen im Regen stehen bleiben. Es ist kalt und feucht, und die Kälte kriecht langsam in unseren Gliedern hoch und lässt uns frösteln.

Wir lauschen ergriffen den Worten von Pfarrer W., und er lädt die Trauergemeinde auf unseren Wunsch hin ein, nach der Beisetzung mit uns einen Waldspaziergang für Pit zu machen, um ihn vielleicht zu treffen. Einen „Leichenschmaus" wird es nicht geben. Das könnten wir nicht aushalten.

Dann ist es so weit: Pitchens letzter Gang steht an. Michael, Guido, Frank und Dirk haben uns unsere innigste Bitte nicht abgeschlagen und bringen Pit behutsam in seinem Sarg zur letzten Ruhestätte. Es sind nur ein paar Meter, doch die Männer tragen schwer an ihrer Last.

Tim steht fest zwischen Sven und mir. Er möchte bei uns sein und seinem Brüderchen auch das letzte Geleit geben dürfen. Er schüttelt entschlossen die Verwandten ab, die ihn am liebsten von hier wegbrin-

Pits letzte Ruhestätte ...

gen möchten. Wir sind sehr stolz auf ihn und nehmen kaum etwas anderes um uns herum wahr.

Auf Pittis Sarg steht eine Kerze und beleuchtet zwei Dinofiguren. Es sind Langhälse, wie Pit sie liebte. Das Licht trotzt dem Wind, dem Regen und leuchtet tapfer auch beim Hinabsenken in die Grube. Kurz reißt der Himmel auf: Die Sonne blinzelt zu uns hinunter, wie um sich von Pitchen zu verabschieden, und versteckt sich dann gleich wieder traurig hinter dicken Wolken. Die kleine Kerze erlischt selbst dann nicht, als die weit über hundert Menschen weinend Blumen und Sand als letzten Gruß hinabwerfen und uns meist stumm umarmen. So tapfer wie Pit, so stark wie sein trotziger Wille leuchtet sie auch noch, als wir alle gehen.

Uns begleiten wegen der Kälte nur noch wenige Leute, und wir wärmen uns zu Hause auch noch kurz mit Tee und Kaffee auf. Timmi wird schon bald von Freunden mitgenommen und darf dort die Nacht verbringen und sich ablenken.

Es ist dann auch schon spät und dämmert, sodass die Berliner und Svens Geschwister nach Hause fahren. Sie haben alle noch einige Kilometer vor sich.

So machen Sven und ich unseren Spaziergang gemeinsam mit Bine und Hannelie, die auch den weiten Weg auf sich genommen haben und zur Beerdigung gekommen sind. Wir können in Ruhe weinen, lachen, träumen und hoffen, Pitchen zu sehen. Doch er zeigt sich nicht. Aber frische Spuren können wir erkennen, und Nelly schnüffelt oft ganz aufgeregt, als wäre er gerade hier gewesen. Wir freuen uns so, dass er ein Rehlein werden wollte und kein Wildschwein, denn wir möchten doch auch etwas Schönes sehen.

Wir besuchen Pitchen noch an seinem frisch hergerichteten Grab, das unterm Vollmond hell erstrahlt, stellen ein Foto von ihm zwischen seine Blumen, wünschen ihm eine gute Nacht, weinen ein bisschen und verabschieden uns von den lieben Freundinnen, die nun auch nach Hause fahren möchten. Ihre Männer hatten nicht den Mut zu kommen, was wir ihnen nicht vorwerfen. Wir wissen, so ein Gang ist schwer.

Unser Briefkasten quillt schon über, und bei der Flasche Rotwein, die uns unsere Kinderärztin am Vormittag noch schenkte, lesen Sven und ich uns gegenseitig mit erstickter Stimme die vielen Beileidskarten vor. Weit über hundert Briefe sind es schon am heutigen Abend. Pitchen hat so viele Menschen in seinem kurzen Leben berührt. Wir sind tief ergriffen. Die vielen einfühlsamen Zeilen lassen uns bitterlich weinen, aber neben der lähmenden Traurigkeit fühlen wir auch Trost, Erleichterung, Liebe und Stolz, dass man uns als Menschen so achtet, gerne hat und an uns denkt.

Im Innern meines Herzens weiß ich, dass wir für Pit das Richtige taten. Und dass er den Zeitpunkt seines Todes bestimmt hat, damit wir ein Weihnachten ohne Angst um ihn verleben dürfen. Das war sein Geschenk an uns. Und der Tod hat für uns seinen Schrecken verloren. Er ist nicht das Schlimmste, was einem passieren kann. Und wenn nun von uns jemand gehen muss, dann ist da schon ein kleiner Junge, der uns mit ausgebreiteten Armen empfängt. Eine tröstliche Vorstellung.

Lange noch sitzen Sven und ich über den Briefen und über Fotoalben und können es nicht glauben, dass wir vor einem halben Jahr noch überhaupt nichts ahnten von Pitchens tödlicher Krankheit und uns im Glück wähnten. Morgen sollen wir Geschenke tauschen? Noch jetzt ist das unvorstellbar.

Freitag, 24. Dezember – Heiligabend

Merkwürdig. Wir konnten gut schlafen. Warum nur? Wir haben keine Angst mehr um Pit, und das ist bestimmt der Grund. Was ihm noch alles hätte widerfahren können … Bei allem hatten wir wohl doch auch noch ein wenig Glück.

Aber Pitti fehlt. Überall. Es fehlt mir die Wärme, Nähe und Liebe, wie nur ein Kind sie geben kann. Nichts ist damit vergleichbar. Auch Tim schenkt mir dieses Gefühl, doch bei kleineren Kindern ist es einfach noch inniger. Pits Zimmer ist verwaist. Sein Schlafanzug liegt noch auf seinem Bett, doch schnell war auch aus ihm Pitchens Duft verschwunden.

Die großen Fotos habe ich in seinem Kinderzimmer aufgestellt. Von überall lacht er uns entgegen, und doch ... Ich kann es noch nicht glauben, dass mein Kindlein nicht mehr da ist. Nicht mehr so, wie wir ihn doch kennen. Es ist eben sein Körper, den wir so sehr liebten und nun nie mehr sehen werden. Wie weh das tut. Trotz all der schönen Erinnerungen.

Sven und ich bringen das Haus in Ordnung. Bis Timmi kommt, haben wir dann noch Zeit, Geschenke einzupacken und unterm Weihnachtsbaum zu verteilen.

Draußen ist es seit Stunden schon überaus stürmisch, sodass bereits die Stühle von der Terrasse durch den Garten flogen. Die armen Blumen auf Pitchens Grab werden bestimmt ordentlich durchgeschüttelt.

Im Briefkasten sind wieder viele Beileidsbekundungen. Menschen von nah und fern schreiben wunderbare tröstende Zeilen an uns. Mit so viel Anteilnahme haben wir gar nicht gerechnet. Und ein Brief von Frau K. von „Kinderträume" an Pitchen ist dabei. Sie kann ja nicht wissen, dass Pit nun nicht mehr lebt. Sein gemaltes Dinobild, welches wir ihr im November schickten, wurde im Berliner Journal der Verkehrsbetriebe veröffentlicht. Sie hat uns ein Exemplar mitgeschickt und wünscht Pit, dass es ihm gut geht. Ich werde sie bald anrufen.

Timmi kommt zum Mittagessen. Er hatte bei unseren Freunden schöne Stunden. Wir gehen dann zu dritt mit Nelly spazieren und besuchen Pitchen. Wir freuen uns, weil alles noch richtig schön aussieht. Der Platz neben der Hecke ist wunderbar geschützt. Der Sturm hat den Blumen nicht viel anhaben können. Wir stellen unserem Schatz eine Kerze auf und erzählen etwas mit ihm. Er wird uns schon hören.

Dann fahren wir wie immer an Heiligabend zur Andacht in die Weisener Kirche, wo wir letztes Jahr noch zu viert waren. Wir spüren die mitleidigen Blicke der anderen, doch wir halten sie aus. Wir müssen und wollen in die Öffentlichkeit und glauben, dass wir nur so dem Abgrund entkommen. Und es tut uns auch irgendwie gut. Manch einer drückt uns stumm die Hand.

Die Kinder bekommen kleine Geschenke und müssen dafür nach vorne laufen. Letztes Jahr flitzte auch Pitti, um sein Glöckchen zu erhalten. Ich sehe es noch bildlich vor mir. Und die Welt scheint voller gesunder Kinder zu sein.

Einen kleinen Plastikdino habe ich während des Gottesdienstes fest an mich gedrückt. Auf dem Rückweg halten wir noch einmal am kleinen Friedhof an und schenken ihn Pitchen zum Weihnachtsfest. Wieder zünden wir ein Licht für ihn an, damit er es nicht so dunkel hat.

Wir sind gerade daheim, als auch schon meine Eltern mit Tante Ingrid kommen. Wir werden ein paar Stunden zusammen sein. Tapfer singen wir Weihnachtslieder, sagen Gedichte auf und packen dann Geschenke aus. Oft sind wir traurig und manchmal weinen wir, aber wir lachen auch und versuchen vor allem für Tim, die Stimmung festlich und fröhlich sein zu lassen. Timmi freut sich riesig über den Ferrari von Lego und macht sich schleunigst mit Begeisterung und Ausdauer ans Werk. Wie schön war es Weihnachten immer mit zwei Kindern. Ihr Lachen erfüllte sonst das ganze Haus, ihre Neugier knisterte in der Luft. Es ist besonders still heute, zumindest empfinde ich das so.

Mutti und Vati haben uns eine sehr liebe Karte überreicht, in der sie sich bei uns bedanken, weil wir ihrem Enkel einen so schönen Abschied ermöglicht haben. Sie finden, dass wir alles richtig gemacht haben. Und obwohl sie selbst manche Entscheidungen zunächst verurteilten, waren sie überlegt und gut für Pit. Wir sind sehr bewegt von ihren Worten, aber auch dankbar, dass sie den Mut dazu fanden. Denn wir haben manchmal sehr darunter gelitten, dass wir in ihren Augen Dinge taten, die man eigentlich nicht macht. Es tut sich wohl doch in mancher Hinsicht der Generationskonflikt auf, den man nur löst, wenn man im Gespräch miteinander bleibt.

Der Heilige Abend vergeht wie im Fluge. Irgendwie fühlen wir uns aber doch einsam. Ein lieber Mensch fehlt eben zu unserem Glück. Und immerzu müssen wir an Pit denken. Ob es ihm gut geht? Ob er uns hier beobachtet und uns flüsternd bittet, nicht traurig zu sein? Aber es ist eben so, wie auf einer Beileidskarte zu lesen: „Den eigenen Tod, den stirbt man nur, doch mit dem Tod der anderen muss man leben.“ Und genau das müssen wir nun lernen. Mutti, Vati und Tante Ingrid machen sich müde auf den Heimweg.

Der Junge im Rollstuhl und seine Mutter, die wir in Sellin kennen lernten und mit denen wir ab und zu telefonieren, rufen an und schenken uns ein wohliges Gefühl: Drei Tage würde es dauern, bis die Seele in den Himmel komme. Also sei Pits Seele heute aufgestiegen. Somit sei er ein Christkind geworden. Und das ist auch ein schönes Bild.

Timmi möchte heute mit mir im Ehebett schlafen. Wir reden noch lange über dies und das, und ich bemerke, wie vernünftig und gereift Timmi sich äußert. Hoffentlich ist in seiner kleinen Seele nicht allzu viel kaputtgegangen. Wir werden es noch nicht gleich spüren, aber Pitchens Sterben wird kaum spurlos an ihm vorbeigegangen sein. Ich wünsche mir sehnlichst, die Zeichen rechtzeitig zu erkennen, um Tim dann auch helfen zu können.

Ohne Pitchen

Die Zeit danach

Die ersten Wochen waren voller Tränen. Zu dritt schien die Welt nur halb so schön zu sein, aber doppelt so schwer. Das „berühmte" Loch blieb nicht aus. Wir fielen schon bald hinein. Zu Silvester. Ein neues Jahr begann ohne Pitchen. Wie sollte das werden?

Wir bekamen noch so viel Post, und auch das half uns in den ersten Wochen nach Pitchens Tod. Man dachte an uns, und wir fühlten uns nicht allein. Fast jeder, der uns schrieb, legte auch Geld in den Umschlag. Ich wusste früher nicht, warum man das macht, und es kam mir albern vor. Doch heute sehe ich das anders. Auch der Tod kostet Geld, und da hilft wirklich jeder Euro.

Vielen Leuten tat es unglaublich leid, dass unser Kind gerade vor Weihnachten sterben musste. Doch wir erklärten ihnen das aus unserer Sicht: dass Pit uns ein Fest ohne Angst schenkte und wir merkwürdig erleichtert sind, weil unserem Söhnchen Schlimmeres erspart geblieben ist. Und man zeigte sich verständnisvoll und konnte nachempfinden.

Es gab aber auch wieder Gerüchte, die wir aus dem Weg räumen mussten: Ob wir in einer Sekte seien? Pit hätte wohl schon einige Nächte in seinem Sarg schlafen müssen ... So sind die Menschen eben. Und dagegen hilft nur reden. Auch deshalb gingen wir wie schon zuvor mit unserer Situation offensiv um. Wir machten meist den ersten Schritt auf die Menschen zu, die uns begegneten, und brachen das Eis. Und so handhaben wir es auch jetzt noch. Das ist eben unser Umgang mit dem Schicksal: Reden. Ansprechen. Nur das hilft uns.

Besonders schlimm waren auch die nötigen Behördengänge. Überall löschte man Pitchens Namen aus, und das war kaum zu verstehen und tat wirklich sehr weh.

In unserer Familie geht jeder anders mit der Trauer um. Sven weint noch oft bitterlich an Pitchens Grab. Ihm wird die Endgültigkeit des Todes meist dort so schmerzlich bewusst. Timmi spricht manchmal leise mit Pit, wenn er sich unbeobachtet fühlt, und stupst mit dem Finger auf Pits kleine Fotonase. Ich weiß, sein Bruder fehlt ihm sehr. Meinen Eltern geht es sehr schlecht. Sie vermissen Pit so und die familiäre Nähe, die wir in seinen letzten Lebenswochen hatten. Ihnen fehlen die täglichen Besuche, sie fühlen sich nicht mehr gebraucht ... Für mich sind die täglichen Momente schwer, die sonst mit Pit so innig waren: allabendliches Kuscheln, das Schmusen, Eincremen nach dem Bad, das Aufwachen. Und mir fehlen die kleinen Rituale: *Gute Nacht, Pitti. – Gute Nacht, Mami, ich wünsch' dir einen schönen Traum. – Ja, mein Schatz, ich dir auch. – Mami, bist du schon wach? Wollen wir schmuseln? – Ja, Spatz, wir kuscheln noch. – Wann stehen wir auf?* Es läuft ständig ab wie ein Film. Und mir wird bewusst: Ich weiß nicht mehr, wie Pit riecht. Das ist ganz furchtbar. Und mir fehlen seine kleine Hand in meiner und seine Schmatzküsschen.

Es ist so still in unserem Haus. Es hängen keine kleinen Sachen mehr auf der Wäscheleine. Und in den Läden stehe ich vor Hosen und Pullis, in denen ich mir Pit so niedlich vorstelle.

Manchmal können wir es einfach nicht fassen, dass unser Kind wirklich nicht mehr lebt. So lebendig ist die Erinnerung. Hat Pit nicht gerade gerufen? Lief er im Moment nicht gerade um die Ecke? Vor einem Jahr haben wir noch nicht einmal etwas geahnt. Unfassbar! Wir denken täglich an unser Kindlein, zünden Lichter an, erinnern uns.

In unserem Haus hat sich manches verändert. Timmi ist in Pitchens Zimmer gezogen. Er wünschte es sich. Und wir finden das richtig gut, denn nun ist wieder Leben in diesem Raum. Es war schon sehr schwer, in Pittis verlassenes Zimmer zu gehen. Als wäre er im Urlaub und würde wiederkommen. Es war für uns kaum zu ertragen. Und so haben wir schon recht bald umgeräumt, tapeziert, neu eingerichtet. Timmi fühlt sich richtig wohl. Und überall im Haus begegnet uns Pitchen auf schönen Fotos. Allein, mit Tim, mit unserer ganzen Familie. In jedem Zimmer lacht er uns entgegen.

Eine Schatzkiste haben wir für Pitchen gestaltet. Was er so sehr liebte, haben wir aufgehoben. Und all seine Dinos. Immer mal wieder nehmen wir ihm einen mit zum Grab. Doch nicht nur wir machen ihm

Geschenke. Beglückt sind wir, wenn wir Pitchen besuchen und sehen, dass schon jemand da war, der die Kerze angezündet und ihm Blümchen oder ein Spielzeug mitgebracht hat. Wir wissen, dass auch unsere Freunde mit ihren Kindern zu Pitchen gehen. Er ist nicht vergessen.
Seit Anfang Februar 2005 bin auch ich wieder im Dienst. In all meinen Klassen erzählte ich eine Stunde lang Pits Geschichte, weil ich nicht einfach wiederkommen und schöne Kunst machen konnte. Ich musste reden, wollte mich den Schülern stellen und keine Mauer um mich ziehen. Ob es eine 7. Klasse war oder ein Kurs aus dem 13. Jahrgang – wir haben gemeinsam geweint. Wochen später trat ein Mädchen an mich heran, umarmte mich und meinte, diese Stunde sei das Emotionalste gewesen, was sie bisher erlebt habe, sie habe dabei mehr über das Leben gelernt als in allen Jahren zuvor, und sie spreche nicht nur für sich. Dass ich manchmal nachdenklich und traurig bin, können die Schüler nun verstehen und sind mir gegenüber noch immer sehr rücksichtsvoll.

Unsere Freunde sind geblieben. Manche auch hinzugekommen. Helena und ihr Mann haben einen Samstag bei uns verbracht, und auch wir haben sie schon besucht. Es war, als würden wir uns schon ewig kennen.

Pfarrer W. fragt noch manchmal nach uns, ebenso unsere Kinderärztin. Dr. A. zeigte sehr viel Mitgefühl und hat uns ein Gespräch angeboten. Doch den Weg nach Berlin scheuen wir noch, die Stadt ist für uns emotional zu sehr behaftet. Mit der netten Ärztin aus dem zweiten Berliner Krankenhaus, Frau Dr. I., habe ich lange telefoniert, und ich werde sie noch einmal treffen. Frau D. hat uns mehrmals angerufen und bereits besucht. Sie wollte gerne sehen, wo unser tapferes Kindlein nun liegt und wie wir zurechtkommen. Schön, dass die Kontakte nach Pits Tod nicht gleich abgerissen sind.

Und ich habe viel gelesen über Sterbeforschung. Vor allem die Erfahrungen von Elisabeth Kübler-Ross beeindruckten mich. Dort habe ich wiedergefunden, was wir erlebt haben und fühlen. Nichts blieb offen. Keine inneren Vorwürfe und nichts, was unerledigt blieb. Unser Pitchen ging in Frieden, und wir durften ihn in Frieden gehen lassen. Und genauso empfinden wir es. Natürlich sind wir traurig und weinen viel. Aber wir sind nicht verbittert.

Wir hatten geschenkte Zeit, die wir genießen konnten. Doch letztlich starb Pit an genau denselben Symptomen, an denen er schon im Sommer gestorben wäre, wenn er nicht ein zweites Mal operiert worden wäre. Manchmal stelle ich mir vor, wie unsere gemeinsame Zeit noch verlaufen wäre, wenn Pit nicht aus der Narkose erwacht wäre, sondern im Koma gelegen hätte oder schwerst mehrfachbehindert gewesen wäre, bis sein Tod ihn erlöst hätte. Dann werde ich wütend über die Rechtslage in unserem Land.

Wir hatten großes Glück im Unglück: einen tapferen kleinen Sohn, der die winzige Chance ergriff, für einige Wochen er selbst zu sein, und dessen Sterben friedlich war, soweit wir es einschätzen können ohne Schmerzen und Angst. Wir hatten eigentlich nur noch auf ihn und unsere innere Stimme gehört. Und wir denken, dass das auch der Grund ist, warum Pitchen noch bis zuletzt so zufrieden war. Und dazu trugen viele Menschen bei. Ich weiß, das ist nicht selbstverständlich. Denn der Tod hat in unserer Gesellschaft einfach keinen Platz mehr. Er passiert meist außerhalb der Familien und wird weggeschlossen. Er geschieht in Krankenhäusern, in Altenheimen, in Hospizen. Wir werden im Umgang mit ihm nicht geschult, weshalb wir uns auch so vor ihm fürchten. Und auch den Ärzten wird es so gehen. Schwören sie doch, das Leben zu erhalten. Und wenn der Tod trotz aller Kämpfe gegen ihn dann doch eintritt, fühlen sie sich bestimmt, als hätten sie versagt. Es muss sehr schlimm für sie sein. Vor diesem Hintergrund kann ich im Nachhinein das Denken und Tun der Ärzte etwas verstehen.

Bleibt zu hoffen, dass sich manches in unserer Gesellschaft künftig einem Wandel unterzieht, dass Selbstbestimmung und ein Leben und Sterben in Würde zu einem wirklichen Grundrecht des Menschen werden.

So oft sehe ich mir unsere Fotoalben an, und ich lese fast täglich in meinem Tagebuch. Möchte gerne Momente zurückholen und fühlen. Manchmal schreibe ich an Pitchen: *Mein Kleinchen, du fehlst mir. Wir denken ganz fest an dich und unsere gemeinsamen Erlebnisse. Erinnerst du dich auch? Es war eine so schöne Zeit mit dir. Wir lieben dich so sehr. Wo bist du? Was tust du? Siehst du uns? Umarmst du uns unbemerkt? Lachst und weinst du mit uns? Mit wem spielst du? Ach, wir würden so gerne mehr wissen über die Welt, in der du nun wohnst. Und so oft, wenn wir dich als Rehlein oder Blümchen sehen, freuen wir uns über dich und wünschen uns doch immer mehr …*

Als ich mit diesem Buch begann, merkte ich, dass das mein Weg war, um unsere Erlebnisse zu verarbeiten. All das wollte raus aus mir. Und das Schreiben tat mir trotz all der Tränen gut. Alles durchlebte ich noch einmal. Es war sehr intensiv. Und Pitchen war mir dadurch noch so unglaublich nah. Als hätte er mir über die Schulter geguckt. Vielleicht war es ja auch so?

Als ich den 21. Dezember beschrieben hatte, da war es, als hätte ich Pitchen zum zweiten Mal verloren. Ich hatte seinen Tod plötzlich schwarz auf weiß vor Augen und konnte ihn erst da richtig begreifen. Die Leere in meinem Herzen wurde in diesem Augenblick unerträglich.

Freunde und Bekannte haben Pits Geschichte gelesen. Was nicht ohne Folgen blieb: Viele ermutigten mich, sie zu veröffentlichen. Sie könne ganz bestimmt Menschen helfen, die Ähnliches erleben müssen. Schließlich gebe es doch unzählige Betroffene, die einen Weg suchten, um mit ihrer Angst und ihrem Schmerz fertigzuwerden. Und so war es bald beschlossene Sache: Ich wollte wirklich versuchen, aus meinem Manuskript ein richtiges Buch zu machen.

Pit hätte im Sommer 2005 seinen sechsten Geburtstag gefeiert, seine Schulmappe bekommen und ein paar Tage später stolz seine Einschulung erlebt. Überall tollen Kinder in Pitchens Alter umher. Und auch wir fühlen uns eigentlich nur von Familien mit zwei Kindern umgeben. Aber man sieht wohl auch immer nur das, was man sehen will. Und kaum etwas wünschen wir uns alle mehr, als irgendwann unser Pitchen wiederzusehen.

Aber die Bilder, die uns Pit schenkte, sind wirklich tröstlich. Und doch ist mir das Rehlein lieber als das Blümchen, weil es so lebendig ist. Manchmal suche ich ihn richtig, gucke mir die Augen aus und bin ganz bedrückt, wenn ich ihn doch nicht durch den Wald huschen sehe. Aber dann lächeln mir die Wiesenblümchen zu … Meistens aber zeigt er sich. Vor allem, wenn ich ihn so sehr brauche.

Und es gibt Situationen, die können einfach kein Zufall sein. Weinend stand ich eines Tages an Pits Grab. Ich hatte ihn noch nicht gesehen und brauchte ihn so sehr. Pfötchen und Nelly waren bei mir, wie so oft. Ich flehte ihn an, mir doch ein Zeichen zu geben. Und plötzlich

Gänseblümchen in unserem Garten

Ein tröstendes Bild: Pit als Rehlein

bellte es hinter mir. Nelly und Pfötchen standen kerzengerade, und dann sah ich es auch: Ein Rehböckchen stand direkt am Friedhofszaun und blickte mich an. Zum Greifen nah für vielleicht fünf Sekunden. Da war Pit. Er sprang wieder in den Wald zurück, und ich brauchte nicht mehr zu weinen. Und an dem Tag, als Pit ein halbes Jahr tot war, goss es bei uns in Strömen, es gewitterte furchtbar, und wir gingen deshalb nicht an sein Grab. Sven, Tim und ich hatten stundenlang ein schlechtes Gewissen. Ausgerechnet heute! Bis uns Sven aus dem Bad ans Fenster rief: In der Dämmerung stand genau vor unserem Gartentor, vielleicht zehn Meter von uns entfernt, ein Reh und blickte uns durch den Regen aus großen Augen an. Pitchen besuchte uns. So dicht kam noch kein Wild an unser Haus.

Ich bin so dankbar über diese Vorstellungen. Trotzdem habe ich manchmal Zweifel und meine, dass ich mir das einrede. Aber wer weiß schon, was wirklich nach dem Tode geschieht? Und die Bilder kamen von Pit und deshalb nehme ich sie gerne an. Und nicht nur ich. Es geht auch Timmi und Sven so und vielen unserer Freunde und Bekannten: Ich habe Pitchen heute gesehen, freuen sie sich, wenn sie uns von ihren Begegnungen mit Rehen erzählen. Ja, das ist wirklich schön.

Ich bemühe mich, Sven wieder mehr Nähe zu geben, was mir noch immer schwerfällt. Aber es gelingt schon manchmal. Und er versucht mich zu verstehen, wofür ich ihm sehr dankbar bin. Ich werde noch Zeit brauchen, bis ich wieder im Einklang mit meiner Seele und meinem Körper bin. Ich hatte Pit doch im Bauch und fühle anders ... Frau D. meinte, es sei ganz normal und dauere wenigstens so lange, wie eine Mutter ihr Kind unter dem Herzen trug. Das sei ihre langjährige Erfahrung. Daran scheitern eben auch viele Paare, die den Verlust eines Kindes zu beklagen haben. In guten wie in schlechten Zeiten ... Es klingt so leicht. Aber ja, wir schaffen das irgendwie. Sven und ich sind noch zusammen, haben unsere Mitte vielleicht bald wiedergefunden und machen entscheidende Schritte nach vorn.

Die Zeit heilt alle Wunden?

Wieder sind Monate ins Land gegangen … Inzwischen ist etwas mehr als ein Jahr verstrichen, seit wir von Pitchen Abschied nehmen mussten. Weihnachten und den Jahreswechsel haben wir nun schon zum zweiten Mal ohne Pit gefeiert. Unser Familienleben normalisiert sich. Wir haben wieder kleine Pläne.

An manchen Tagen weine ich nicht einmal mehr. Und das erschreckt mich sehr. Ich fühle mich dann schon fast herzlos, versichere mir aber, dass Pit mich wegen der Tränen sowieso ausgeschimpft hätte und mich lieber fröhlich sehen würde. Ja, das sagt sich so leicht. Doch Pitchen fehlt mir einfach. Manchmal so sehr, dass sich die Trauer wie eine Kette um mein Herz legt. Als würde ich nicht mehr atmen können. Und mit meiner Trauer möchte ich oft ganz alleine sein. Sie soll nur mir gehören. Ich zwinge mich, die Einsamkeit auszuhalten, der ich mich dann und wann ganz bewusst aussetze. Denn letztlich kann mir dabei doch niemand wirklich helfen, obwohl ich jederzeit aufgefangen werden würde. Von der Familie, von Freunden. Aber da muss man alleine durch. Diese Phase des Trauerns kann man nur alleine durchschreiten und bezwingen. Zumindest empfinde ich das in meiner Situation so.

Pitchen fehlt aber nicht nur mir. Sven und Tim sehnen sich genauso nach ihm. Sven sieht oft furchtbar traurig aus und weint eher heimlich. Timmi trägt seine Gefühle nicht so nach außen, aber er hält es kaum aus, wenn er uns weinen sieht. Insgesamt wirkt er ausgeglichen und fröhlich und hat seine guten Leistungen in der Schule behalten.

Es gibt aber noch Tage, die sehr schwer für uns alle sind, die kaum ein Ende nehmen wollen und schon gar nicht zu ertragen sind. Zu traurig ist es, dass unser kleiner Junge nicht mehr bei uns ist. Durchweinte Stunden mit schweren Herzen. Es tut einfach zu weh, Pitchen nicht mehr zu haben. Die Tränen wollen wir aber auch zulassen: Sie helfen der Seele. Und wir möchten uns damit trösten, dass es Pit nun gut geht.

Er konnte doch einfach nicht mehr leben mit diesem Ding in seinem Kopf.

Wir sind natürlich noch traurig und werden es wegen Pitchen auch immer sein, aber wir können uns an vielem erfreuen und lachen auch schon wieder. Es sind die lebendigen Erinnerungen, die uns bleiben. Ich selbst träume sogar oft von meinem Kind. Es sind glückliche Träume. Nichts dabei ist Krankheit oder Tod, sondern nur Freude und Zufriedenheit.

Zukunft gestalten

Das Schicksal der beiden verwaisten Mädchen geht uns seit Dezember 2004 nicht aus dem Kopf. Und es gibt so viele Kinder, die in ihrem Leben auch nicht so viel Glück hatten. Immer wieder rütteln uns Nachrichten auf von Kindern, die von ihren Eltern vernachlässigt, misshandelt oder missbraucht wurden, die verdursteten, verhungerten oder erschlagen wurden. Es ist so erschütternd und ungerecht. Diese Kinder sind gesund gewesen und haben doch nie eine wirkliche Chance bekommen, ins Leben zu treten, weil sie vielleicht nicht gewünscht waren oder im Wege standen. Und wir liebten und beschützten unsere Kinder und mussten eins ungewollt hergeben.

So haben wir in der Familie und im Freundeskreis überlegt, wie wir anderen und auch uns selbst helfen könnten. Wir möchten gerne einem Pflegekind die Chance geben, geliebt, behütet und umsorgt in einer harmonischen Familie aufzuwachsen. Eine sich daraus entwickelnde Adoption schließen wir nicht aus. Im Haus, am Tisch und in unseren Herzen ist noch so viel Platz. Bestimmt wartet irgendwo ein Kind, das gerne bei uns leben möchte und sich in unserer Familie wohlfühlt. Wir sind uns da absolut sicher. Bestimmt könnten wir ein erfülltes Leben auch zu dritt führen. Doch wir wissen, wie es mit zwei Kindern war. Und auch Timmi findet, dass das Familienleben zu viert eben doch bunter ist.

Viele Stimmen wurden laut: Bekommt doch noch ein Baby. Ihr seid doch noch nicht zu alt. Aber für ein eigenes Kind fehlt uns der Mut. Wird es gesund sein, oder werden wir uns einreihen in die Gruppe von Eltern, die zwei Kinder an die Krankheit verloren? Die Ursachen sind noch nicht geklärt, und wir möchten das Schicksal nicht herausfordern. Wir würden uns das nie verzeihen.

Timmi haben wir auf seinen Wunsch hin untersuchen lassen. Er hatte natürlich auch Angst zu sterben. Gott sei Dank ist er gesund und bleibt es hoffentlich auch. Und doch kann uns niemand die Angst nehmen. Wir haben in den Krankenhäusern zu viel gesehen. Eine Sicherheit gibt es nicht. Doch für den Moment sind wir beruhigt.

Unsere Kinder gehören uns nicht, das haben wir in der Vergangenheit gelernt. Aber wir können einem Kind helfen, seinen Weg zu finden. Können ihm Angebote für sein Leben machen, ihm die Hand reichen. Ja, das können wir wirklich leisten. Nichts wird Pit jemals ersetzen, aber er hätte ganz gewiss nichts dagegen, dass wir noch einem Kind Liebe schenken, denn er hatte so gerne Kinder um sich.

Nun versuchen wir die Behörden davon zu überzeugen, dass wir es gut meinen, tiefgründig durchdacht haben und nicht nur die Lücke in unserem Herzen schließen wollen. Wir passen aber nicht ins Schema, und das macht es uns beim Jugendamt so schwer. Man schätzt unsere Situation nicht richtig ein, kennt uns nicht und möchte, dass wir uns noch ganz viel Zeit lassen. Was aber bringt uns die Zeit? Wir weinen mit Sicherheit auch nach Jahren noch um Pitchen, aber wir sind trotzdem bereit für neue Aufgaben. Es gibt so viele Kinder, die fremde Hilfe dringend benötigen. Und sowieso kann niemand ermessen, wie es in uns aussieht, wenn er eine ähnliche Erfahrung noch nicht gemacht hat. Jedenfalls haben wir uns vorgenommen, uns nicht entmutigen zu lassen. Wir sind als Familie nicht zerbrochen, sondern trotz aller Tränen irgendwie auch gestärkt aus diesem Lebensabschnitt hervorgegangen. Und ich glaube, es gibt wirklich nur diese beiden Möglichkeiten.

Das Rad der Welt dreht sich eben weiter. Wir regen uns auch schon wieder über banale Dinge auf, die es eigentlich nicht wert sind. Der Alltag hat uns wieder. So ist es, das Leben. Es verweilt nicht.

Erinnerungen …

… der Kinderärztin

Nach ihrer Rückkehr aus dem Urlaub suchten mich Pit und seine Mutter am Sonntag in der Bereitschaftssprechstunde auf. Mir wurde von Pits morgendlichem Erbrechen berichtet, ansonsten aber sei es dem Kind gut gegangen. Die Untersuchung des Jungen ergab keinen auffälligen Befund. Wir vereinbarten eine Wiedervorstellung nach zwei Tagen im Falle des Weiterbestehens der Symptome. Nach der Sprechstunde ließ ich alle meine Kenntnisse und Erfahrungen Revue passieren und bat inniglich das Glück, dass es sich bei Pit nicht um die „hundertfünfzigste Schublade" mit einem Hirntumor handeln möge.

Am Dienstag kam der Vater mit Pit zu mir. Den Eltern und Kindergärtnerinnen sei Pitchens zunehmende Schlappheit und beginnender Taumel aufgefallen. Auch hatte das Kind wieder erbrochen. Es war also doch die gefürchtete Schublade, die ich aufmachen und deren noch unbekanntem Inhalt wir uns stellen mussten. Meine Vermutung sprach ich noch nicht aus, um die Eltern nicht zu schockieren. Wir durften aber keine Zeit mehr verlieren.

Im Kreiskrankenhaus und in Berlin vermutete man zunächst ein Medulloblastom, aber die Diagnose war nicht gewiss. Nach einer ersten Operation verließ die Familie entschlossen die Klinik und fuhr heim, wo ich Pit besuchte und ihn sehr geschwächt, aber zufrieden und die Zuwendung genießend erlebte.

Obwohl die Diagnose nicht eindeutig war, beschäftigte sich Pits Mutti bereits mit dem möglichen Tod ihres Söhnchens. Sie war hin und her gerissen von Ängsten, Hoffnung und Hoffnungslosigkeit und dem Gefühl, für ihr Kind alles leicht und schön machen zu wollen. Sie und ihr Mann wuchsen dabei über sich hinaus und hielten mutig an ihrem Vorhaben fest, das Kind nicht wieder in eine Klinik zu geben. Ich erlebte auch die Großeltern von Pit. Erschüttert und voller Angst brauchten sie Hilfe und waren wie erstarrt.

Ein Anruf des Berliner Oberarztes gab mir Hoffnung. Noch war keine Spezifizierung der Tumorzellen gelungen, also gab es eine berechtigte Chance für eine mögliche Behandlung.

Es wurde Kontakt mit einem weiteren Spezialisten in Berlin aufgenommen, der ein paar Tage später eine Operation zur Entfernung des Haupttumors wagte.

Wieder Angst – Hoffen – Bangen. Die Eltern leisteten Unglaubliches, die Großeltern hatten ihre Sprache wiedergefunden. Pits „großer" Bruder zog sich in seine Kinderwelt zurück und litt, meine ich, sehr darunter, dass seine familiäre Welt aus den Fugen geraten war. Als ich Pit nach der Operation wiedersah, erkannte ich ihn kaum. Es war nicht zu übersehen: Er war ein anderes Kind – körperlich vorhanden, aber geistig entrückt und völlig verstört. Er war unglücklich, konnte kaum sehen, nicht sprechen, sich selbst durch die Lähmung kaum bewegen. Die Diagnose nach der Tumorhistologie war eindeutig. Pit litt an einem seltenen nicht therapierbaren Hirntumor, an dem er bald sterben würde. Seine Mutter hatte instinktiv doch richtig gefühlt.

Aber Pit und seine Familie waren tapfer. Alles wurde wieder neu erlernt, stolz auch die kleinsten Erfolge betrachtet und neuer Lebensmut gefasst. Nach kurzer Zeit schon sah ich Pit seltener, Kontakte nach Berlin mit einer begleitenden palliativen Behandlung bestanden weiter. Pit und seiner Familie ging es gut. Es war eine medizinisch ruhige, aber familiär sehr aktive Zeit bis Mitte November, als durch die MRT-Kontrolle die niederschmetternde Nachricht kam, dass sich der Tumor nicht aufhalten ließ. Damit mussten sich alle, die gehofft, gebangt und gekämpft hatten, ein zweites Mal mit dem bevorstehenden Tod des Kindes – und diesmal endgültig – befassen.

Wenige Tage später schon, Anfang Dezember, waren die Boten des Himmels allgegenwärtig: Pit litt unter Hirndruck, Erbrechen, hatte manchmal Kopfweh oder Sehstörungen. Doch Pit war nicht nur tapfer, er nahm auch Kontakt zu seinen Engeln auf und bereitete sich und seine Lieben auf den Tod vor. Aus ärztlicher Sicht empfinde ich es als eine große menschliche Leistung, wie sich alle Mitglieder der Familie mit dem unabwendbaren Ende aktiv auseinandergesetzt haben.

Jeder Tag wurde bewusst gestaltet, das Weihnachtsfest etwas vorverlegt und durch Pit mit vorbereitet. Selbst den Weihnachtsbaum suchte er mit aus, der schon eine gute Woche vor dem Fest das Wohnzimmer schmückte, in dem Pit zufrieden seine letzte Zeit verbrachte.
In dieser Zeit besuchte ich die Familie oft in ihrem kleinen Dorf, spürte, wie sie aktiv Abschied nahm von ihrem kleinen Jungen. Die Eltern und der Bruder Tim versuchten, Pit Körper und Seele ganz leicht zu machen und ihn die schwere Last, die alle trugen, nicht spüren zu lassen. Stets blieb jemand bei ihm, gab ihm Nähe.

An Pits letztem Abend war ich noch einmal bei ihm. Er hatte offensichtlich keine Schmerzen und sich bereits mit vielen Fasern seines Seins von dieser Welt verabschiedet. Er lag im sogenannten Wachkoma, reagierte nur noch auf Tiefenreize. Eltern, Bruder und Großeltern waren bei ihm. Es lag eine andächtige Stille über dem Haus, eine Stille, die die Liebe aller und die zufriedene Geborgenheit des sterbenden Kindes in seinem leider viel zu kurzen Leben widerspiegelte. Pits Körper war gekennzeichnet von der Schwere seiner Erkrankung: Hirnflüssigkeit sickerte aus dem Reservoir unter der Schädeldecke, die Augen lagen hohl, blickten wissend, aber er wirkte überhaupt nicht ängstlich. Er gab sich seinem Schicksal hin im Bewusstsein, dass er geliebt wurde... Ich spürte, es würde seine letzte Nacht werden.

Am 21.12.2004 um die Mittagszeit ist Pit im Arm seiner Eltern friedlich in seinem Zuhause gestorben.

Ich habe diese Familie begleiten dürfen. Pit kannte ich seit seiner Geburt. Gesund, fröhlich, geliebt, gut entwickelt, ohne Auffälligkeiten. Er wuchs wie sein Bruder Tim in einem wunderbaren Elternhaus auf mit der Liebe zu den Menschen, den Tieren und der ganzen ihn umgebenden Natur. Er lebte ein unbeschwertes glückliches Kinderleben, bis das Schicksal so unerbittlich zuschlug, und der Tod nicht mehr abzuwenden war. Wir alle mussten uns unsere Grenzen eingestehen.

Mein Dank gilt den Eltern und der ganzen Familie für das Vertrauen, welches sie mir entgegenbrachten. Ich danke ihnen für die ausgesprochen gute Zusammenarbeit, für ihren Mut und ihre Kraft, ihren gewählten Weg für ihr Kind beizubehalten. Ich bewundere sie für das Aushalten des Schlimmsten auf dieser Welt: ihr Kind, ihren Pit zu verlieren.

Ich wünsche allen Gesundheit und die Gewissheit, zum jeweiligen Zeitpunkt stets die richtige Entscheidung für Pit getroffen zu haben und die Zuversicht, trotz Verlustes des Liebsten, eine erfüllte Zukunft vor sich zu sehen.

... der Psychologin der pädiatrischen Onkologie

„Es kommt nicht auf die Dauer an, sondern auf das in diesem Augenblick lebendige, geteilte Leben“ (unbekannter Verfasser). Wie oft kommt einem diese Einsicht im Alltagsleben wieder abhanden, doch wenn ich an Pit denke, muss ich mich an das erinnern, was ich von ihm gelernt habe.

Ich lernte Familie Lockenvitz im August 2004 kennen, als die Diagnose eines unheilbaren Hirntumors bei dem damals gerade fünfjährigen Pit Lockenvitz gestellt wurde.

Als Pit und ich uns zum ersten Mal begegneten, berührte mich gleich eine besondere Unbeirrbarkeit, die von ihm ausging. Er schien seinen Zustand zu kennen und sich auch irgendwie damit zu arrangieren – unter der Bedingung, seine kostbare Lebenszeit nicht für aus seiner Sicht „überflüssige, falsche“ Dinge, wie z. B. zu häufige, ängstigende Klinikbesuche mit Blutabnahmen, hergeben zu müssen.

Während seine Eltern und Großeltern bei den Untersuchungsterminen in der Klinik noch von Zweifeln und quälenden Fragen nach dem richtigen Behandlungsweg erschüttert wurden, blieb Pit ruhig und nahm die Spielangebote in meinem Zimmer lange ohne zu sprechen in Augenschein.

So, als prüfe er, ob das hier echt sei, ob er damit überhaupt etwas für ihn Sinnvolles, Schönes anfangen könnte ... Schließlich teilte er dem Stofftier Luchsi etwas sehr Wichtiges mit: „Das Schlimmste war, dass draußen ganz heißer Sommer war, als ich operiert wurde, und ich durfte nicht raus!“

Luchsi begriff, dass Pit mitten im schönsten Sommer, den andere Kinder unbeschwert genießen konnten, von dieser Krankheit überfallen worden war, und dass er seitdem Erfahrungen bei sich trug, die er nicht mehr einfach so abstreifen konnte: *Traurig, gemein und ungerecht!,* das fanden Luchsi und Pit beide.

In den folgenden Herbstwochen wurde die Wahrscheinlichkeit von Pits körperlicher Unheilbarkeit immer deutlicher und Lockenvitz' begriffen diese Zeit intuitiv als Chance, jeden Tag in seiner Einzigartigkeit, aber auch Unwiederbringlichkeit gemeinsam mit Pit zu erleben. Bezeichnend für ihre menschliche und emotionale Reife war die Bereitschaft der Familie, die Wahrheit über Pits Unheilbarkeit anzunehmen und nach Möglichkeiten zu suchen, ihre so grausam begrenzte, noch bleibende gemeinsame Lebenszeit bewusst zu gestalten. In ihrem Akzeptieren lag jedoch keinerlei Resignation – sondern Lockenvitz' blieben immer bereit zu hoffen.

Und vielleicht war es genau diese Verbindung von Annehmen und Hoffen, die Pit den Halt gab, den er für sein Wachstum brauchte.

Ich durfte zwischen August und Dezember 2004 miterleben, wie einfühlsam und respektvoll die Eltern Pit in seinem zunehmenden Schwächerwerden begleiteten, und dass es ihnen dabei gelang, eine lebensbejahende Normalität und Selbstverständlichkeit aufrechtzuerhalten. Im Kontakt mit Pit wurde deutlich, dass er sich selbst trotz seiner krankheitsbedingten Einschränkungen nie wie ein geschontes „Patient-Kind", sondern gleichbehandelt fühlte.

Wenn er auch äußerlich in seinen Bewegungen schwankender und zunehmend auf Hilfe angewiesen wurde, reifte nun gleichzeitig in Pit eine innere Stärke und Freiheit, seinen Weg zu gehen – eigenständig und mutig.

In seinen Spielen und Phantasievorstellungen drückte er aus, dass er sich auf einem Pfad vorwärtstastete, der ihn aus dieser Welt in eine andere führte. Unterwegs hatte Pit viel zu tun: Dort traf er auf unsichtbare Gestalten und Situationen, mit denen er sich auseinandersetzen musste und denen er seine Gefühle zeigte: Ärger, Wut und Traurigkeit, aber auch Neugier und Mut, Wagnisse einzugehen.

Da Pit die Belastbarkeit seiner Eltern spürte, konnte er sich ihnen anvertrauen und seine Vorstellungen über seinen nahenden Abschied mit ihnen teilen. Eine so vertrauensvolle familiäre Kommunikation über Sterben und Tod ist auch in unserer Abteilung etwas ganz Besonderes.

Zum Glück konnte Pit kompromisslos äußern, was er sich wünschte.

Und zum Glück konnten alle dazu beitragen, dass er genau die Bedingungen bekam, in denen er sich geborgen fühlte und die er für seine Ablösung von dieser Welt brauchte.

Als er nicht mehr nach Berlin kam, telefonierten wir öfter. Und selbst durchs Telefon vermittelte sich mir, dass Pit dabei war, in eine neue Wirklichkeit überzugehen – dorthin, wo die Seele alle Alltagslasten abstreift und wieder klar sieht.

Von Pit ging sehr viel *Staunen* aus. Er erzählte von seinen Erlebnissen draußen in der Natur, von seinen Beobachtungen bei Tieren, im Wald und bei sich zu Hause. Und jedes Mal teilte er mir *Wunder* mit.

Er war empfänglich für die wunderbaren, gar nicht selbstverständlichen Einzelheiten, aus denen sein Kosmos bestand – und sie müssen ihm solch geheimnisvolles Geleit geschenkt haben, dass er die Türe am Ende mühelos und ohne Angst öffnen konnte, um auf seine große Reise zu gehen.

Heute (Januar 2010)

Seit der Erstveröffentlichung dieses Buches im Jahr 2006 haben wir viel Anteilnahme erfahren und wurden im Laufe der Jahre auch immer wieder gefragt: Wie haben wir es geschafft weiterzuleben? Wie ist es uns ergangen?

Nun hat sich Pits Sterbetag zum fünften Mal gejährt. Unser kleiner Junge wäre zehn Jahre alt gewesen, hätte er weiterleben dürfen. Wir sehen seine Freunde groß und größer werden – Pit aber bleibt in unseren Gedanken meist fünfjährig.

Die Jahre sind wie im Flug vergangen – doch die Erinnerungen sind noch so lebendig, dass es uns oft scheint, als wären wir gestern noch zusammen gewesen. Ich hätte nie damit gerechnet, dass Pits Buch so viele Leser finden würde. Für mich ist es so, als dürfte Pitchen in jedem ein Stück weiterleben – und das ist ein wunderbares Gefühl.

Auch die Leserbriefe, die E-Mails, die Rezensionen, die persönlichen Gespräche taten mir, taten uns gut. Und hiermit kann ich mich auch dafür bedanken. Es haben sich durch das Buch wertvolle Freundschaften und Bekanntschaften entwickelt – und es sind nicht immer selbst durch Krankheit betroffene Menschen, die den Kontakt zu uns suchten. Auch das hat uns überrascht und irgendwie zufrieden gemacht.

Ja, unser Pit fehlt uns sehr. Es gibt Momente, in denen ich denke, dass der Schmerz nie größer war. Es stimmt nicht, was die Leute sagen, dass die Zeit die Wunden heilen würde. Der Schmerz wird ein anderer. Ich empfinde ihn als fast unberechenbar. Manchmal bricht er ungeahnt hervor und wirft mich nieder. Solche Phasen mache ich dann nur mit mir selber aus, kann und möchte die Gefühle nicht teilen. Sven geht es ganz ähnlich, obwohl er sich dann doch mehr Nähe zu mir wünscht. Vieles tragen wir aber auch gemeinsam, halten es aus und stützen uns gegenseitig.

Den kleinen roten Herzanhänger aus Karneol habe ich immer bei mir! Über meinem Herzen. Ob ich jogge, reite, arbeite oder sonst was mache. Er ist mein Glücksbringer. Habe ich ihn vergessen, spüre ich das noch vor dem Breeser Ortsausgangsschild – und dann muss ich zurück, um ihn zu holen. Sonst fühle ich mich nicht sicher ... Es ist wie ein inneres Band zu meinem Jungen.

In meinem Kopf laufen eigentlich immer zwei Filme gleichzeitig ab: Der eine hat mit Pit zu tun, und der andere ist unser Leben heute. Selten bin ich völlig frei und kann mich ganz auf das Hier und Jetzt einlassen. Dieser Zustand kostet mich viel Kraft – ich wüsste gern, ob sich das irgendwann einmal legt.

Manchmal kommt mir die äußere Welt völlig irreal vor. Es kann doch gar nicht sein, dass sie sich immer weiter dreht, als sei nichts gewesen! Ich wünsche mir so oft, einfach nur mal innehalten und der Erinnerung an Pit den Raum geben zu dürfen, den sie von Zeit zu Zeit braucht. Oft geht es aber nicht. Das empfinden alle in der Familie so. Auch wenn wir uns den täglichen Herausforderungen nicht immer gewachsen fühlen, weil die Gedanken abschweifen oder ein tiefer Schmerz am Herzen nagt, müssen wir in unserer Gesellschaft funktionieren. Dann werfen wir uns unser „Mäntelchen" über und kämpfen uns durch, so gut es eben geht. Und es geht wirklich! Wir kommen klar. Wir schaffen das, weil wir einander haben – und Pit uns in unseren Herzen immer begleitet.

Spreche ich in manchen Situationen mit mir nicht ganz so vertrauten Menschen über mein gestorbenes Kind, dann spüre ich ein Erschaudern bei ihnen, ein Ach-ja-da-war-doch-mal-was. Natürlich kann und soll mein Empfinden sich nicht ständig auf andere auswirken, aber manchmal würde ich mir am liebsten ein Schild um den Hals hängen mit Pits Geschichte drauf, damit er präsent ist. Mitleid ist es aber nicht, was ich mir in solchen Momenten erhoffe. Ich kann es gar nicht in Worte fassen, was ich mir da wirklich wünsche.

Sind wir zu dritt unterwegs und kommen in die Nähe von Familien mit zwei oder mehr Kindern, dann würde ich sehr gerne auf der Stirn stehen haben: Auch wir haben zwei Söhne!!! Eigentlich kann es mir ja egal sein, was die anderen denken, aber es ist mir unerträglich, dass jemand annehmen könnte, Tim sei ein Einzelkind. Eigenartig, aber ich kann nicht aus meiner Haut.

Am schlimmsten sind die unzähligen amtlichen Formulare, in denen die Kinderanzahl eingetragen wird. Es gibt nirgends ein Feld für verstorbene Kinder! Wohl aber für geschiedene oder verwitwete Ehepartner. Das ist so ungerecht! Ich trage trotzdem immer zwei Kinder ein, bei Pit ergänze ich sein Sterbedatum. Ich weiß, andere verwaiste Eltern machen das auch, weil sie diese Formulare auch für unvollständig halten. Überhaupt taucht ein verstorbenes Kind nie wieder irgendwo offiziell auf, wenn die Familie nicht dafür sorgt! Darüber macht sich kaum jemand Gedanken.

Hin und wieder ist die Sehnsucht nach Pit so groß, dass ich unsere Fotoalben durchwühle. Ich bin so froh, dass wir sie haben. Die gerahmten Fotografien im Haus von unseren Kindern begleiten uns täglich, doch sie reichen mir nicht immer. In Hunderten von Bildern steckt unser gemeinsames Leben, und das muss ich mir manchmal ansehen. Dankbare Freude und tiefe Traurigkeit wechseln dann einander ab – und ich kann mich manchmal gar nicht losreißen. Es gelingt mir aber noch nicht, Familienvideos mit Pit anzusehen oder den Mitschnitt der Radiosendung über Kinderträume e.V. zu hören, weil ich mich vor meinen eigenen Gefühlen fürchte. Weil ich nicht weiß, wie ich es verkrafte, wenn ich plötzlich Pits Stimme höre.

Wie viel Zeit wird vergehen müssen, bis mir auch das möglich ist, ohne dass ich vom Schmerz überwältigt werde? Von anderen verwaisten Eltern habe ich gehört, dass manches nie gelingt, nie leichter wird, nicht zu schaffen ist. Ich werde abwarten müssen – und ich werde es wohl spüren, wenn die Zeit reif dafür ist.

Grundsätzlich kann ich von mir behaupten, dass ich nach wie vor optimistisch durchs Leben gehe. Tim und Sven schließe ich da ein. Wir sind wieder fröhliche Menschen, uns sieht man unseren Verlust nicht an, dennoch ist da etwas: Pitchens Sterben hat uns mit Sicherheit einige Jahre gekostet – irgendwie spüren wir das in uns. Es ist eine innere

Erschöpftheit, die uns manchmal lähmt, und die Unbekümmertheit ist weg. Mich selbst quält seit fünf Jahren eine immer in Phasen auftauchende Schlaflosigkeit. Dann schaffe ich es nicht, die Gedankenmaschine auszuschalten. Sie rattert stundenlang in meinem Kopf, macht mich mürbe und lässt mich tagelang einfach nicht zur Ruhe kommen. Hellwach durchdenke ich dann unser Leben, unsere Vergangenheit, unsere Zukunft. Was-wäre-wenn-Fragen tauchen auf und wollen beantwortet werden. Dann bastelt sich mein Unterbewusstsein eigenartige Bilder zusammen, die aus Erinnerungsfetzen, wiederkehrenden Träumen und irgendwelchen Spielfilmszenen bestehen. Nicht immer kommt Pit darin vor, deshalb weiß ich gar nicht, warum mein Kopf das mit mir macht. Es scheint sinnlos zu sein, weshalb ich mich sehr darüber ärgere, weil es mir den Schlaf raubt.

Manchmal gibt es in meinen Gedanken jedoch auch einen bitteren Zug, der mich selbst erschreckt. Wenn ich mich zum Beispiel beim Einkaufen, Bahn fahren oder beim Arzt mürrischen, wehleidigen, oft alten Leuten gegenüber sehe. Ihnen möchte ich zurufen: Ihr hattet doch ein langes Leben und die Möglichkeit, es euch angenehm zu gestalten! Was gibt es also zu meckern? Warum könnt ihr nicht zufrieden sein? Oder wenn junge Leute schon am frühen Morgen stockbetrunken vor dem Einkaufszentrum stehen! Warum nehmen sie ihr Leben nicht in die Hand und sehen es als Geschenk? Sicher, jeder trägt sein eigenes Päckchen – „Unter jedem Dach ein Ach“ heißt es ja, und bestimmt ist es ungerecht, dass ich so hart urteile. Ich denke aber, Pit hätte so gerne weitergelebt und sein Dasein geliebt. Jedenfalls möchte ich das glauben und finde, er ist um so viele Jahre betrogen worden. Und wir eben auch.

Die Kinder unserer Freunde und Bekannten sind mittlerweile groß geworden, manche fast erwachsen. Die allzu gern benutzte Redensart „Kleine Kinder – kleine Sorgen, große Kinder – große Sorgen“ ist mir beinahe verhasst. Die Sorgen, die wir mit unserem kleinen Jungen hatten, sind ja nicht zu übertreffen. Aber es wird einfach vieles so dahergeredet, oft natürlich unbedacht – und ich nehme es auch niemandem wirklich übel. Zwar bleibt Pit in unseren Gedanken meist fünfjährig, aber ich male mir schon häufig aus, wie er jetzt wohl aussehen würde. Als seine Kindergartenfreunde eingeschult wurden - wie stolz hätte er wohl seine Mappe getragen? Und hätten wohl Dinos oder eher Autos seine Hefte geschmückt? Hätte er die Lehrer erfreut oder geärgert? Wäre er ein kleiner Fußballer im Verein geworden? Oder wäre er lieber angeln gegangen? Vielleicht hätte er sogar reiten gelernt? Alles kann ich mir vorstellen. Und ob sein Haar ab der vierten Klasse auch dunkler geworden wäre, wie es bei Tim der Fall war? Ja, ich würde vieles gerne wissen.

Der erste Kuss, die erste Freundin, Ausbildung oder Studium, vielleicht Hochzeit, vielleicht Kinder ... Es ist so schade, dass wir das alles nicht gemeinsam erleben durften.

Tim ist nun 16 Jahre alt und ein stattlicher junger Mann geworden. Ja, wir haben eine Pubertät fast überstanden! Mit allem Schönen und Schwerem, was dazugehört. Doch Tim ist schneller gereift als seine Altersgenossen – und das steht ihm manchmal im Weg. Er wirkt wesentlich älter als er ist, umgibt sich meist lieber mit Älteren. Dabei ist er sehr sensibel. Nicht jeder kann damit umgehen, manche vergessen über den Alltag seine Geschichte.

Ich habe von vielen hinterbliebenen Geschwistern gelesen und gehört, dass sie sich unvollständig fühlen, wie amputiert. Ein Engel mit nur einem Flügel ... Das kann nur jemand nachempfinden, der selbst jemanden verloren hat. Kinder, deren Bruder oder Schwester starb, leiden oft noch stärker als die Eltern, weil sie mit ihrer Trauer eher im Hintergrund stehen. Ich glaube, so ist es auch bei Tim. Er trägt seine Geschichte nicht auf der Stirn, möchte nicht, dass ihm an der Nasenspitze angesehen wird, dass er seinen Bruder verloren hat. Aber Pit ist auch in ihm stets präsent. Ich würde sehr gerne mal in Tims Gedanken lesen. Denn nur hin und wieder vertraut er sich mir mit seinen Erinnerungen an Pitchen an. Sonst ist er uns gegenüber sehr offen und trägt sein Herz auf der Zunge.

Manchmal nerven wir ihn mit unserer Sorge um ihn, wenn er unterwegs ist. Dabei können wir uns wirklich auf ihn verlassen – er ist pünktlich oder ruft an und lässt uns selten im Unklaren. Wir sind stolz auf ihn, er wird bestimmt seinen Weg gehen. Mein allergrößter Wunsch ist, dass ihm niemals etwas zustößt.

An unserem Vorhaben, ein Kind aufzunehmen, hielten wir fest. Doch das für uns zuständige Jugendamt zeigte kein Verständnis. Eine Mitarbeiterin meinte sogar, „wir sollen uns doch noch ein eigenes Kind machen", und aus unserer Situation heraus wäre eine Pflegschaft nicht möglich. Damit gaben wir uns nicht zufrieden, sondern wollten behandelt werden wie jedes andere Anwärterpaar auch. Wir kämpften, forderten, machten Druck ... und nahmen den Umweg über ein benachbartes Jugendamt, wo die Mitarbeiter uns offen und vorurteilsfrei begegneten. Im Sommer 2006 zogen dann zwei kleine Mädchen bei uns ein. Was für eine Aufgabe! Zwei emotional stark belastete Kinder, fast drei- und fünfjährig, als Frühchen einer inhaftierten drogenabhängigen Mutter mit Migrationshintergrund geboren. Für die „Große" waren wir schon die fünfte (!) Stelle – die Kinder mussten dringend zur Ruhe kommen. Unsere ganze Familie gab ihr Bestes. Es war eine schöne und aufregende Zeit. Fast drei Jahre durften die Mädchen bei uns bleiben – dann wurde die Mutter aus dem Gefängnis entlassen und die Rückführung der Kinder in ihre Herkunftsfamilie stand an. Es war für alle ein schwerer Abschied.

Nun bleiben wir zu dritt. Noch so einen Verlust ertragen wir nicht. Vielleicht konnten wir den Mädchen etwas mitgeben, was ihnen später im Leben hilft.

Seit zwei Jahren habe ich nun auch die Farben für meine Malerei wiedergefunden und stelle von Zeit zu Zeit aus. Ich male selten spontan. Wie früher nehme ich mir meist eine Sommerwoche im Jahr und lasse alles raus, was angestaut ist. Aber die Bilder sehen anders aus als vor Pits Tod, sind kraftvoll, expressiv und erzählen von stärksten Emotionen. Es sind nun häufig menschliche Figuren, die so agieren wie die Gestalten in meinen Träumen und die Betrachter förmlich zum Hinsehen zwingen. Die Arbeiten wühlen auf, lassen Fragen offen, ermöglichen aber einen Zugang zu ihrem Inhalt. Manchmal befreit mich die Malerei, aber sie ist mir längst nicht so wichtig wie meine Waldläufe oder die Reiterei.

Es ist nach wie vor sehr schön, dass Sven und ich ein gemeinsames Hobby haben. Die Pferde geben uns doch Halt, und wir fühlen durch sie eine noch tiefere Verbundenheit mit der Natur. Und vor allem sehen wir immer Rehe, wenn wir mit Goline und Merkur unterwegs sind.

Ja, ein Tag ohne ein Reh zu sehen, ist ein trüber Tag für mich. Es mag sich seltsam anhören, ist aber so. Ich suche Pit eben im Wald, und oft steht „er“ einfach nur da und schaut zu mir herüber. Dann huscht eine Freude durch mein Herz, und die Welt ist in Ordnung.

Unseren Wallach Janosch mussten wir im Jahr nach Pits Tod einschläfern lassen. Ein weiterer schwerer Verlust. Auch unsere schwarze Hündin Nelly lebt seit Dezember 2008 nicht mehr. Sie gehen zu lassen war noch schwerer, weil sie irgendwie noch eine Verbindung zu Pit war. Aus ihrem Blick sprach so eine Güte und Weisheit, wie ich sie selten bei einem Tier erlebt habe. Unsere Katze Pfötchen ist seit dem Abschied von Pit verstört. Sie erträgt Veränderungen nur sehr schwer, reißt sich dann ihr Fell aus, leckt sich wund, frisst schlecht und braucht lange, bis sie sich wieder beruhigt hat. Seit Nellys Tod ist es noch schlimmer geworden, denn die beiden waren ein Herz und eine Seele. Es greift einem ans Herz, wenn man sieht, wie sehr Tiere unter dem Verlust eines lieb gewonnenen Wesens leiden. Da sind sich Mensch und Tier doch sehr ähnlich.

„Ich gehe zu Pitchen“ rufen wir uns zu, wenn wir sein Grab besuchen. Es muss nicht mehr jeden Tag sein, weil er sich dort ja sowieso nicht mehr aufhält, wie wir annehmen. Ich kann mir noch immer gar nicht vorstellen, dass mein Kind in seinem Grab liegen soll. Und ich will diese Vorstellung auch nicht aufkommen lassen. Das täte zu weh. Das kann ich nur verdrängen. Trotzdem ist es schön, eine Stelle zu haben, die irgendwie so besonders ist, so still, so entrückt.

Im ersten Jahr nachdem Pit starb, war ein Tag ohne ihn zu besuchen gar nicht vorstellbar. Waren wir übers Wochenende mal verreist, dann fuhr immer das schlechte Gewissen, Pit zurückgelassen zu haben, mit. Es war unerträglich! Eine längere Urlaubsreise birgt auch heute noch diesen Gedanken. Doch von Pit geht ja immer etwas mit auf die Fahrt, deshalb ist er wohl doch bei uns: Fotos, unser Pitchen-Kerzenständer, mein Herzanhänger aus Stein sowieso und der grüne Plüschdino, ohne den ich auch sonst nicht ins Bett gehe.

Dass für Pit jeden Abend ein Licht in seinem Kerzenhalter brennt, ist für Sven und mich ein ungeschriebenes Gesetz. Es tut uns einfach gut, und wir fühlen uns unserm Söhnchen dadurch etwas näher.

Pits Grab schmücken stets frische Blumen. Und unsere Freude über ein neues Kuscheltier oder einen Kieselstein – von einem Freund oder eine Freundin unserer Familie hingelegt – ist noch immer genauso groß wie vor fünf Jahren. Es ist auch für unsere Freunde und Familie in Ordnung, dass Pit bei Feiern oder Gesprächen wie all die anderen Kinder, die ja am Leben sind, zur Schule gehen, Sport treiben …, erwähnt wird. Er gehört eben dazu und wird nicht totgeschwiegen. Auch das tut uns gut, ist aber nicht selbstverständlich, wie ich von einigen „verwaisten" Eltern gehört habe.

Unser Junge ist nicht vergessen – und das bedeutet uns heute und auch in Zukunft sehr viel.

Danksagung

Pit hat viele Herzen berührt und – wie meine Freundin Katja es ausdrückte – riesige Dinospuren hinterlassen. Dieses Buch hält die Erinnerungen an meinen Sohn in besonderer Weise lebendig.

Seine Geschichte zu veröffentlichen, war schwieriger, als ich zunächst annahm. Die großen Verlage gehen kaum noch Risiken ein, denn die Vermarktung eines No-Name-Autors ist kein leichtes Unterfangen. Zudem gibt es schon sehr viel Krebsliteratur. Und doch ist Pits Weg ein anderer gewesen. Ein Weg, über den wir lesen wollten und nichts fanden. So suchte ich verbissen nach Möglichkeiten, das Buch über unsere Erfahrungen mit Sterben und Tod des eigenen Kindes herauszugeben, weil ich weiß, wie sehr Eltern verzweifeln können, sich ängstigen und ohnmächtig sind. Ich hoffe, es wird betroffenen Familien in vergleichbaren Situationen helfen können.

Ohne die Unterstützung zahlreicher Menschen wäre dieses Buch nicht erschienen.

Danken möchte ich meiner Familie für ihre Hilfe und ihr Verständnis für meine Stimmungsschwankungen während der unzähligen Stunden, die ich über dem Manuskript saß.

Mein herzlicher Dank gilt unseren lieben Freunden, die mir zur Seite standen und mich stets ermutigten, an dem Vorhaben festzuhalten.

Ich bedanke mich bei Pits Kinderärztin und seiner Psychologin für die liebevollen und tröstenden Worte über unser Kind.

Danke den mitfühlenden, warmherzigen Menschen, die mir gute Ratschläge gaben und wichtige Kontakte zum Gelingen des Buches knüpften.

Besonderer Dank geht an Sabine Mattern, die das Buch sehr behutsam lektorierte, an Anke Thiemann für das Lektorat des Kapitels

„Heute“ und an Elke Knoblauch als Verlagschefin für ihr uneigennütziges Engagement. Auch bei Bernd Schumacher möchte ich mich für die Covergestaltung und das Layout bedanken.

Den finanziellen Weg ebnete maßgeblich die Volks- und Raiffeisenbank PrignitzeG. Hier danke ich von Herzen den zahlreichen Bankkunden und den Mitarbeitern, die dem Spendenaufruf der Bank folgten und Pits Sparschwein füllten, um die Buchproduktion voranzubringen.

Auch die Sparda-Bank beteiligte sich freundlicherweise an den Produktionskosten.

Bei meinen Recherchen zum Hirntumor empfand ich folgende Internetseiten als besonders hilfreich, da diese ein Forum bieten, in dem Betroffene sich austauschen können:

www.hirntumor.de und

www.hirntumorhilfe.de der Deutschen Hirntumorhilfee.V.

Kathrin Lockenvitz